# 111 GRÜNDE, AMERICAN FOOTBALL ZU LIEBEN

Christian Riedel

# 111 Gründe,

# AMERICAN FOOTBALL

# zu lieben

## Aktualisierte und erweiterte Neuausgabe mit elf Bonusgründen

SCHWARZKOPF & SCHWARZKOPF

# Inhalt

**VORWORT** . . . . . . . . . . . . . . . . . . . . . . . . . . . . . . . . . . . . . . . **8**

**1. FOOTBALL IST UNSER LEBEN** . . . . . . . . . . . . . . . . . . . . . . . **11**
Weil Football Kunst ist ★ Weil in jeder Sekunde alles passieren
kann ★ Weil Football wie Schach ist (nur ohne Würfel) ★ Weil
es (noch) keine Eventfans gibt ★ Weil es noch Wunder gibt ★
Weil man auch mal Glück haben kann ★ Weil auch andere Glück
haben ★ Weil Hochmut bestraft wird ★ Weil die Party nicht unbedingt im Stadion stattfindet ★ Weil man sich nicht wehtun muss
★ Weil auch Frauen Football spielen ★ Weil leicht bekleidete
Damen Football spielen

**2. RUND UM DIE NFL** . . . . . . . . . . . . . . . . . . . . . . . . . . . . . . . **43**
Weil der Spielplan so einfach zu verstehen ist ★ Weil alle Spiele
ausverkauft sind ★ Weil die Fans am lautesten sind ★ Weil beim
Football die Getränkedusche erfunden wurde ★ Weil es den Black
Monday gibt ★ Weil Football wie der Wilde Westen ist ★ Weil
Schulsport so beliebt ist ★ Weil Football schlau macht ★ Weil
niemand der Beste sein will ★ Weil man einmal im Jahr Geschenke
auspacken darf ★ Weil niemand unwichtig ist ★ Weil Football was
fürs Auge ist ★ Weil Bälle besser als Schuhe sind

**3. WO LEGENDEN GEBOREN WERDEN** . . . . . . . . . . . . . . . . . . . **79**
Weil Joe Montana gespielt hat ★ Weil man auch auf die Torwand
werfen kann ★ Weil ein Spielzug Geschichte schreibt ★ Weil Jerry
jeden Ball fängt ★ Weil Brett Favre gespielt hat ★ Weil Tom Brady
ein Schoßkind des Glücks ist ★ Weil es den Beast-Mode gibt ★
Weil American Football eine Familienangelegenheit ist ★ Weil jeder
zu Shula gehen will ★ Weil es den einen Spielzug gibt

**4. DIE HABEN WAS AM HELM** . . . . . . . . . . . . . . . . . . . . . . . . . **111**

Weil Footballer die schönsten Spitznamen haben ★ Weil Footballer die besten Schauspieler sind ★ Weil Footballer die besten Wrestler sind (und nicht umgekehrt) ★ Weil man Touchdowns so schön feiern kann ★ Weil man nie zu früh jubeln sollte ★ Weil man sich selbst einen Pass zuwerfen kann ★ Weil einer alles kann ★ Weil es Trashtalking gibt ★ Weil echte Männer sich auch schminken dürfen ★ Weil man die Orientierung behalten muss

**5. ES BLEIBT EIN MANNSCHAFTSSPORT** . . . . . . . . . . . . . . . **139**

Weil das Spielfeld beinahe zum Karneval wird ★ Weil nur die Dolphins perfekt sind ★ Weil es die Green Bay Packers gibt ★ Weil die Patriots niemals betrügen ★ Weil es die »Greatest Show on Turf« gab ★ Weil man ein ganzes Team verschwinden lassen kann

**6. FÜR STATISTIKER** . . . . . . . . . . . . . . . . . . . . . . . . . . . . . . . **157**

Weil Ernie der beste Punktesammler der NFL ist ★ Weil es nie zu kalt für Football ist ★ Weil es kein schlechtes Wetter gibt ★ Weil ein Spiel erst mit dem Schlusspfiff vorbei ist ★ Weil man den Ball auch kicken kann ★ Weil es so viele Schüsseln gibt ★ Weil es das Quarterback-Rating gibt

**7. ALLES SUPER** . . . . . . . . . . . . . . . . . . . . . . . . . . . . . . . . . . **177**

Weil es den Super Bowl gibt ★ Weil niemand, oder doch jeder, den Super Bowl austragen will ★ Weil jeder Vince Lombardi tragen will ★ Weil jeder einen Ring bekommt ★ Weil die ganze Welt zuschaut ★ Weil sich die Musikstars um einen Auftritt streiten ★ Weil die beste Werbung läuft ★ Weil nie so viel gegessen wird wie beim Super Bowl ★ Weil es Nippelgate gab ★ Weil jede Party auch einmal zu Ende geht ★ Weil niemand schöner verliert als die Buffalo Bills

## 8. DER BALL IST NICHT RUND, UND DAS IST GUT SO ....... 205

Weil das Spiel so schön einfach ist ★ Weil die Schiedsrichter die Regeln so schön erklären ★ Weil Spiele auch unentschieden ausgehen können ★ Weil kein Tor mehr im Weg steht ★ Weil es beim Football Unterbrechungen gibt ★ Weil zwei Minuten die Welt bedeuten ★ Weil man rechnen können muss ★ Weil es Onside Kicks gibt ★ Weil es für jeden die passende Position gibt

## 9. ALLES EINE FRAGE DER TECHNIK ................... 233

Weil der Ball ein Ei ist ★ Weil es Trickspielzüge gibt ★ Weil man nicht unbedingt Ballgefühl braucht ★ Weil sich Trainer auch mal irren können ★ Weil man die Absicht hat, eine Mauer zu bauen ★ Weil beim Football Beten noch hilft ★ Weil man große Jungs rennen sieht ★ Weil Pancakes nicht nur etwas zum Essen sind ★ Weil man tote Enten fliegen sieht ★ Weil man den Ball auch fumbeln kann ★ Weil man auch auf Knien gewinnt

## 10. JEDER SCHAUT ZU ............................... 261

Weil es Football-Filme gibt ★ Weil auch Mücke mitspielt ★ Weil niemand Heidi sehen will ★ Weil jeder auch mal NFL spielen darf ★ Weil es den Madden-Fluch gibt ★ Weil nur die besten vier Touchdowns in einem Spiel machen ★ Weil Al nur mit den Besten spielt ★ Weil kein Super Bowl ohne Homer stattfindet

## 11. UNTER DEM SCHWARZ-ROT-GOLDENEN HELM .......... 285

Weil Deutschland den Super Bowl gewonnen hat ★ Weil Deutschland auch Touchdown kann ★ Weil die Deutschen kicken können ★ Weil es die NFL Europe gab ★ Weil es nur beim Football die Galaktischen gibt ★ Weil Football-Fans Musikgeschmack haben ★ Weil es die GFL gibt ★ Weil es den German Bowl gibt

## 12. HELM AUF UND LOS . . . . . . . . . . . . . . . . . . . . . . . . . . . . 307

Weil nichts schöner ist, als in die Endzone zu laufen ★ Weil es so schön knallt ★ Weil man beim Football das Singen lernt ★ Weil es Gecko, Kalle und.Killer gibt ★ Weil es so schön männlich ist ★ Weil Football-Spieler auch andere Sportarten mögen

## 13. DIE BONUSGRÜNDE . . . . . . . . . . . . . . . . . . . . . . . . . . . . 323

Weil in der NFL jeder eine Chance bekommt ★ Weil es bald eine deutsche Receiver-Dynastie geben könnte ★ Weil der Mann des Jahres nichts mit Sport zu tun hat ★ Weil selbst die Eagles keine Lust auf Donald Trump haben ★ Weil es endlich eine Alternative zum »Tatort« gibt ★ Weil mit etwas gutem Zureden jeder zum American-Football-Fan wird ★ Weil die NFL deutlich beliebter ist als die MLB ★ Weil auch die Kleinen mitspielen dürfen ★ Weil Cinderella ein 100 kg schwerer Schwabe ist ★ Weil die NFL Vorreiter ist ★   Weil Will kein Blatt vor den Mund nimmt

## ANHANG . . . . . . . . . . . . . . . . . . . . . . . . . . . . . . . . 353

Glossar ★ Anmerkungen

## EIN WORT VOR DEM KICK-OFF

*Vorwort zur erweiterten Neuauflage*

Aller guten Dinge sind bekanntlich drei. Woher das Sprichwort kommt, musste ich im Rahmen der bereits schon dritten Auflage meines Buches erst einmal googeln und bin bei www.redensarten-in-dex.de* fündig geworden. Laut der Seite saßen bei den Germanen die Oberen des Dorfes dreimal im Jahr zu Gericht, dem sogenannten »Thing«, zusammen. Wer angeklagt war, durfte zweimal fehlen. Beim dritten Mal musste er erscheinen, sonst wurde in seiner Abwesenheit ein Urteil über ihn gefällt. Daher stammt wohl auch der Spruch »dingfest machen«, da ein Angeklagter vor der dritten Versammlung festgehalten werden konnte, aber das nur nebenbei. Dass die Zahl Drei auch in vielen Religionen (z.B. Dreifaltigkeit) eine große Rolle spielt, hat bestimmt auch zur Bekanntheit der Redensart geführt. Tatsächlich spielt für mich die Zahl Drei mittlerweile auch eine besondere Rolle, da ich niemals erwartet hätte, dass der Erfolg des Buches so groß werden würde, dass es zu einer dritten Auflage kommen könnte. Aber jetzt ist es so weit. Und zum Glück gibt es mit »Vier gewinnt« bereits einen ganz guten Einstieg, falls es noch eine Auflage geben sollte.

Als ich mit meiner Idee, ein Footballbuch zu schreiben, zum Verlag gegangen bin, hat es etwas gutes Zureden gebraucht, bis alle von der Idee überzeugt waren. Dass es vom Buch nun sogar eine dritte Auflage gibt, hat aber sogar mich überrascht. Wobei ich erst mit dem Erscheinen des Buches gemerkt habe, wie viele unerwartete Football-Junkies es in meinem Umfeld gibt. Wie viele Football-Fans tatsächlich herumlaufen, zeigt die Geschichte der Rektorin der Berufsschule, an der ich ab und an Sport unterrichte. Deren elfjährige Tochter hat von ihrer Patentante zum Geburtstag mein Buch geschenkt bekommen, das ich dann natürlich gerne signiert habe. Wer würde mit so etwas rechnen. Entsprechend möchte ich mich natürlich bei allen bedanken, die das Buch nicht nur gekauft, sondern sogar gelesen haben. Für einen Autor ist es natürlich schön, positives Feedback zu bekommen. Dass dieses Feedback dann sogar aus dem engen (und bei mir sehr kritischen) Familienkreis stammt, der mit Football bis dato gar nichts zu tun hatte, freut mich umso mehr. Aber das beste Feedback liest sich immer an den Verkaufszahlen ab, die ja bekanntlich nicht lügen können. Und wenn es eine dritte Auflage gibt, kann das Buch nicht so schlecht sein.

Es gibt also nun eine dritte Auflage von *111 Gründe, American Football zu lieben*. Darin ist natürlich alles besser, neuer und schöner. Ein paar Rechtschreibfehler wurden verbessert, Zahlen auf den neuesten Stand gebracht, und für alle Football-Rookies gibt es noch ein kleines Lexikon mit den wichtigsten Begriffen, um das Buch und damit auch das Spiel besser verstehen zu können.

In jedem Fall hat sich seit dem ersten Druck viel getan. Die Philadelphia Eagles haben im ersten Overtime-Finale Super Bowl 52 gewonnen. Tom Brady ist mit seinem fünften Ring endgültig zum GOAT (Greatest Of All Times) aufgestiegen. Die San Diego Chargers sind nach L.A. gezogen. Will Smith hat einen Football-Film gedreht, in dem er auf die Problematik mit Gehirnerschütterungen im Profi-Football aufmerksam macht. Und mit Moritz Böhringer wurde erstmals ein Spieler aus der GFL direkt in die NFL gedraftet.

Bei so viel Neuem haben wir das Buch entsprechend um elf Gründe erweitert, die aufgrund ihrer Aktualität den Weg in die ersten beiden Ausgaben nicht schaffen konnten, aber für die American-Football-Geschichte enorm wichtig werden können.

Einen großen Anteil am Erfolg des Buchs hatten bestimmt auch die Jungs von ProSieben MAXX, die die dankbare Aufgabe übernommen haben, American Football dem deutschen Publikum näherzubringen. An jedem verdammten Sonntag werden sie nicht müde, gegen die *Tagesschau* und den *Tatort* um die Fernsehzuschauer zu kämpfen. Beim Anschauen der Spiele fiel mir immer wieder auf, wie hilfreich meine 111 oder mittlerweile 122 Gründe sind, die Übertragungen zu verstehen, und wie viele Geschichten von Jan Stecker, Coach Esume, Roman Motzgus, Icke & Co auch in den 111 Gründen nachgelesen werden können. Im Prinzip ist das Buch die ideale Vorbereitung, um vielleicht selbst einmal Football-Kommentator zu werden.

Danke auf jeden Fall an das ProSieben MAXX-Team, dass sie American Football in Deutschland noch bekannter gemacht haben, auch wenn sie es bisher verpasst haben, mein Buch in ihrer Sendung vorzustellen. Aber mit der dritten Auflage haben sie ja in der kommenden Saison eine neue Chance, das Verpasste nachzuholen. Und wenn nicht, werde ich mir trotzdem weiterhin die Spiele anschauen, Football-Bullshit-Bingo spielen (absolut, Rammelbammel, Schach mit Kühlschränken, das lange Ding ...) und mich darüber aufregen, dass schon wieder nur Cowboys, Broncos und Giants gezeigt werden und niemals Rams oder Vikings. Aber Hauptsache American Football. Und nun viel Spaß beim Lesen.

*Christian Riedel*

# KAPITEL 1

# Football ist unser Leben

# WEIL FOOTBALL KUNST IST

American Football ist ein Sport für Liebhaber der schönen Künste. Auch wenn es für Laien vielleicht so aussieht, als würden 22 dicke Männer unkoordiniert aufeinanderspringen oder aufeinander einprügeln, steckt eine große Ästhetik in dem Sport, der schon beinahe etwas von großer Kunst hat. Dazu braucht man nicht erst einen Ball, der in Superzeitlupe durch die Luft rotiert. Und gemeint sind auch nicht die attraktiven Cheerleader, die leicht bekleidet am Spielfeldrand gekonnt ihre körperlichen Vorzüge in die Kameras halten.

Die große Ästhetik liegt in der Ruhe im Spiel, die von ahnungslosen Banausen oft auch als Langeweile wahrgenommen wird. Dabei muss man sich nur einmal einen der großen Westernklassiker anschauen, die man mit American Football durchaus vergleichen kann. Wie zwei Revolverhelden stehen sich die beiden Teams gegenüber, ohne dass sich auch nur ein Muskel regt. In so einem Moment kann man eine Stecknadel fallen hören, und jede Fliege brummt so laut wie ein Jumbojet. Oder man könnte die Nadel fallen hören, wenn die Fans nicht so laut wären. In jedem Fall kommt wohl kein Mensch auf die Idee, ein Pistolenduell in einem Western als langweilig zu bezeichnen. Dabei kann man die Situationen sehr gut miteinander vergleichen.

Der Held (das eigene Team) steht dem Schurken (dem anderen Team) gegenüber. Keiner bewegt sich, keiner zuckt, man scharrt noch nicht einmal unruhig mit den Füßen. Jeder wartet auf eine Aktion des Gegenübers, ohne dabei die eigenen Stärken und Schwächen zu offenbaren. Es scheint, als wären die Spieler eingefroren. Wie in einem Stillleben eines der großen Künstler stehen sich 22 muskelbepackte Krieger regungslos gegenüber. Die Zuschauer halten den Atem an. Die Spannung ist beinahe mit Händen zu greifen. Schaut man sich den Western an, vergisst man in so einer Situation, das Popcorn zu essen oder einen Schluck von seinem Getränk zu nehmen. Schließlich entscheidet sich in den nächsten Sekunden, ob der Held über den Schurken triumphieren wird.

Auf ein geheimes Zeichen bricht dann die Hölle los. Im Film greifen beide Revolverhelden zu ihren Waffen, und nach einem lauten Knall bricht mindestens einer der beiden Kontrahenten leblos zusammen. Im Normalfall triumphiert der Gute und wird von der Bevölkerung gefeiert, während der unterlegene Schütze tot im Straßenstaub liegen bleibt.

Ganz so dramatisch ist es auf dem Spielfeld nicht. Zumindest bleibt niemand tot am Boden liegen. Aber auch hier warten die Beteiligten auf ein Zeichen, und sobald der Center den Ball an den Quarterback übergeben hat, geht der Kampf los. Die Linemen stürzen aufeinander zu, versuchen, Lücken zu reißen oder eben diese zu schließen. An der Line of Scrimmage versucht der Receiver am Cornerback vorbeizukommen und sich frei zu laufen. Der Runningback stürmt los, um den Ball an den riesigen Linemen vorbeizutragen. Und das alles geschieht in Bruchteilen von Sekunden. Und wie in einem guten Film weiß der Zuschauer nicht, ob nun am Ende das Gute oder das Böse triumphiert, ob der Spielzug nun von Erfolg gekrönt ist oder nicht. Wurde der Runningback aufgehalten oder hat er die Lücke gefunden. Kommt der Pass an oder wird er abgefangen.

All diese Fragen schießen dem Zuschauer in Sekundenbruchteilen durch den Kopf, bevor der Spielzug letztendlich beendet ist. Dabei darf man nicht vergessen, dass die Kontrahenten auf dem Football-Feld noch so manchen Trick im Ärmel haben, mit dem der Gegner nicht gerechnet hat.

Doch so weit denkt man nicht einmal, wenn man die beiden Mannschaften beobachtet, wie sie sich regungslos gegenüberstehen und auf das geheime Signal warten. Und unter diesem Gesichtspunkt wird klar, dass American Football ein Sport für wahre Ästheten ist.

## 2. GRUND

# WEIL IN JEDER SEKUNDE ALLES PASSIEREN KANN

American Football ist langweilig. Es passiert nichts. Das Spiel besteht nur aus Pausen. Die Spieler stehen sich gegenüber, schubsen sich, fallen aufeinander, stehen wieder auf und stellen sich wieder hin. Das Spiel ist doch nur Chaos. Das sind die üblichen Beschreibungen und Vorurteile, die man sich anhören muss, wenn man zugibt, American Football zu lieben. Dabei haben alle, die so etwas behaupten, wahrscheinlich noch nie ein Spiel ganz gesehen. Denn gerade der Vorwurf, dass im Spiel nichts passiert, ist komplett haltlos.

Es ist sogar einer der Hauptgründe, warum American Football eines der spannendsten Spiele überhaupt ist. Denn in jedem Spielzug kann alles passieren. Und die Vergangenheit hat gezeigt, dass dies nicht nur eine leere Phrase ist. Sofern es regelkonform ist und mit dem Spiel zu tun hat, weiß man als Zuschauer nie, was einen tatsächlich erwartet. Viele Beispiele dafür werden Sie in diesem Buch finden. Aber als Football-Fan wissen Sie natürlich schon, wie viele unglaubliche Geschichten der Football geschrieben hat.

Das Faszinierende dabei ist, dass die Ausgangslage in jedem Spielzug immer gleich ist. Auf jeder Seite stehen elf Spieler, die entweder versuchen, den Ball nach vorne zu bringen, oder das verhindern möchten. Auch die Mittel der Wahl sind immer dieselben. Man wirft den Ball, übergibt ihn dem Runningback oder kickt ihn möglichst weit weg. Ab und zu kann man ihn auch durch zwei Stangen schießen, was dann direkt drei Punkte bringt. Doch das geht nicht in jeder Situation.

Hier endet aber auch bereits alles, was in jedem Spielzug gleich ist. Nehmen wir als Beispiel einen einfachen Laufspielzug. Der Center übergibt den Ball an den Runningback. Dieser schnappt sich den Ball und rennt nach vorne. In den meisten Fällen wird er dann nach zwei oder drei Yards zu Boden gebracht. Rappelt sich auf und geht wieder zu seinen Mitspielern zurück, um sich auf den nächsten Spielzug vorzubereiten.

Das ist aber nur einer von vielen Möglichkeiten. So kann der Runningback auch die Tackles brechen, auf den Beinen bleiben und plötzlich völlig frei in Richtung gegnerische Endzone laufen. Hat die verteidigende Mannschaft aufgepasst, gelingt es ihr möglicherweise, den Ballträger schon früh zu Fall zu bringen, und die angreifende Mannschaft verliert sogar ein paar Yards. Wenn es ganz unglücklich läuft, verliert der Runningback die Kontrolle über den Ball und lässt ihn fallen. Dann darf der freie Ball von jedem Spieler für seine Mannschaft gesichert werden.

Ähnliches gilt für einen Pass. Auch hier kann der Quarterback seinen Receiver finden, der nach dem Fang zu Boden gebracht wird. Vielleicht schüttelt er auch seinen Verteidiger ab oder fängt den Ball direkt in der Endzone. Allerdings kann auch der Verteidiger eher am Ball sein, diesen fangen und im Anschluss versuchen, selbst in Richtung gegnerische Endzone zu laufen. Zudem kann der Receiver den Ball fumbeln, wenn er unglücklich getroffen wird. Haben die Verteidiger aufgepasst, können sie den Quarterback auch schon vor dem Pass zu Boden bringen, sodass das Team eine Menge Yards verliert. Ein guter Quarterback kann die anstürmenden Verteidiger elegant austanzen und einen Pass zu seinem Mitspieler bringen, auch wenn schon mehrere Spieler an seinem Trikot hängen.

Kicks werden verwandelt oder gehen vorbei. Punts gehen weit oder eben nicht, werden gefangen oder ins Aus gelassen. In seltenen Fällen können sie auch geblockt werden. Dann ist der Ball frei und kann vom Gegner gesichert werden. Gute Returner können den Ball auffangen und ihn direkt nach vorne tragen. Auch dann kann er zum Touchdown laufen oder den Ball fumbeln, oder er wird einfach nach wenigen Metern zu Boden gebracht.

Dabei haben wir noch nicht über Fehler oder Missverständnisse gesprochen. Schon die Ballübergabe vom Center an den

Quarterback kann schiefgehen. Pässe werden fallen gelassen oder abgeblockt, und so mancher Runningback ist beim Versuch, eine Lücke zu finden, am eigenen Linespieler zerschellt.

Dann gibt es auch noch Trickspielzüge, mit denen man gar nicht gerechnet hat. Ein Runningback wird zum Passgeber oder der Receiver zum Runningback. Ein Kicker wird zum Quarterback, und der wiederum versucht, den Pass zu fangen. Wie in Grund 80 nachzulesen, gibt es eine Menge an Trickspielzügen, die den Gegner verwirren sollen.

Dass beim Football die kuriosesten Dinge passieren können, kann man dabei regelmäßig in den Zusammenfassungen sehen. Spieler werfen den Ball schon zu früh weg, bevor sie über die Goalline gelaufen sind. Verteidiger rennen sich gegenseitig über den Haufen und machen so den Weg für den Receiver frei. Bälle fallen nicht auf den Boden, sondern auf den Helm eines Spielers, bevor sie von einem ganz anderen Akteur gefangen werden. Und nur weil ein Verteidiger ein Fumble erobert hat, heißt das ja auch nicht, dass er den Ball nicht wieder fallen lassen kann.

Kurzum ist American Football ein Spiel, bei dem in jeder Sekunde alles passieren kann, ohne dass der Zuschauer weiß, was wirklich passieren wird. Das hat das Spiel den anderen Sportarten wie Basketball, Fußball oder Handball voraus. Natürlich sind viele Spielzüge auch unspektakulär und vorhersehbar. Dass man bei einem dritten Versuch und einem fehlende Yard eher versucht, mit einem Laufspiel ein neues First Down zu schaffen, ist jedem klar, vom Trainer bis zum Fan. Aber man kann auch einen Pass werfen, und es ist auch nicht gesagt, dass der Runningback den Ball nicht fallen lässt. Außerdem kann er ja auch durch die Abwehrreihen laufen und einen Touchdown erzielen. Und wenn das passiert, sind alle überrascht. Und genau das ist es, warum American Football ein so faszinierendes Spiel ist.

# WEIL FOOTBALL WIE SCHACH IST
## (NUR OHNE WÜRFEL)

Der große Fußballphilosoph Lukas Podolski soll einst sinniert haben, dass Fußball wie Schach ist, nur ohne Würfel. Ob er das tatsächlich gesagt hat, bleibt in der grauen Zone der Fußballmythen zurück. Tatsche ist aber, wenn ein Sport dem Schach ähnelt, dann ist es American Football. Und wenn sich Podolski einmal einen Helm aufsetzen würde, könnte er schnell sehen, dass der Vergleich eher zutrifft als der mit Fußball.

Das Grundproblem beim Fußball ist im Vergleich mit Schach, dass Fußball ein dynamischer Sport ist, bei dem keine Situation wie die andere ist. Beim American Football dagegen ist jede Situation zunächst statisch. Insofern kann man strategisch genau überlegen, was man mit dem nächsten Spielzug erreichen will und wie man das umsetzen kann. Die grundsätzlichen Mittel sind dabei immer gleich. Man kann den Ball werfen oder ihn nach vorne tragen oder ihn bei einem vierten Versuch auch einmal kicken. Aber dann beginnen die strategische Überlegungen.

American Football ist ein Spiel, bei dem man schon im Vorfeld den Erfolg am Reißbrett planen kann. Ähnlich wie Schachfiguren lassen sich die Spieler beliebig auf dem Spielfeld verschieben. So kann man schon in der Theorie Spielzüge planen, die den Gegner vor unlösbare Probleme stellen und einen großen Raumgewinn ermöglichen sollen. Im Idealfall funktioniert das Team wie eine perfekt geölte Maschine, bei der jedes Teil reibungslos ineinandergreift. Das birgt natürlich das Risiko, dass es schiefgeht, wenn ein Spieler seine Aufgabe nicht zu 100 Prozent erfüllt. Doch das ist eben die menschliche Komponente, die beim American Football berücksichtigt werden muss.

Auf dem Platz weiß dann jeder Spieler, was der Mitspieler macht. So kann man schon im Vorfeld Lücken für den Runningback schaffen oder Raum für den Wide Receiver. Hier hat man einen entscheidenden Vorteil gegenüber den Verteidigern. Denn diese können nur reagieren, sobald sie sehen, was der Angreifer vorhat. Natürlich kommt beim Sport im Vergleich zum Schach eine menschliche Komponente dazu. Schließlich ist nicht gesagt, dass man seinen Gegenspieler auch aufhalten kann, der Receiver auch den Ball fängt oder der Runningback das Ei festhält. In der Theorie kann man aber zumindest ziemlich viele erfolgversprechende Spielzüge einstudieren.

An diesem Punkt wünscht man sich als ein Liebhaber von Fußball und American Football, dass die Balltreter sich den einen oder anderen Kniff der Eierwerfer abschauen würden. Denn auch beim Fußball hat man viele Standardsituationen bei Freistößen oder nach Ecken, bei denen der Ball ruht und wo man sich Spielzüge einfallen lassen könnte, die den Gegner verwirren. Nur selten sieht man einmal eine einstudierte Variante. Meistens wird der Ball hoch in den Strafraum geschlagen, in der Hoffnung, ein Mitspieler kommt als Erster an den Ball. Dass das nur selten von Erfolg gekrönt ist, zeigen die zahlreichen Statistiken, die darlegen, wie viele Ecken tatsächlich zu einem Tor führen. Andererseits könnte man die Chance nutzen und viel mehr Varianten einstudieren. Es steht nirgendwo geschrieben, dass jede Ecke hoch in den Strafraum geschossen werden muss. Und schaut man sich einmal die Teams an, die auch einmal Varianten einstudieren, merkt man schnell, dass diese viel mehr Erfolg mit den Standards haben. Denn auch beim Fußball lassen sich Spieler zumindest nach einem ruhenden Ball wie Schachfiguren auf dem Spielfeld verschieben. Eine gute Pass- und Schusstechnik vorausgesetzt, kann man so dafür sorgen, dass der Gegner immer nur hinterherlaufen kann, wenn man beispielsweise einen Eckball kurz ausführt oder ein Spieler nach einem Freistoß mit schnellen Pässen bis in den Strafraum eindringt.

Doch die Spielzüge zu entwerfen und Spieler wie Schachfiguren hin und her zu schieben ist nur ein Teil des Plans, der hinter einem erfolgreichen Team steckt. Denn man muss die Spielzüge nicht nur perfekt einstudiert haben, man muss auch wissen, wann man welchen Spielzug einsetzt. Hier sind strategisches Denken und Planen wie beim Schach gefragt. Man stellt dem Gegner eine Falle, und wenn er hineintappt, steht dem Erfolg nichts im Wege. Die Coaches müssen dafür die Spielzüge einstudieren und überlegen, wann sie welches Play durchführen. Wirft man den Ball, läuft man oder behält der Quarterback das Ei. Rechnet der Gegner nun mit einem Pass und stellt seine Verteidigung entsprechend auf, kann man erfolgreich sein, wenn man einen Lauf angesetzt hat. Auf der anderen Seite kann der Gegner natürlich auch nur antäuschen, dass er gegen den Pass verteidigt, aber in Wirklichkeit massiv die Mitte zumachen. Sind nur noch wenige Yards zu gehen, würde ein Laufspiel Sinn machen. Aber wenn der Gegner damit rechnet, hat man mit einem Pass vielleicht mehr Erfolg. Es obliegt dem Headcoach, diese Entscheidungen zu treffen. Und wie in Grund 82 gezeigt, muss er damit nicht immer richtig liegen.

Im Fußball finden solche Überlegungen nicht statt. Hier zählt nur, wer das nächste Tor schießt, oder ohne Gegentor die Zeit über die Runden zu bringen. Kurzfristige Ziele wie Raumgewinn spielen im Fußball keine Rolle. Im Schach dagegen kann schon ein gefallener Bauer den Ausschlag zwischen Sieg und Niederlage geben. Ähnlich wie beim Football, der oft über Raumgewinn und Ballbesitz entschieden wird. Insofern sollte sich Lukas Podolski einmal einen Helm aufsetzen und ein Ei in die Hand nehmen. Dann weiß er vielleicht, bei welchem Sport wirklich nachgedacht werden muss.

## WEIL ES (NOCH) KEINE EVENTFANS GIBT

Alle zwei Jahre, wenn wieder einmal ein Fußball-Großereignis ansteht, teilweise sogar bei normalen Champions-League-Spielen, kommen die Eventfans aus ihren Löchern gekrochen. Man erkennt sie schon optisch an den aktuellen Deutschlandtrikots (oft schlecht gemachte Kopien vom orientalischen Basar, vom Verkaufsstand direkt nach der östlichen Grenze oder vom letzten Strandurlaub bei obskuren Händlern gekauft), an der schwarz-rot-goldenen Gesichtsbemalung und an der Deutschlandfahne, die sie sich wie ein Superheldencape locker um die Schultern gelegt haben. Zu ihrer normalen »Bewaffnung« zählen in der Regel noch eine Deutschlandbrille mit übergroßen Gläsern, eine Vuvuzela und eine Ratsche, natürlich in den Landesfarben, mit denen sie auch dem geduldigsten Mitmenschen nach kurzer Zeit gehörig auf die Nerven gehen.

Eventfans erkennt man auch an ihren Emotionen, weil sie wie kein anderer Fan mit der Mannschaft mitfiebern, nach einer Niederlage hemmungslos in die Deutschlandfahne weinen und nach einem Sieg so euphorisch sind, dass sie am liebsten schon nach einem gewonnenen Qualifikationsspiel gegen Gibraltar stundenlang beim Autokorso mit Gleichgesinnten durch die Innenstädte fahren würden. Sie gehen zum Spiel, weil die Stimmung so toll ist, und nicht, weil sie sich für den Sport interessieren. Beim Public Viewing jubeln sie garantiert in der ersten Reihe, auch wenn sie den Rest vom Jahr von ihrem Sport höchstens dann etwas mitbekommen, wenn sich Arbeitskollegen mit etwas mehr Fachverstand über den letzten Bundesligaspieltag unterhalten.

Ganz schlimm wird es, wenn man als Fan ihren semi-schlauen Gesprächen zuhören muss. »Seit wann spielt Deutschland in Grün – oder sind das doch die Portugiesen?« – »Warum spielt der Robben bei Holland, ich dachte, der ist bei Bayern ...« – »Das mit dem Abseits hab ich ja noch nicht so ganz begriffen.« Oder: »Außer die Nationalmannschaft hat Jogi Löw noch nie ein Team trainiert.« (Anmerkung: Löw trainierte zuvor unter anderem den KSC, den VfB Stuttgart und Fenerbahçe Istanbul, auch wenn das schon ein paar Jahre her ist). All das und noch viele mehr sind Aussagen, bei denen sich einem echten Fußballfan die Zehennägel aufrollen.

Die große Wissensdatenbank »Stupidedia« beschreibt den Eventfan wie folgt: »Ein Event-Fan, Pseudo-Fußballfan, Event-spacko oder Mitläufer-Fan ist ein vermeintlicher Fußballfan, der exakt alle zwei Jahre zur Europa- und Weltmeisterschaft aktiv wird. Vor allem seit 2006 kriecht er immer pünktlich zum ersten Spiel mit deutscher Beteiligung aus seinem Loch. Dann gräbt er seine Vuvuzela aus und mutiert schließlich zum allergrößten Fußballfan, -experten und -kritiker, als hätte er seit jüngster Kindheit jede freie Minute mit Fußball verbracht und jedes Mal verschwindet er nach spätestens vier Wochen wieder spurlos.«[1]

Ganz anders beim American Football. Wer in eine der wenigen US-Sportbars geht, in denen ein reguläres Spiel der NFL übertragen wird, kann mit Sicherheit davon ausgehen, dass jeder Zuschauer weiß, dass Brett Favre seine Karriere bei den Minnesota Vikings beendet hat, was eine Offensive Pass Interference ist oder wer »The Catch« gefangen hat. Die meisten anderen Gäste kennt man mit Sicherheit mit Namen und weiß, ob und bei welchem Verein sie selber gespielt haben und welchem NFL-Team sie die Daumen drücken.

Na gut. Vielleicht ist das Fachwissen beim einen oder anderen NFL-Gucker nicht ganz so speziell, aber zumindest wird ein Foot-ball-Fan in der Kneipe wissen, wer Brett Favre ist, dass man auch als Receiver den Verteidiger nicht ungestraft wegschubsen darf und vielleicht sogar, dass es einen wichtigen Pass von Quarterback Joe Montana auf Dwight Clark gab, der so spektakulär war, dass er als berühmtester Spielzug oder kurz als »The Catch« in die Geschichte des American Footballs eingegangen ist. In keinem Fall muss man Angst haben, dass die Nebensitzer die Grundregeln des Spiels nicht kennen, sich über Nebensächlichkeiten wie Trikotfarben unterhalten oder nicht wissen, warum der Head Coach Kopfhörer trägt. Und wenn es doch einmal vorkommt, dann nur, weil jemand Neues sich für den Sport interessiert und nicht in die Kneipe zum Football gucken geht, weil dort die Stimmung so gut ist. Sonst würde er mit Sicherheit seinen Sonntagabend nicht in einer US-Sportsbar verbringen.

Alleine das macht Football-Schauen in der Kneipe zu einem besonderen Erlebnis. Man guckt mit wenigen Auserwählten, die das gleiche Hobby haben wie man selbst. Man kann auch ein wenig fachsimpeln, ohne befürchten zu müssen, dass sich der Gegenüber langweilt oder keine Ahnung hat, worüber man spricht. Man muss keine Grundregeln erklären und braucht auch keine Angst zu haben, sich an den übergroßen Brillen des Nebensitzers die Augen auszustechen, und niemand trompetet einem mit der Vuvuzela ins Ohr. Football-Schauen macht Spaß, auch weil es keine Eventfans gibt.

## 5. GRUND

## WEIL ES NOCH WUNDER GIBT

Wenn das eigene Team kurz vor Ende des Spiels aussichtslos zurückliegt, packen viele Fans schon ihre Habseligkeiten zusammen und machen sich auf den Heimweg. Diese Unsitte gibt's nicht nur in der Fußball-Bundesliga, sondern auch hin und wieder in der NFL. Zugegeben gibt es schönere Sachen beim Sport, als seinem Team beim Verlieren zuzusehen. Insofern kann man schon verstehen, warum ein Stadionbesuch kurz vor dem Schlusspfiff zum Wandertag der enttäuschten Fans wird. Aber hin und wieder passiert etwas

Wunderbares, das all diejenigen ihr Leben lang bereuen, die die letzten Sekunden auf dem Parkplatz statt auf ihrem Sitzplatz verbracht haben.

Geschieht in den letzten Sekunden eines Spiels etwas Außergewöhnliches, wird gerne auch von einem Wunder gesprochen. Beim Fußball gibt es immer wieder das Wunder von der Weser oder wir erinnern uns an das Wunder von Bern. Auch beim American Football gibt es solche Wunder (engl.: miracle), wobei das bekannteste davon das sogenannte »miracle at the meadowlands« ist.

Beteiligt waren an dem Wunder die Teams der Philadelphia Eagles und der New York Giants, die am 19. November 1978 aufeinandertrafen. Ein Wunder war dieses miracle aber nur für die Eagles, während die letzten Sekunden des Spiels für die Giants eher zu einem Albtraum wurden. Denn noch nie in der Geschichte der NFL (und wohl in allen weiteren Spielen, die jemals ausgetragen wurden) hat eine Mannschaft einen Sieg so leichtfertig verschenkt wie die Giants an diesem Tag.

Wenige Sekunden vor Ende des Spiels führte New York bereits mit 17:12 und war in Ballbesitz. Philadelphia hatte keine Auszeiten mehr. Insofern mussten die Giants nur noch einen Spielzug absolvieren, um keine Strafe wegen Spielverzögerung zu bekommen, was zudem die Uhr anhalten würde. Im Normalfall würde das Team in die sogenannte Victory Formation gehen, der Quarterback würde abknien, und das Spiel wäre gelaufen. Heute gibt es keine Mannschaft, die das so nicht praktizieren würde.

Niemand weiß, ob New Yorks Head Coach John McVay damals zu stolz war, den letzten Spielzug nicht auszuspielen, ob Quarterback Joe Pisarcik den Spielzug falsch angesagt hatte oder Runningback Larry Csonka unbedingt noch ein paar Yards laufen wollte. In jedem Fall verzichteten die Giants darauf, das Spiel auf Knien zu beenden, und stattdessen übergab Pisarcik den Ball an Csonka. Oder besser gesagt, er versuchte es. Denn die Ballübergabe ging schief. Entweder drehte sich Pisarcik in die falsche Richtung oder Csonka kam von der falschen Seite oder war einfach zu schnell. In jedem Fall war Pisarcik zu spät dran, und er konnte den Ball nur noch gegen die Seite seines Runningbacks drücken. Von dort fiel der Ball auf den Boden und wartete nur darauf, von einem Spieler aufgenommen zu werden.

Philadelphias Cornerback Herman Edwards tat ihm den Gefallen und ließ sich nicht zweimal bitten. Mit dem Ei unter dem Arm rannte er die letzten Yards bis in die Endzone der Giants und drehte so ein Spiel, von dem niemand mehr geglaubt hatte, dass New York es noch verlieren würde. Spätestens seit diesem Spiel überlegt kein Coach der NFL mehr, ob er einen Versuch lieber ausspielt, statt einfach den Quarterback abknien zu lassen. Denn Offensive Coordinator Bob Gibson wurde direkt nach dem Spiel entlassen, und Head Coach McVay musste nach der Saison den Hut nehmen.

Kurios dabei war, dass im TV schon vor dem letzten Spielzug der Abspann über die Mattscheibe lief. Anscheinend glaubte auch der Regisseur, dass das Spiel bereits entschieden war. Aber genau das ist ja das Schöne an Wundern. Dass sie so unerwartet kommen.

## 6. GRUND

## WEIL MAN AUCH MAL GLÜCK HABEN KANN

Football ist, wie in Grund 2 (Weil in jeder Sekunde alles passieren kann) je bereits erwähnt, ein extrem unberechenbarer Sport. Und auch wenn Taktik und das individuelle Können der einzelnen Profis ein Spiel entscheiden können, spielt auch das Glück immer wieder eine Rolle. Während einige Spieler ihr Glück in einer Situation kaum fassen können, hadert der Gegner oft noch Tage oder Wochen mit seinem Schicksal. Was glückliche Spielzüge angeht, hat der Fernsehsender ESPN eine Rangliste der zehn glücklichsten Plays der NFL-Geschichte zusammengestellt, die ich Ihnen an dieser Stelle nicht vorenthalten möchte.

Die Liste wurde allerdings schon 2013 zusammengefasst. Daher ist auch der spektakuläre Catch von Seattles Jermaine Kearsey nicht dabei, der es ansonsten auf eine Top-Position geschafft hätte. Im Super Bowl XLIX waren noch 1:14 zu spielen, und Seattle lag gegen die New England Patriots mit 24:28 zurück. Die Seahawks hatten an der gegnerischen 38-Yard-Linie den Ball, und Quarterback Russell Wilson warf einen weiten Pass auf seinen Receiver. Der Pass wurde allerdings von New Englands Malcolm Butler nach oben abgeblockt. Butler und Kearse gingen zu Boden, der Ball fiel direkt in die Hände des bereits auf dem Rücken liegenden Kearse, der sich an der 6-Yard-Linie nach mehrmaligem Nachfassen den Ball sichern konnte. Allerdings hatte Kearse wohl das Glück für sein Team mit diesem Catch aufgebraucht. Seattle wurde von den Patriots gestoppt, und die Pats siegten letztendlich mit 28:24. Hätten die Seahawks im Nachhinein noch den entscheidenden Touchdown erzielt, wäre der Catch wohl mit Sicherheit auf Platz 1 der nächsten Glücks-Liste gewählt worden.

Stattdessen wurde die »Immaculate Reception« im Divisional Playoff Game 1972 zwischen den Pittsburgh Steelers und den Oakland Raiders auf Platz 1 der glücklichsten Spielzüge der NFL gewählt. Der Name »Immaculate Reception« ist eine Anlehnung an den englischen Ausdruck »Immaculate Conception«, also die unbefleckte Empfängnis der Maria. Tatsächlich kam Pittsburghs Franco Harris zu dem Catch wie die sprichwörtliche Jungfrau zum Kind.

30 Sekunden vor dem Ende lagen die Steelers mit 6:7 zurück, als Quarterback Terry Bradshaw einen Pass auf John Fuqua warf. Beim Versuch, den Ball zu fangen, wurde Fuqua von Raiders-Verteidiger Jack Tatum hart getroffen. Der Ball sprang mehrere Meter zurück

und direkt in die Arme von Fullback Franco Harris, der den Ball zum spielentscheidenden Touchdown in die Endzone trug. Dieser Spielzug war ebenso glücklich wie kontrovers. Denn noch lange stritten die Verantwortlichen, ob der Ball vor dem Fang den Boden berührt hätte oder nur den Rücken von Fuqua. In beiden Fällen wäre der Catch ungültig gewesen und Oakland hätte das Spiel gewonnen. Denn es war der vierte Versuch der Steelers, die bei einem unvollständigen Pass aufgrund von »loss of downs« den Ball an die Raiders hätten geben müssen. Nur wenn Tatum den Ball berührt hätte, wäre der Spielzug regelkonform gewesen. Doch das konnten die Schiedsrichter in dieser Situation nicht mehr genau erkennen.

Und da American Football kein Spiel im Konjunktiv ist, zählte der Touchdown, der eine lange Rivalität zwischen beiden Teams einläuten sollte. Während sich die Raiders, die den Catch im Anschluss auch »immaculate deception« (deception = Betrug) nannten, um den Sieg betrogen fühlten, läutete das Erreichen des Super Bowls eine lange und erfolgreiche Ära der Stahlstädter ein, auch wenn sie im AFC Championship Game noch von den Miami Dolphins geschlagen wurden. In der Folge gewann Pittsburgh 1974, '75, '78 und '79 den Super Bowl und Harris gilt als glücklichster Spieler der NFL-Geschichte.[2]

## 7. GRUND

### WEIL AUCH ANDERE GLÜCK HABEN

Platz 1 der ESPN-Liste ist also an Franco Harris vergeben. Platz 3 ging an das Wunder aus den Meadowlands (siehe Grund 5) und Platz 9 hat sich Minnesotas Quarterback Brad Johnson gesichert, wie Sie in Grund 41 nachlesen können. Natürlich möchte ich Ihnen die anderen sieben Glückspilze der NFL nicht vorenthalten, die es in die Liste geschafft haben. Denn die Spielzüge sind es auf jeden Fall wert, beschrieben zu werden.

Platz 10 ging an Brandon Stokeley von den Denver Broncos. Im Spiel gegen die Cincinnati Bengals waren beim Stand von 6:7 aus Sicht der Broncos noch 28 Sekunden zu spielen, als QB Kyle Orton an der eigenen 13-Yard-Linie einen weiten Pass nach vorne warf. Doch der anvisierte Receiver Brandon Marshall war gut gedeckt, Bengals Verteidiger Leon Hall schlug den Ball in die Luft und weit ins Feld. Dort stand allerdings Stokeley, der den Ball fing und ihn über 70 Yards in die Endzone der Bengals trug. Später wurde der Spielzug als »immaculate deflection« bezeichnet.

Platz 9 ging wie gesagt an Brad Johnson. Über Platz 8 dürfen sich die Dolphins von 1993 freuen. Im Thanksgiving-Spiel gegen die Dallas Cowboys wurde ein Field-Goal-Versuch von Pete Stoyanovich beim Stand von 13:14 aus Sicht der Dolphins eigentlich geblockt. Der Ball hätte nur in die Endzone rollen oder von den Cowboys gesichert werden müssen. Der Ball hoppelte auch durch den frisch gefallenen Schnee direkt auf die Endzone zu. Doch statt in die Endzone zu rollen, tanzte er mehrere Sekunden auf der Spitze im frisch gefallenen Schnee. Mehrere Spieler rutschten auf den Ball zu, darunter auch Cowboys Leon Lett, der den Ball aber nicht festhalten konnte, sondern ihn bis in die Endzone schubste. Dort wurde er von den Dolphins zum spielentscheidenden Touchdown gesichert.

Platz 7 geht an die Jacksonville Jaguars. Im Spiel gegen die Houston Texans warf QB David Garrard eine Hail Mary in die Endzone der Texaner. Dort stand CR Glover Quin, der den Ball nach vorne abwehrte. An der 3-Yard-Linie stand allerdings Mike Thomas, und Quin haute dem verdutzten Thomas den Ball direkt in die Hände. Dieser musste dann nur noch einen Schritt nach vorne zum entscheidenden Touchdown machen.

Packers Wide Receiver Antonio Freeman belegt Rang 6. Im Spiel gegen die Minnesota Vikings wurde der weite Pass von Brett Favre eigentlich abgewehrt. CB Cris Dishman schnappte sich den Ball mit einer Hand und zog ihn sich direkt an die Brust. Was dann passierte, kann sich Dishman wohl selber nicht erklären. Denn statt den Ball festzuhalten, prallte dieser von der Brust direkt zu dem am Boden liegenden Freeman. Dieser fing den Ball und trug ihn bis in die Endzone.

Platz 5 haben sich die New Orleans Saints aus der Saison 2003 redlich verdient. Im Spiel gegen die Jacksonville Jaguars musste beim Stand von 13:20 kurz vor Schluss ein Touchdown her. Da der eigentliche Spielzug bereits gestoppt war, warfen die Saints mit auslaufender Uhr gleich vier Lateralpässe, bevor Jerome Pathon zum Touchdown in die Endzone gelangte. Das Tragische an diesem Spielzug ist, dass Kicker John Carney den anschließenden Kick verschoss und so die Saints als Verlierer vom Feld gingen. Insofern hatten die Heiligen bei ihrem Spielzug, der später River City Relay (River City Staffel) genannt wurde, Unglück im Glück.

Vierter in der Glückspilz-Liste wurde Oakland-Raiders-Runningback Clarence Davis. Im Spiel 1974 gegen die Miami Dolphins waren noch 24 Sekunden zu spielen, und Kenny Stabler warf einen langen Pass. Trotz dreier Verteidiger, die direkt neben Davis standen, gelang es diesem, den Ball zu fangen und in die Endzone zu tragen. Dabei machte es ihm auch nichts aus, dass die Dolphins an seinen Armen und dem Ball zogen und zerrten. Heute kennt man den Spielzug als »Sea of hands«, also das Meer aus Händen, durch das Davis den Ball trotzdem gefangen hat.

Auf Platz 2 schließlich landete der Holy Roller im Spiel zwischen den Oakland Raiders und den San Diego Chargers aus dem Jahr 1978. Zehn Sekunden vor Schluss waren die Raiders von der 14-Yard-Linie der Chargers aus auf dem Weg in die Endzone. Es stand 20:14 für die Chargers, und die Raiders mussten in die Endzone kommen. Quarterback Kenny Stabler bekam den Snap, ging ein paar Schritte zurück und wurde von Woodrow Lowe gesackt. Dabei verlor er den Ball, der dann in Richtung Chargers Endzone rollte. Es sah so aus, als konnte sich Raiders-Runningback

Pete Banaszak den Ball sichern. Doch er brachte die Hände nicht richtig an den Ball und schubste ihn weiter Richtung Endzone. Dort machte er Bekanntschaft mit Tight End Dave Casper, der das Ei aber ebenfalls nicht festhalten konnte. Casper schubste und kickte den Ball unkontrolliert bis in die Endzone, wo er sich letztendlich daraufwerfen und sichern konnte. Dank des Extrapunkts gewannen die Raiders 21:20. Da weder Banaszak noch Casper den Ball absichtlich in Richtung Endzone beförderten, sondern eher aus Versehen, werteten die Schiedsrichter den Spielzug als regulär, und die Raiders konnten sich über einen sehr glücklichen Sieg freuen.[3]

### 8. GRUND

## WEIL HOCHMUT BESTRAFT WIRD

Das Leben eines Sportlers ist nicht immer gerecht. Wenn der Gegner eine große Klappe hat, möchte man es ihm gerne so richtig zeigen. Doch das klappt leider nicht immer. Es ist richtig deprimierend, wenn der Gegner vor einem wichtigen Spiel große Töne spuckt und am Ende auch noch triumphiert. Umso schöner ist es, wenn man dem anderen dann im übertragenen Sinne das Maul stopfen und so für Gerechtigkeit sorgen kann. Noch besser ist es, wenn es für den Sprücheklopfer dann so richtig bitter wird.

Als ob ein NFL Championship Game noch nicht schon aufregend genug wäre, goss der damalige Besitzer der Washington Redskins, Preston Marshall, vor dem Spiel gegen die Chicago Bears am 8. Dezember 1940 zusätzlich Öl ins Feuer. Drei Wochen vor dem Aufeinandertreffen der Teams im Championship-Finale siegte Washington mit 7:3 gegen Chicago. Daraufhin bezeichnete Marshall die Spieler der Bears als Heulsusen, die lieber aufgeben, wenn es hart wird. Doch das war wohl keine so gute Idee.

Vor dem Match zeigte Chicagos Head Coach George Halas die entsprechenden Zeitungsartikel in der Kabine herum. Angestachelt von den Sprüchen von Marshall, gingen die Bears hochmotiviert in die Partie und zerstörten die Rothäute in einem Spiel, das später als einseitigste Partie in die Geschichte der NFL eingehen sollte. Am Ende stand es 73:0 für die Bears, die dadurch zum zweiten Mal den Titel holen konnten.

Schon zur Halbzeit lagen die Bears 28:0 in Führung. Die totale Demütigung für die Redskins folgte im dritten Viertel, das die Bears mit 26:0 beendeten. Es folgten noch einmal 19 Punkte im letzten Viertel, in dem auch die Ersatzspieler die Bears, die ab dem dritten Viertel zum Einsatz kamen, nicht daran dachten, Washington zu schonen. Am Ende standen bei den Bears 501 Offense Yards, davon 382 Laufyards, und acht Interceptions, von denen drei zu einem Touchdown getragen wurden, zu Buche. Das Spiel hätte sogar noch höher ausgehen können, wenn der Kicker der Bears nicht vier PATs verschossen hätte. Am Ende fragten die Schiedsrichter Chicagos Trainer Halas, ob sie nach einem Touchdown nicht eine Two-Point-Conversion versuchen könnten, weil ihnen durch die vielen verschossenen Kicks langsam die Bälle ausgingen.

Nach dem Spiel wurde Redskins-Quarterback Sammy Baugh gefragt, ob das Spiel anders gelaufen wäre, wenn Wide Receiver Charlie Malone einen möglichen Touchdown Pass im ersten Viertel nicht fallen gelassen hätte. Baugh meinte nur: »Sicher. Dann wäre das Spiel 73:7 ausgegangen.«[4]

Bis heute ist das 73:0 der größte Vorsprung in der NFL-Geschichte, und die 73 Punkte sind die meisten, die je ein Team für sich verbuchen konnte. Das gilt natürlich auch für die sieben Lauf-Touchdowns und die elf TDs insgesamt. Es war im Übrigen auch das letzte Spiel, in dem ein Spieler ohne Helm auf dem Platz stand, da erst zum Start der darauf folgenden Saison die Helmpflicht in der NFL eingeführt wurde. Doch das hatte keine Auswirkungen auf das Ergebnis.

Preston Marshall war nach dem Spiel zu keinem Interview mehr zu erreichen. Die Bears-Spieler dürften sich nicht nur über den Sieg im Championship Game gefreut haben, sondern auch darüber, dass es zumindest in diesem Spiel so etwas wie Gerechtigkeit gegeben hat.

### 9. GRUND

## WEIL DIE PARTY NICHT UNBEDINGT IM STADION STATTFINDET

Erinnern Sie sich noch daran, als der erste Freund in Ihrer Clique ein Auto hatte? Das erste Auto hat einem völlig neue Perspektiven in Sachen Partyplanung eröffnet. Endlich war man mobil und konnte auch einmal in die nächste größere Stadt zum Feiern fahren und musste nicht mehr im Partykeller der Eltern eines Freundes oder gar in dessen Zimmer bleiben. Dank des fahrbaren Untersatzes konnte man die Party sogar einpacken.

Bei uns auf dem Land war es zumindest üblich, dass man öfter einmal eine Kiste Bier in den Kofferraum stellte und irgendwohin fuhr, um dort eine Kofferraumparty zu schmeißen. Meistens fuhren wir am Wochenende auf einen abgelegenen Waldparkplatz, drehten die Musik im Autoradio auf maximale Lautstärke und blieben, bis die Kiste Bier leer war. Das Schöne an den Kofferraumpartys ist, dass man völlig unabhängig ist und dort feiern kann, wo man möchte. Dank der Kiste Bier und dem Autoradio hat man ja alle wichtigen Utensilien dabei. Packt man dann noch einen Grill mit ein, kann gar nichts mehr schiefgehen. Eine Kofferraumparty ist also so etwas wie ein Fest zum Mitnehmen.

Im Gegensatz zu dem, was auf den Parkplätzen der großen Football-Stadien passiert, waren unsere Kofferraumpartys gelinde gesagt höchstens Kindergeburtstage mit Topfschlagen und Blinde Kuh. In den USA haben sich die Kofferraumpartys gerade bei großen Sport-veranstaltungen etabliert. Oft findet die eigentliche Party schon vor dem Spiel beim sogenannten Tailgate (was nichts mit Nippelgate, Watergate oder einem anderen Gate zu tun hat) statt. Hier treffen sich die Fans auf dem Stadionparkplatz zu Tausenden, um sich schon einmal für das große Spiel in Stimmung zu bringen.

Tailgate bedeutet Heckklappe. Denn um zu feiern, muss man nichts anderes tun, als einfach den Kofferraum aufzumachen. Das ist besonders bei einem in den USA so beliebten Pickup Truck praktisch, da die Heckklappe gleichzeitig als Tisch fungieren kann. Im Grunde genommen geht es beim Tailgating oder der Tailgate Party darum, Alkohol zu trinken und Fleisch zu grillen, also das, was jeder richtige Football-Fan in seiner Freizeit ohnehin am liebsten macht. Die meisten haben noch eine Musikanlage im Auto und dann geht es los.

Ganz sorglos sollte man aber nicht sein, denn gerade vor einem Football-Spiel sieht man viele Bälle durch die Luft fliegen. Und da die Zielgenauigkeit der Werfer im Normalfall nicht so groß ist wie bei Peyton Manning oder Tom Brady und bei den Hobby-Quarter-backs häufig auch noch Alkohol im Spiel ist, sollte man zumindest immer mit einem Auge den Luftraum im Blick haben, um vor überraschenden Einschlägen geschützt zu sein. Da die meisten Tailgater ebenfalls das eine oder andere Bier trinken, vergessen die meisten irgendwann den Blick nach oben. Aber daran stören sich die normalerweise friedlichen Football-Fans nicht weiter. Und wer keinen Football werfen kann, spielt andere Spiele, die man hier-zulande von Musikfestivals kennt und die in der Regel mit dem Genuss von Alkohol zu tun haben. Schließlich muss man sich vor dem Spiel in Stimmung bringen.

Man könnte fast den Eindruck bekommen, dass einige Leute nur zu den Spielen fahren, um vorher auf dem Parkplatz zu grillen und zu trinken. Das sagt auch Homer Simpson in der Folge *Any Given Sundance* (Staffel 19, Folge 18), als er seine Familie zwingt, früh aufzustehen, damit er sie schon Stunden vor dem Spiel mit zu einer Tailgate Party nehmen kann. Mit der Aussage »We're not here for the game. The game is nothing. The game is crap. The game makes me sick. The real reason we Americans put up with sports is for this: Behold, the tailgate party. The pinnacle of human achievement. Since the dawn of parking lots, man has sought to fill his gut with food and alcohol in anticipation of watching others exercise«[5] spricht er wohl vielen Fans aus der Seele.

Die Kofferraumparty wird so auch zum Treffen der verschiedenen Fangruppen, die auch gemeinsam das eine oder andere Bier trinken. Allerdings muss man in den USA vorsichtig mit dem Genuss von Alkohol in der Öffentlichkeit sein und sollte sich im Vorfeld gut informieren, was erlaubt ist und was nicht. Aber die Partys könnten auch ein Grund sein, warum es im Vergleich zum Fußball in Europa viel weniger Streitigkeiten gibt. Denn man haut sich nicht so oft mit jemand, mit dem man vorher noch gemeinsam gegrillt und Bier getrunken hat.

In den USA haben sich die Kofferraumpartys von einer Subkultur zu einem normalen Bestandteil des Spiels entwickelt. So sieht man bei Football-Übertragungen immer wieder Vorberichterstattungen, die auf der Tailgate Party gedreht wurden und bei der die feiernden Fans befragt werden. Sogar Football-Legende John Madden, der auch für die gleichnamige Football-Computersimulation mit seinem Namen steht, hat immer wieder Tailgate Partys besucht und dort gedreht. Madden hat 1998 sogar ein eigenes Buch zu dem Thema veröffentlicht (*John Maddens Ultimate Tailgating*).

Alle mögen die Kofferraumpartys. Nur 2007 kam es fast zum Eklat, als die NFL die Tailgate Party vor dem Super Bowl angeblich aus Sicherheitsgründen verboten hat. Allerdings vermuteten viele Fans, dass in Wirklichkeit kommerzielle Interessen dahinter standen. Denn weil die Fans ihre eigenen Speisen und Getränke mitnehmen und lieber auf dem Parkplatz als bei den von den Sponsoren organisierten Events feiern, sind die Parkplatzpartys den

Verantwortlichen ein Dorn im Auge. Doch eine Online-Petition zwang die NFL schon ein Jahr später, das Verbot aufzuheben.

Zu einem Stadionbesuch in den USA gehört in jedem Fall auch eine Tailgate Party, und ich kann jedem nur raten, selber einmal daran teilzunehmen. Das geht im Zweifelsfall auch ohne Auto, und die Amis freuen sich, wenn ein Gast aus »good old Germany« mit ihnen feiert. Zur Not muss man sich eben mit einem Sixpack einkaufen. Vielleicht sollte sich die Kofferraumparty auch in Deutschland durchsetzen. Dann würde es möglicherweise auch hier in den Stadien friedlicher zugehen, eine schöne Erinnerung an das erste Auto sind sie auf jeden Fall.

## WEIL MAN SICH NICHT WEHTUN MUSS

Football ist ein hartes Spiel. Das wird keiner bestreiten, der schon einmal einen Helm und Shoulderpads angezogen hat, um damit aufs Spielfeld zu treten. Wenn zwei Spieler mit gesenkten Köpfen aufeinander zurennen, dann knallt es. Wenn man als ballführender Spieler versucht, durch die Line zu brechen, muss man damit leben, dass der Gegner alles versucht, um einen zu Boden zu bringen. Und während die einen genau diese Art zu spielen lieben, ist diese Härte für andere ein Grund, es erst gar nicht mit dem Football zu versuchen. Doch genau für diese Spieler hat sich eine andere Variante von Football entwickelt, bei der man sich nicht wehtun kann.

Seit etwas mehr als einem Jahrzehnt wird Flag Football gespielt. Dieses Spiel ist von den Grundregeln ähnlich wie »richtiges« American Football. Mit vier Versuchen muss ein Team versuchen, zehn Yards zu überbrücken. Punkte gibt es für einen Touchdown mit Extrapunkt, ein Field Goal oder ein Safety. Allerdings gibt es so gut wie keinen Körperkontakt, wodurch das Verletzungsrisiko deutlich kleiner ist. Darum ist das Spiel vor allem bei Kindern, Jugendlichen und älteren Spielen sehr beliebt.

Es gibt mehrere Varianten vom Flag Football. Gespielt wird 5on5, 7on7 oder 9on9. Je nach Variante unterscheiden sich auch die Regeln etwas voneinander. Alle Spielweisen haben aber eine Sache gemeinsam. Es wird nicht getackelt. Daher tragen die Spieler auch keine Schutzausrüstung. Stattdessen haben sie einen Gürtel, an dem mit Klettverschluss oder mit einem Gummiverschluss zwei oder drei Flaggen seitlich und zusätzlich am Hintern befestigt sind. Um einen Spielzug zu stoppen, muss der Verteidiger eine dieser Flaggen abreißen. Sobald ihm das gelungen ist, gilt der Spielzug als beendet, und es wird dann an dieser Stelle mit einem neuen Versuch weitergespielt.

Um Körperkontakt zu vermeiden, gibt es noch kleine Sonderregeln im Gegensatz zum sogenannten Tackle Football. So darf kein Spieler mit der Hand die eigenen Flaggen schützen oder festhalten. Berührt der Ball den Boden, wird immer unterbrochen. Beim Tackle Football wird beispielsweise nach einem Fumble oder einem geblockten Punt weitergespielt, was normalerweise immer zu einem großen Menschenknäuel führt, in dem die Spieler um den Ball streiten. Das wird beim Flag Football sofort unterbunden, da man ja nicht will, dass die Spieler ohne Helm und Shoulderpads aufeinanderspringen. Außerdem gibt es Sonderregeln fürs Blocken, und Spieler, die es auf den Quarterback abgesehen haben, müssen einen deutlich größeren Abstand zur Line of Scrimmage einhalten. So hat der Spielmacher mehr Zeit, den Ball loszuwerden. Das Spiel wird dadurch sicherer und spektakulärer, weil der Druck auf den Quarterback nicht so groß ist.

Bei Tackle Footballern hat Flag Football oft den Ruf, ein Spiel für Weicheier zu sein. Schließlich fehlt der körperlosen Variante ein Hauptbestandteil des Spiels. Es geht nicht so zur Sache, wie wenn die Spieler mit der Schutzausrüstung aufeinander losgehen. Allerdings darf man Flag Football auch nicht unterschätzen. Das Spiel ist extrem dynamisch, die Spieler müssen wendiger und schneller sein, während Körperkraft eine deutlich geringere Rolle spielt. Nur beim 7on7 und beim 9on9 gibt es auch eine Offensive und Defensive Line und die beteiligten Spieler dürfen sich blocken und schieben. Entsprechend kommt es insgesamt nur selten zu härteren Zusammenstößen und seltener zu Verletzungen.

Seit 2002 gibt es internationale Wettkämpfe im Flag Football. Meistens wird 5on5 gespielt. Dennoch ist die Flaggen-Variante in Deutschland noch weitgehend unbekannt, während sie sich in den US großer Beliebtheit erfreut. So spielen von den rund acht Millionen Football-Spielern in den USA nur 500.000 Tackle Football. In Deutschland wurde vor allem zur Zeit der NFL Europe versucht, Flag Football in die Schulen zu bringen. Als Folge haben sich bereits mehr als 300 Mannschaften gegründet. Mehr als 25 nehmen an einem geregelten Ligabetrieb teil. Dass man beim Flag Football keine teure Schutzausrüstung benötigt, ist nur ein weiterer Vorteil der körperlosen Variante. Und so mancher Footballspieler hat beim Flag Football seine ersten Erfahrungen gesammelt. Und wer glaubt, Flag Football ist nur etwas für Weicheier, darf es gerne selbst einmal versuchen und sich vom Gegenteil überzeugen.

## II. GRUND

## WEIL AUCH FRAUEN FOOTBALL SPIELEN

Wer schwach ist, hat auf dem Football-Feld nichts verloren. Daher ist es auch eher ungewöhnlich, dass das häufig als schwach bezeichnete Geschlecht Football spielt. Doch wer schon einmal bei einem Match zweier Frauenmannschaften zugeschaut hat, wird schnell feststellen, dass die Frauen beim American Football alles andere als schwach sind. Hier wird ebenso hart geblockt, getackelt und gesackt wie bei den Männern. Und wenn die Mädels ihre Helme nicht absetzen würden, könnte man kaum einen Unterschied zu dem angeblich starken Geschlecht feststellen.

In Deutschland jagen die Mädels seit fast 30 Jahren, ganz genau gesagt seit dem 27. September 1987, dem Ei hinterher. An diesem Tag fand in Hannover das erste Football-Spiel zweier Frauenmannschaften statt. Dabei trafen die Berlin Adler Girls auf eine Spielgemeinschaft aus Damen der Cologne Crocodiles, der Leverkusen Leopards und der Hannover Ambassadors. Am Ende siegte die Spielgemeinschaft recht deutlich mit 56:20. Doch alle Beteiligten wussten, dass sie Zeuginnen eines historischen Ereignisses geworden waren.

Bereits 1990 ging die erste Frauenliga unter Regie der AFVD in Deutschland mit sechs Teams an den Start. Gründungsmitglieder waren die Bamberg Lady Bears, Berlin Adler Girls, SG Cologne Crocodiles/Leverkusen Leopards (Spielgem.), Duisburg Dockers, Hamburg Dolphins und die Hannover Ambassadors. Allerdings dauerte es noch zwei Jahre, ehe 1992 der erste Ladies Bowl ausgespielt wurde. Am Ende siegten erwartungsgemäß die Bamberg Lady Bears, die bis dahin fast drei Jahre ungeschlagen waren. Durch die große Anfangsbegeisterung für Frauen-Football wurde 1995 eine zweite Liga ins Leben gerufen.

Allerdings flachte die Begeisterung auch schnell wieder ab, sodass schon ein Jahr später die zweite Liga wieder eingestellt wurde. Erst seit 2009 gibt es wieder eine zweite Liga, die sich im zweiten Anlauf aber wohl zu halten scheint, in der aber nur neun gegen neun gespielt wird. Denn mittlerweile funktioniert auch die Nachwuchsarbeit in den Clubs besser, und immer mehr Mädels können sich für den Sport begeistern. Momentan spielen zehn Vereine in der Bundesliga und sieben in Liga zwei. Zudem gibt es bundesweit viele weitere Clubs, die dabei sind, eine Frauenmannschaft aufzubauen.

Hier treffen sich aber mehrere Probleme. Da es nur wenige Mannschaften gibt, müssen die Beteiligten lange Fahrzeiten auf sich nehmen. Das kostet und dauert. Dafür fehlt vielen die Zeit und das Geld. Macht man aber weniger Spiele, ist man auch für Fans, Medien und Sponsoren weniger interessant. Entsprechend sind die Clubs heute immer noch stark auf privates Engagement angewiesen, um den Spielbetrieb aufrechterhalten zu können. Damit leiden die Footballerinnen unter den gleichen Problemen wie viele andere Mannschaften in Damensportarten in Deutschland. Oder fragen Sie einmal bei den Fußballerinnen, Handballerinnen, Volleyballspielerinnen oder Basketballerinnen nach.

Das ist umso bitterer, da die Leistungen und Trainingsumfänge oft denen bei den Männern ähneln. Das muss auch so sein, denn die Regeln sind genau dieselben wie bei den Herren. Wer glaubt, mit weniger Training trotzdem erfolgreich sein zu können, irrt gewaltig und spielt auch ein wenig mit seiner Gesundheit. Denn es darf ebenso hart getackelt und geblockt werden. Der einzige Unterschied zum Männer-Football ist der Ball. Da die Damen kleinere Hände haben, wird auch mit einem etwas kleineren Ball, einem Jugendball, gespielt. Zudem gibt es die sogenannte Mercury-Regel, die auch in anderen Sportarten angewendet wird. Diese besagt, dass bei zu großer Überlegenheit einer Mannschaft das Spiel abgebrochen oder zumindest die Spielzeit verkürzt werden kann. Beim Football sind 35 Punkte diese Grenze.

In Deutschland trainieren und spielen die Mädels vielleicht noch nicht ganz auf dem Niveau der Männer. In den USA ist man hier – wie sollte es auch anders sein – schon etwas weiter. So fand das erste dokumentierte Match mit Frauenbeteiligung bereits 1926 statt, als Damenmannschaften als Halbzeitunterhaltung während eines Männerspiels der Frankford Yellow Jackets (einem Vorgängerteam der Philadelphia Eagles) gegeneinander antraten. Zwar gibt es noch keine Profi-Liga, aber immerhin gibt es Halbprofis. Zudem gibt es nicht nur eine Vielzahl an Frauenmannschaften, einige

Damen haben sogar schon am College für Furore gesorgt, wenn auch nur auf Positionen, bei denen sie keinem direkten Körperkontakt mit Gegenspielern ausgesetzt waren. Gerade unter den Kickern findet man viele Frauen, da Frauenfußball in den USA einen sehr hohen Status genießt und die Ladys daher häufig einen harten und präzisen Schuss haben.

Als erste Profi-Footballerin gilt hier Patricia Palinkas, die schon in den 70er-Jahren in der Atlantic Coast Football League für die Orlando Panthers aktiv war. Palinkas war dabei Placekick Holder für ihren Ehemann. Sie hielt ihm also den Ball fest, damit dieser ihn kicken konnte. Was zu Hause los war, wenn sie den Ball nicht richtig hielt oder er einen Kick versemmelte, ist dagegen nicht verbürgt.

Am 18. Oktober 1997 wurde Liz Heaston die erste Frau, die in einem College-Football-Spiel punkten konnte. Heaston versenkte zwei Extrapunkte. Ein ähnliches Kunststück gelang Ashley Martin, als erster Frau in einem College-Spiel der ersten Liga. Martin konnte dabei nicht nur gut kicken, sondern sah auch gut aus. Ihre Krone als »Homecoming Queen« nahm sie in ihrer Football-Ausrüstung in Empfang. Andere Kickerinnen wie Katie Hnida, die erste Spielerin in einem Endspiel, oder Julie Harshbarger, die als erste eine individuelle Auszeichnung als Special Team Player of the Year gewann, zeigten, dass Frauen zumindest als Kicker mithalten können. Seit 2014 spielt Jennifer Welter als Runningback in der Männermannschaft der Texas Revolution. Ob sie sich hier durchsetzen kann, wird die Zukunft zeigen.

Fakt ist, dass Frauen (fast) ebenso gut Football spielen können wie Männer. Und wer das nicht glaubt, muss sich eben selbst bei einem Spiel der Damenbundesliga überzeugen.[6]

# WEIL LEICHT BEKLEIDETE DAMEN FOOTBALL SPIELEN

Frauen können, wie im vorherigen Grund gelernt, also Football spielen. Doch wenn wir ehrlich sind, passen hart tackelnde, Pässe werfende und sich gegenseitig schubsende Frauen in Schutzkleidung nicht so recht zum chauvinistischen Spiel, das eher für Kraft, Dynamik und harte Hits der Spieler sowie für hübsche und spärlich bekleidete Cheerleader am Spielfeldrand steht. Und nur wenige Fans der Männermannschaften verirren sich auch einmal auf die Tribüne bei einem Frauenspiel. Einen guten Kompromiss haben die Organisatoren der Legends Football League LFL (ehemalige Lingerie Football League) gefunden. Hier treffen sich hübsche, spärlich bekleidete Frauen, um sich mal ordentlich den Hintern zu versohlen (im sprichwörtlichen Sinn gesehen).

Insgesamt gehen zehn Mannschaften in der 2009 gegründeten Damen-Liga an den Start, wobei Männer in der dabei vorgeschriebenen Ausrüstung wohl auch etwas seltsam aussehen würden. Die Teams tragen recht eindeutige Namen wie Temptation (Versuchung), Charm (Charme), Bliss (Glückseligkeit) oder Sin (Sünde), und für viele Fans sind die Damen auch dieselbe wert.

Der Name der Liga sagte zumindest bis 2013 noch alles aus, um was es in der LFL geht. Bis dahin hieß die Legends Football League nur Lingerie Football League, also Unterwäscheliga, und das Endspiel Lingerie Bowl. Wer jetzt glaubt, dass in dieser Liga nur in Unterwäsche bekleidete Frauen gegeneinander Football spielen, hat den (Finger-) Nagel auf den Kopf getroffen. Neben BH und knappem Höschen tragen die Spielerinnen noch Ellenbogen- und Knieschützer, einen Helm und sehr kleine Shoulderpads. Schließlich soll dem Fan ja nichts verborgen bleiben. Und damit die armen

Mädels bei schlechtem Wetter nicht frieren oder nass werden, wird ausschließlich in der Halle gespielt, auch wenn dem einen oder anderen Fan eine Abkühlung ganz guttun würde.

Da die Spielerinnen normalerweise nicht den Respekt und die Anerkennung bekommen, die sie sich für ihre Leistungen verdienen, hat man sich in der LFL auf das gute alte Motto »Sex sells« besonnen. Entsprechend klar sind sämtliche Botschaften, die die Spielerinnen ins Publikum schicken. Auf der Homepage der LFL sieht man die Spielerinnen auch des Öfteren unter der Dusche mit nichts anderem als Schaum bedeckt. Shootings im Bikini, was bei Männerteams wohl nur wenige Football-Fans gerne sehen würden, oder auch mal ohne Oberteil nur mit vor den Brüsten verschränken Armen gehören zur Normalität.

Ob man das noch als richtigen Sport bezeichnen will, darf jeder für sich selber entscheiden. Aber der Erfolg gibt den Machern der LFL recht. Die Idee stammt aus der Halbzeitshow beim Rose Bowl 2003. Bei dieser Pay-per-View-Veranstaltung traten zwei Damenteams vor einem Millionenpublikum sehr zur Freude der männlichen Fans nur in Unterwäsche bekleidet gegeneinander an. Die Freude war wohl so groß, dass daraus sogar eine Liga wurde, die, wie bereits erwähnt, 2009 an den Start ging. Tatsächlich fand die LFL so viele Fans, dass es bereits Ligen in Kanada und Australien gibt und die Organisatoren sogar weltweit neue Standorte für Teams, beispielsweise in Deutschland, suchen.

Die Spielerinnen haben es dabei nicht leicht. Sie müssen nicht nur gut aussehen und einen perfekten Körper haben, sondern auch enorm sportlich sein und keine Angst vor Schmerzen haben. Denn beim LFL wird Vollkontakt gespielt. Eine Mannschaft besteht zwar nur aus sieben Spielerinnen, doch ansonsten ist Tackeln, Blocken und alles, was sonst dazugehört, erlaubt. Da kann es sein, dass der Zuschauer bei einem intensiven Trikot-Zupfer an den Auftritt von Janet Jackson beim Super Bowl XXXVIII erinnert wird, was von den Machern immer gerne gesehen wird. Dafür schmerzt ohne richtige

Schutzkleidung jeder Hit gleich doppelt. Wer das nicht glaubt, kann es selber einmal versuchen. Und damit es den Zuschauern nicht langweilig wird und das Spiel möglichst intensiv ist, ist das Spielfeld nur 50 Yards lang. Kicks gibt es zudem keine, alle vier Versuche werden ausgespielt, um die zehn Yards zu überbrücken.

Entsprechend richtet sich die Kritik nicht nur an eine mögliche sexistische Diskriminierung der beteiligten Damen, sondern eben auch an das erhöhte Verletzungsrisiko. Die Liga hat darauf reagiert und neben der Namensänderung zu Legend Football League auch beschlossen, das Spiel in Zukunft eher auf den Sport als die körperlichen Vorzüge der Damen auszurichten und die Schutzkleidung etwas anzupassen.

Die Regeln und die Kritik dürften den meisten Fans dagegen eher egal sein. Hauptsache, man bekommt seine beiden Lieblingshobbys gleichzeitig zu sehen. Dann auf der Tribüne noch ein Bier dazu, und man guckt sich sogar Frauen-Football an.

# KAPITEL 2

# Rund um die NFL

## WEIL DER SPIELPLAN
## SO EINFACH ZU VERSTEHEN IST

Man stelle sich einmal vor, der FC Bayern spielt vier Jahre lang nicht gegen Borussia Dortmund. Das kann wohl nur passieren, wenn eine der Mannschaften absteigt oder die Lizenz entzogen bekommt oder sich Bayern als Bundesland irgendwann vom Rest der Bundesrepublik abspaltet. Was im Fußball unmöglich ist, ist in der NFL mehr oder weniger an der Tagesordnung. Dafür sorgt schon der Spielplan.

In den meisten Mannschaftssportarten ist es recht einfach, wer gegen wen und wie oft spielt. Schauen wir nach Deutschland in die großen Ligen, so spielt man zumindest beim Fußball, Handball und Basketball zweimal gegeneinander, also in jedem Stadion einmal. Etwas komplizierter ist es beim Eishockey, da die Mannschaften dort mehr Spiele haben. Aber auch hier ist es recht simpel. Bei 14 Teams spielt man je viermal gegen die anderen Mannschaften, sodass man am Ende auf 52 Spiele kommt (4x13=52). Ähnliches gilt für American Football in Deutschland. Auch hier treffen die Teams aus jeder Division zweimal aufeinander. Einfach, oder?

Anders ist es in der NFL. Es gibt 32 Teams und 17 Spieltage. Da jede Mannschaft einen Spieltag Pause hat, die sogenannte Bye Week, besteht eine reguläre Saison zunächst aus 16 Spielen. Es bleibt die Frage, gegen welche Mannschaften man zu spielen hat und welchen Teams man aus dem Weg geht. Das wird nach einem Schlüssel ausgewählt, der von außen nicht immer einfach nachzuvollziehen ist. Und so kann es schon einmal passieren, dass sich einige Teams über Jahre hinweg nicht gegenüberstehen.

Am einfachsten ist es in jeder Division. Die beiden Conferences AFC und NFC sind in je vier Divisions unterteilt: North, East, South und West. Jedes Team spielt dabei zweimal gegen die anderen drei Teams seiner Division, einmal zu Hause und einmal auswärts bei jeder Mannschaft. Spiele innerhalb der gleichen Division machen also schon einmal sechs Partien der Saison aus, bleiben noch zehn.

Nun muss nach Vorgabe der NFL jede Mannschaft einmal gegen jedes der vier Teams einer anderen Division der eigenen Conference spielen. Die Division wechselt dabei in einem 3-Jahres-Rhythmus. Zweimal spielt man auswärts, zweimal im eigenen Stadion. Bleiben sechs Spiele.

Auch die nächsten zwei Spiele werden innerhalb der eigenen Conference ausgetragen. So spielt man gegen je eines der Teams aus den beiden verbleibenden Divisions, gegen die man also noch nicht gespielt hat. Welche Mannschaft das ist, hängt vom Abschneiden in der jeweiligen Division in der letzten Saison ab. Wurde man in seiner Division Erster, spielt man gegen die beiden Sieger der anderen Divisions. Ein Spiel ist auswärts, das andere findet zu Hause statt. Wer nun richtig gerechnet hat, weiß, dass noch vier Spiele zu vergeben sind.

Da die ersten zwölf Spiele nun innerhalb der eigenen Conference ausgetragen werden, muss man die restlichen Partien gegen Teams aus der anderen Abteilung austragen. Nach einer 4-Jahres-Rotation spielt man also gegen jedes Team aus einer Division der anderen Conference. Auch hier finden natürlich zwei Spiele im eigenen Stadion, die anderen beim Gegner statt. So kommt man auf 16 Spiele, wobei man nur alle vier Jahre auf jede Mannschaft der anderen Conference treffen kann, vom Super Bowl einmal abgesehen.

Der Vorteil der Regelung ist, dass die Teams aus jeder Division nahezu die gleichen Gegner haben. Von den 16 Spielen finden 14 gegen die gleichen Gegner statt. So wird verhindert, dass eine Mannschaft durch einen zu leichten Spielplan den anderen Teams in ihrer Division einen Vorteil hat. Allerdings sollte man nicht unbedingt versuchen, den Spielplan im Kopf aufzustellen. Das dürfte nur zu Kopfschmerzen führen.[7]

# WEIL ALLE SPIELE AUSVERKAUFT SIND

American Football ist ein Spiel, das vor allem in den USA die Menschen in seinen Bann zieht und jedes Wochenende Tausende von Fans vor den Fernseher oder ins Stadion lockt. Tatsächlich müsste man bei einigen Teams wie den Green Bay Packers oder den Pittsburgh Steelers schon Jahre im Voraus Tickets für das Stadion ordern. Problematisch sind hier vor allem die vergleichsweise wenigen Spiele. Denn während man in der NBA und der NHL 82 Spiele in der regulären Saison hat und in der MLB sogar 162, tritt jedes NFL-Team nur zu 16 regulären Saisonspielen an, davon acht im eigenen Stadion. Insofern hat man deutlich weniger Möglichkeiten, sein Team spielen zu sehen.

Wer einmal in den USA war und versucht hat, Eintrittskarten für ein NFL-Spiel zu bekommen, hat wohl die Erfahrung bereits gemacht, dass es einfacher ist, in Düsseldorf ein Kölsch zu bekommen, als in den USA spontan noch ein NFL-Spiel im Stadion sehen zu können.

Die Anstrengungen und die Geduld der Fans, um Karten für ein Spiel zu bekommen, lassen sich kaum in Worte fassen. So stehen auf der Warteliste der Green Bay Packers rund 111.000 Namen, und es dauert voraussichtlich 955 Jahre, um ein Saisonticket für die Packers zu bekommen, da diese auch vererbt werden dürfen. In Green Bay ist es Brauch, den Namen seines neugeborenen Babys auf die Liste zu setzen, in der Hoffnung, dass es den Tag noch erleben wird, wenn es ein Ticket für die Packers bekommt.

Ähnliche Wartelisten gibt es in Atlanta (60.000), Denver (45.000), Houston (22.000), New England (60.000), New Orleans (70.000), bei den New York Giants (135.000), in Philadelphia (40.000), Pittsburgh (88.000), Seattle (12.000) und Tennessee (22.000). Den längsten Atem müssen allerdings die Fans in Washington haben. Wer sich jetzt auf die Warteliste der Redskins einträgt, muss warten, bis rund 150.000 Fans ein Jahresticket bekommen, bevor man in der Liste auf Platz 1 rutscht.

Die New York Jets haben aus der Warteliste sogar eine Einnahmequelle gemacht. Bei ihnen mussten die Fans eine Zeit lang 50 Dollar Bearbeitungsgebühr pro Jahr bezahlen, um auf der Warteliste bleiben zu dürfen. Aufgrund der negativen Reaktion bei den Fans und einer entsprechenden Berichterstattung in den Medien wurde diese Gebühr auf maximal 500 Dollar begrenzt. Allerdings gibt es laut Wikipedia bei den Jets gar keine Warteliste[8]. Insofern scheint dieses Geschäftsmodell nicht allzu vielversprechend zu sein.

Laut NFL sind über 90 Prozent der Spiele restlos ausverkauft. Teilweise sind bei einigen Teams schon vor dem ersten Kick-off keine Tickets mehr im regulären Handel erhältlich. Einzig bei einigen Problemteams wie den Tampa Bay Buccaneers, den Oakland Raiders oder den Buffalo Bills gibt es hin und wieder Karten zu kaufen. Zumindest wenn man schneller als der Eigentümer des Teams ist.

Denn es gibt in den USA eine Regel, die sogenannte Blackout Policy. Dieser Regelung nach werden Spiele der NFL nicht im lokalen Fernsehen in einem Umkreis von 75 Meilen gezeigt, wenn das Stadion nicht spätestens 72 Stunden vor dem Kick-off ausverkauft ist. Damit will die NFL mehr Fans in die Stadien locken, getreu dem Motto: Bevor das Spiel gar nicht gezeigt wird, gehe ich lieber ins Stadion. Dies führte in der Vergangenheit schon zu so manchem Streit. Schließlich sind die Tickets nicht gerade billig und die Fans fühlen sich ins Stadion gedrängt. Das empfinden viele gerade bei schlechtem Wetter als Zumutung, da sie das Spiel lieber von der heimischen Couch anschauen würden.

Die Eigentümer haben aber großes Interesse, dass ihr Team auch im lokalen TV zu sehen ist. Insofern kann es passieren, dass die Owner selbst in die Tasche greifen und drei Tage vor dem Spiel die restlichen Tickets kaufen. Sehr zur Freude der anderen Besitzer, denn dadurch kommt nicht nur American Football im Fernsehen, die Eigentümer zahlen auch Geld in den gemeinsamen Topf. Denn der Erlös aus den Eintrittskarten wird unter allen Besitzern der NFL-Teams aufgeteilt.

Das ist allerdings immer seltener nötig, denn in den letzten Jahren ist die Zahl der Blackout-Spiele deutlich zurückgegangen. Von den 256 Spielen im Jahr 2014 (267 wenn man die Play-offs und den Super Bowl mit einrechnet) waren nur noch zwei nicht im lokalen TV zu sehen. Wie viele der Eintrittskarten allerdings von den Besitzern gekauft wurden, bleibt ein Geheimnis der NFL. In jedem Fall können die Teams der anderen großen Ligen nur neidisch auf die NFL schauen. Denn in keiner anderen Sportart sind so viele Spiele ausverkauft.

15. GRUND

## WEIL DIE FANS AM LAUTESTEN SIND

Viele Sportfans schwärmen von der Stimmung in den Fußballstadien in Brasilien, Argentinien oder der Türkei. Auch die Fans auf der Dortmunder Südtribüne sollen angeblich ganz gut Lärm machen. In den Basketballhallen versteht man oft sein eigenes Wort nicht, was aber auch stark an den dicht gedrängten Menschen und der Halle liegt. Aber wer es einmal richtig laut haben will, muss zum Football gehen, genauer gesagt nach Seattle in das CenturyLink Field. Hier haben die Fans der Seahawks im Dezember 2013 sogar einen neuen Lautstärkeweltrekord für Sportveranstaltungen aufgestellt.

Unvorstellbare 137,6 Dezibel (db) erreichten die Seahawks-Anhänger beim 34:7-Sieg gegen die New Orleans Saints. Das ist ungefähr so, als würde ein Düsenjäger direkt neben den Ohren starten, ohne dass man dabei Ohrstöpsel oder Kopfhörer trägt. Im Vergleich war die Metal-Band Manowar bei ihrem Weltrekord 2008 mit 139 db nur geringfügig lauter[9]. Die Rocker hatten allerdings Verstärker und Lautsprecher, während die Fans der Seahawks keine technischen Hilfsmittel nötig hatten.

Mit der Lautstärke war es allerdings nicht getan. Die Schreie der Seahawks-Fans lösten sogar ein kleines Erdbeben aus. Insgesamt zeichneten die Seismologen des Pacific Northwest Seismic Networks fünf kleine Erdstöße mit einer Stärke von 1 bis 2 in der Nähe des Stadions auf. Die stärkste Erschütterung stellte Chefseismologe John Vidale dabei beim ersten Touchdown von Seattle fest.

Allerdings spielt auch die Architektur des Stadions in Seattle eine gewichtige Rolle. Denn die Arena ist nicht nur so aufgebaut, dass die heimischen Fans bei starkem Regen und Wind vom Wetter geschützt sind, der Gegner aber alles abbekommt. Die speziell ausgerichteten Tribünendächer sorgen dafür, dass der Lärm der Zuschauer verstärkt wird. Das kann besonders für die Gastmannschaft zu gravierenden Verständigungsproblemen führen und so mancher Quarterback muss für die Ansage der Spielzüge eine Zeichensprache verwenden, weil seine Mitspieler ihren Spielmacher nicht verstehen können.

Der zwölfte Mann, also die Fans, die man in Seattle nur »The 12th man« nennt, werden so zu einem wichtigen Faktor im Spiel der Seahawks. Denn während das Publikum brav still ist, solange Seattles Quarterback die Spielzüge ansagt, holen die Fans alles aus ihren Stimmbändern heraus, wenn der Gegner im Huddle die Spielzüge abspricht. Oder besser gesagt es versucht. In der jüngsten Vergangenheit hat das Geschrei des zwölften Manns schon häufiger dazu geführt, dass nicht alle Spieler des Gegners den Spielzug richtig verstanden haben. Oder versuchen Sie einmal, direkt neben einem startenden Düsenjet ihrem Partner eine Einkaufliste vorzulesen. Man darf gespannt sein, welche Produkte von der Liste später tatsächlich im Einkaufskorb liegen.

Die Seahawks übertrafen bei ihrem Rekord minimal die bisherige Bestleistung der Fans der Kansas City Chiefs. Dieser lag bei 137,5 db. Als lauteste Fußballfans gelten die Anhänger von Galatasaray Istanbul, die es immerhin auf 131,7 db brachten[10].

Von so einer Stimmung können die Fans des FC Bayern nur träumen und auch in Leverkusen oder Barcelona dürfte man etwas neidisch Richtung USA gucken. Allerdings kann man auch niemandem raten, ohne Ohrstöpsel zu einem Spiel der NFL zu gehen, wenn einem das Trommelfell lieb ist. Schließlich weiß man nie, wann das nächste Mal ein Lautstärke-Weltrekord gebrochen wird.

16. GRUND

## WEIL BEIM FOOTBALL DIE GETRÄNKEDUSCHE ERFUNDEN WURDE

Keine Siegesfeier ist komplett ohne eine zünftige Getränkedusche. Bei jedem Triumph des FC Bayern sieht man zahlreiche Spieler, die Mannschaftskameraden, Trainer oder Reporter mit übergroßen Biergläsern jagen. Während man sich nach einem sportlichen Triumph schon immer mit Sekt bespritzt hat, gibt es seit einigen Jahren den Trend, die Umstehenden mit Bier zu übergießen. Dabei weiß wahrscheinlich kaum jemand, dass man sich zuerst in der NFL mit Getränken übergossen hat. Als richtige Sportler wurde hier natürlich kein Bier verwendet, sondern ein Sportgetränk, genauer gesagt Gatorade.

Heute kommt zumindest beim American Football jeder siegreiche Trainer am Ende eines Spiels in den zweifelhaften Genuss, mit dem klebrigen Zuckerdrink übergossen zu werden. Und wahrscheinlich wären die Trainer enttäuscht, wenn die Spieler auf diese

Ehrung verzichten würden. Das Ganze hat sich zu einer Tradition, beinahe schon zu einem Aberglauben entwickelt, der sich über die gesamte NFL ausgebreitet hat. Da in dem 20-Liter-Kübel auch immer Eiswürfel schwimmen, ist die Gatorade-Dusche sozusagen auch der Vorläufer der Icebucket-Challenge, bei der sich 2014 die halbe Welt mit Eiswasser übergossen hat. Ihren Ursprung hat die Dusche dagegen in New York. Von da aus breitete sich die Aktion in der ganzen NFL und später über die ganze Welt aus.

Der erste Trainer, der von seinen Spielern mit einem Sportgetränk übergossen wurde, war New Yorks Head Coach Bill Parcells im Jahr 1984. Ob damals Gatorade, Wasser oder ein anderes Sportgetränk im Kübel war, kann man nicht mehr sagen. Doch das dürfte Parcells auch egal sein. Der Trainer war damals bekannt als Freund von Disziplin und trainierte sein Team mit harter Hand. Und wer nicht spurte, durfte Sonderschichten einlegen. So auch Jim Burt, der als Nosetackle in der Mitte der D-Line stand und es mit der Trainingsdisziplin nicht immer ganz so genau nahm. Burt war das von Parcells aufgebrummte Sondertraining wohl zu hart, und er suchte eine Möglichkeit, es dem Trainer heimzuzahlen.

Die Gelegenheit kam eine Woche später. Nachdem die Giants die Dallas Cowboys besiegt hatten, schnappte sich Burt seinen Teamkollegen Harry Carson. Dieser hatte einen guten Draht zum Trainer, und Burt hoffte, dadurch von zu harten Konsequenzen verschont zu bleiben. Gemeinsam mit Carson leerte Burt den Inhalt des Getränkekübels über den Trainer aus, um zu feiern. In der Euphorie des Sieges verzichtete Parcells auf Strafen.

Während Burts Rachegelüste gestillt waren, führte Carson die Tradition fort und übergoss den Trainer nach jedem Sieg mit dem Inhalt des Getränkekübels. Spätestens als die Giants 1986 den Super Bowl holten und Carson auf dem Weg dorthin die Gatorade-Dusche für Bill Parcells nach jedem Sieg einführte, wurde das Ritual zu einem festen Bestandteil der Siegesfeier. Parcells selber, der eigentlich keinen Sinn für solche Späße hatte, tolerierte die Dusche, solange sein Team gewann. Und anscheinend wartete er sogar darauf. »Es machte mir Spaß, ich fand es nicht lächerlich, ich genoss es manchmal richtig«, erklärte Parcells einmal. Und da Sportler abergläubisch sind, sah man die Getränkeduschen auch schnell bei anderen Mannschaften. Obwohl die Getränkedusche Burts Idee war, war es Carson, der das Ritual zu seinem Markenzeichen machte. Der beinharte Verteidiger kannte dabei keine Grenzen. Bei einem Empfang beim damaligen US-Präsidenten überschüttete er sogar diesen, allerdings nur mit Popcorn.

Ob nun Burt und Carson tatsächlich die ersten Sportler waren, die ihren Trainer mit einer Flüssigkeit übergossen haben, kann diskutiert werden. Und wahrscheinlich finden sich ältere Quellen, in denen der Coach Opfer eine Duschattacke wurde. Aber in jedem Fall hat der ehemalige NFL-Profi die Gatorade-Dusche institutionalisiert und kann daher als deren Erfinder betrachtet werden. Heute gehört die Dusche zum Football dazu wie Cheerleader und der Super-Bowl-Ring.

## 17. GRUND

## WEIL ES DEN BLACK MONDAY GIBT

Der Black Monday beschreibt eigentlich einen schicksalhaften Tag in der Geschichte der Menschheit. So wurden im Jahr 1209 in Dublin 500 kürzlich gelandete Siedler aus Bristol ohne Vorwarnung von gälischen Kriegern niedergemetzelt, als sie die Stadtmauern verließen, um in einem nahegelegenen Wald Ostermontag zu feiern. Am 14. April 1360, einem Montag natürlich, wurden im Hundertjährigen Krieg zahllose Pferde und Soldaten in der Armee von Edward III. vom unbarmherzigen Unwetter getötet. Am 19. Oktober 1987 brachen im ersten Börsencrash nach dem Zweiten Weltkrieg die

Aktienkurse weltweit um 22 bis 45 Prozent ein. Laut Wikipedia spricht man auch in Deutschland von einem schwarzen Montag, als am 20. Juli 2009 in Berlin nur 330 der eigentlich 1.260 Züge der Berliner S-Bahn einsatzbereit waren, und 2012 gab es in Indien den größten Stromausfall der Landesgeschichte, als 300 Millionen Menschen ohne Strom waren.

Da kaum jemand den Montag mag, hat sich der Begriff »Black Monday« im englischen Sprachraum in vielen Bereichen etabliert. So bezeichnen auch Schüler und Studenten den ersten Schultag nach den Ferien als Black Monday, und im Prinzip macht jeder Montag nach einem schönen Wochenende einen eher dunklen Eindruck. Auch im American Football gibt es seit mehreren Jahren den Black Monday, vor dem sich besonders die Trainer und Manager fürchten.

In der NFL wird traditionell am Sonntag gespielt. Aufgrund von TV-Übertragungen gibt es zudem noch Spiele am Donnerstag, Freitag, Samstag und Montag (Monday Night Football). Entsprechend zerstückelt sind die Tabellen. Die einzige Ausnahme bildet der 17. Spieltag. Hier gibt es kein Spiel am Montag mehr, damit die qualifizierten Teams sich besser auf die Play-offs vorbereiten können und keine Mannschaft den Vorteil hat, auf die Ergebnisse der Konkurrenz reagieren zu können. Doch was hat das Ganze mit dem Black Monday zu tun?

Dem Kalender nach folgt auf den Sonntag immer ein Montag, an dem die normalen Menschen wieder arbeiten müssen. In der NFL wird aber bereits am Sonntag abgerechnet. Nach dem 17. Spieltag weiß jeder Teambesitzer, wie gut seine Mannschaft abgeschnitten hat, ob man die Play-offs erreicht hat und ob hoch gesteckte Ziele erreicht oder verpasst wurden. Zahlen können bekanntlich nicht lügen, und den Tabellen ist es egal, ob manche Siege in den letzten Sekunden verspielt wurden oder ob man erst in der Verlängerung verloren hat. Entsprechend ziehen viele Mannschaften am Tag nach dem letzten regulären Spieltag die Konsequenzen, wenn die Leistung der Mannschaft deutlich auf den zahlreichen Tabellen und Statistiken zu sehen ist.

Konsequenzen ziehen hört sich für den Außenstehenden recht harmlos an. Nicht aber für die Beteiligten. Für viele Trainer und Manager bedeuten die Konsequenzen, dass sie ihren Hut nehmen müssen. Zwar kommt es immer wieder vor, dass die Coaches bereits während der Saison entlassen und ersetzt werden. Da eine Saison in der NFL relativ kurz ist, ist das aber eher die Ausnahme. Die meisten Trainerwechsel gibt es direkt nach Saisonende. Also am Montag, dem von Football Trainern gefürchteten Black Monday.

Der Begriff wurde im Zusammenhang mit der NFL zuerst 1998 verwendet, als die *New York Times* von einem schwarzen Montag für die Trainer schrieb. Angeblich soll einer der beteiligten Trainer von einem »Black Monday for NFL coaches« gesprochen haben. Der Begriff hat sich etabliert, und heute fragt keiner mehr, was man mit dieser Bezeichnung meint. Schließlich passiert es an jedem Montag nach dem letzten Spieltag, dass mehrere Coaches und General Manager entlassen werden. Einige Wettbüros bieten sogar bereits spezielle Black Monday Bets an, bei denen die Fans tippen können, wie viele Trainer und Manager vor die Tür gesetzt werden.

2014 wurden vier Trainer und zwei Manager entlassen. Wie hoch die Wettquote für diese »Ernte« am Black Monday war, ist leider nicht bekannt. Sicher ist dagegen, dass viele Trainer und Manager den 28. Dezember 2015 im Kalender rot angestrichen haben – den nächsten Black Monday in der NFL.

# WEIL FOOTBALL WIE DER WILDE WESTEN IST

Auch wenn in den Western-Filmen die historische Wahrheit gerne etwas verfälscht wird (tatsächlich haben die Filme so gut wie nichts mit der Realität gemeinsam), schauen wir uns doch gerne die alten Schinken mit John Wayne, Clint Eastwood oder Charles Bronson oder auch die neuen Werke wie *Django Unchained* mit Christoph Waltz und Leonardo DiCaprio an, in denen der einsame Held Jagd auf den Ganoven macht, um später das üppige Kopfgeld zu kassieren. Zwar wird in der NFL weniger geschossen und geritten, dafür mehr gerannt und getackelt, das heißt aber nicht, dass sich die Spieler nicht auch ein Kopfgeld verdienen können. Tatsächlich herrschte nicht in Texas, Arizona oder in New Mexico, sondern im eher ruhigen Louisiana gegen Ende der 2000er Jahre Western-Stimmung. Die Spieler der dort ansässigen New Orleans Saints konnten sich ein nettes Zubrot verdienen, wenn sie gegnerische Spieler vorzeitig zum Duschen schickten. Und jedes Mal, wenn das kleine Elektrowägelchen der Sanitäter aufs Spielfeld rollte, konnte sich einer der Spieler über ein neues Auto oder eine neue Rolex freuen.

Getreu dem Motto »Bin ich zu stark, warst du zu schwach« bekamen Saints-Profis in den Spielzeiten 2009 und 2010 bis zu 50.000 Dollar Kopfgeld[11], wenn sie einen unliebsamen Widersacher aus dem Weg räumten. Angeblich wurden diese Prämien auch bei den Washington Redskins, den Buffalo Bills und den Tennessee Titans bezahlt. Die Höhe der Prämie hing dann ganz wie im Western-Stil vom Gegner ab. Je gefährlicher der Mann, desto höher das Kopfgeld. Für den Starting Quarterback des Gegners gab es dann schon einmal 50.000 Dollar, wenn dieser sich den Rest des Spiels von der Bank ansehen musste. Für einen Sack gab es zusätzlich 500

Dollar, und wenn ein normaler Spieler nicht mehr weitermachen konnte, gab es schon einmal 1.500 Dollar oben drauf. In den Play-offs wurden diese Summen dann noch einmal verdoppelt. Vor allem unter den Spielern wurden Prämien für bestimmte Gegner ausgesetzt. Man zahlte Geld in einen Pool ein, aus dem dann das Kopfgeld bezahlt wurde. Die Spieler der Heiligen stellten sich dann nicht ganz selbstlos in den Dienst der Mannschaft. Schließlich ist ein schwächerer Gegner ein einfacher zu schlagender Gegner. Und umso besser, wenn man dabei das eigene Konto noch etwas aufbessern kann.

Da wir heute aber nicht mehr im Wilden Westen, sondern in einer etwas zivilisierteren Welt leben, stießen diese Praktiken nicht überall auf Verständnis. So mussten Trainer Sean Payton und Geschäftsführer Mickey Loomis auf Druck der Medien und der NFL-Verantwortlichen versprechen, dass sie in Zukunft keine Prämien mehr zahlen würden.

Natürlich fanden nicht alle den Western-Stil der Saints gut. Vor allem die Gegner kritisierten die harte Vorgehensweise der Mannschaft aus New Orleans. Dabei ist nicht auszuschließen, dass auch bei anderen Teams solche Kopfgelder bezahlt werden. Die ersten Spieler, die einen entsprechenden Verdacht hegten, waren die Minnesota Vikings, die mehrfach die Angriffe der Saints auf ihren Quarterback Brett Favre als zu hart kritisierten. Auch wenn Favre sich im Spiel am Knöchel verletzte, sahen die Schiedsrichter keinen Regelverstoß vonseiten der Heiligen aus New Orleans.

Auch für die NFL-Oberen schien das Vorgehen der Saints nicht so schlimm gewesen zu sein. Zwar kündigte NFL-Chef Roger Goodell Strafen gegen die Verantwortlichen der Saints an, in typischer Goodell-Manier, die auch gerne von unserer Kanzlerin angewandt wird, folgte auf Ankündigungen von Konsequenzen lange Zeit nichts mehr, bis der Vorfall von den Medien vergessen war. Später mussten die Saints 500.000 Dollar Strafe zahlen (also den Wert von zehn der 32 NFL-Quarterbacks), und die Beteiligten wurden mehrere Spiele suspendiert. Darunter auch Defensive Coordinator Gregg Williams, der als Auslöser von »Bountygate« (Bounty = Kopfgeld) gilt. Er wurde zunächst komplett aus der NFL suspendiert, die Sperre wurde aber nach knapp einem Jahr wieder aufgehoben. Auch Brett Favre fand alles nicht so dramatisch und bezeichnete Williams als »guten Trainer«, vor dem er viel Respekt habe. Ob das ein Hinweis ist, das bei den Packers, den Vikings und anderen Teams ähnliche Prämien bezahlt wurden, muss jeder für sich überlegen. Beweise wie bei den Saints gibt es zumindest keine.

Vor allem den Saints dürfte das auch recht egal sein. Sie dürfen ihren Super-Bowl-Titel von 2012 behalten. Und vielleicht sind sie ja auch ein bisschen stolz darauf, einen Hauch von Wildem Westen in die NFL gebracht zu haben

### 19. GRUND

## WEIL SCHULSPORT SO BELIEBT IST

Interessieren Sie sich für Hochschulsport? Wahrscheinlich nicht. Die meisten wissen gar nicht, dass es so etwas überhaupt gibt. Und um ehrlich zu sein, ist mir das auch ziemlich (also total) egal, wer in den verschiedenen Sportarten Deutscher Hochschulmeister wird, solange ich nicht selber auf dem Platz stehe. Das trifft dann auch auf mehr als 99,9 Prozent der Bevölkerung in Deutschland zu. Eher mehr.

Wenn beim Finale der deutschen Hochschulmeisterschaften im Fußball, wie 2014 geschehen, die Teams aus Bochum und Bielefeld den Sieger im Elfmeterschießen untereinander ausmachen, mag das zwar aufregend und das Spiel auch hochwertig gewesen sein, doch um ehrlich zu sein, ist das ebenso spannend, als ob Tom Brady seinen Kaffee mit Milch oder schwarz trinkt. Entsprechend verirren sich auch nur wenige Zuschauer an den Spielfeldrand. Und diese sind dann die Freunde oder Verwandten der Spieler. Dass man für so ein Spiel Eintritt verlangen würde, ist ebenso ausgeschlossen, wie dass man es im TV übertragen würde. Insofern können einem die Spieler schon ein bisschen leidtun, da sie trotz großen Sports keinerlei Aufmerksamkeit bekommen.

Treffen dagegen in den USA zwei Hochschulteams im American Football aufeinander, ist oft mehr los als beim Super Bowl. Ob das am hochwertigen Sport liegt oder an der Identifikation der Menschen mit ihrer Uni, sei einmal dahingestellt. Fakt ist, dass einige Hochschulen wie Michigan, Ohio State und Alabama Stadien haben, in die mehr als 100.000 Fans passen. Die Arenen haben aber nicht nur so viele Plätze, bei den Spielen der Teams sind sie auch immer ausverkauft. 100.000 Zuschauer können weltweit nicht einmal Mannschaften wie der FC Barcelona ins Stadion lassen. In der Liste der größten Stadien der Welt folgen nach dem mehr als maroden Strahov-Stadion in Prag, das rund 250.000 Plätze für Zuschauer hat, heute aber nicht mehr benutzt wird, und dem Stadion Erster Mai in Pjöngjang (Nordkorea) mit geschätzt 150.000 Plätzen sieben American-Football-Stadien in den USA, in denen College-Teams spielen.

Für Stadien-Fans hier die nackten Zahlen: Michigan Stadium (109.901 Plätze), Beaver Stadium (107.282), Neyland Stadium (102.455), Ohio Stadium (102.329), Tiger Stadium (102.321), Bryant-Denny Stadium (101.821) und Texas Memorial Stadium (100.119)[12]. Natürlich gibt es in einigen Hochschulen auch kleine Stadien, die noch nicht einmal bei sportlichem Erfolg ausverkauft sind. Aber diese gigantischen Sportarenen wären bestimmt nicht gebaut worden, wenn sie nicht auch benutzt werden würden. Meistens sind sie auch ausverkauft. Und so ziemlich jedes halbwegs erfolgreiche College hat ein Stadion, in das mindestens 50.000 Fans passen.

Dass College Football so beliebt und für viele Fans sogar wichtiger als die NFL ist, ist ein Phänomen, das in Deutschland nicht unbedingt nachvollziehbar ist. Schließlich spielt Hochschul-sport, wie einleitend erwähnt, hierzulande ja gar keine Rolle.

Für die Spieler ist College Football eine harte Zeit. Neben dem Studium stehen rund fünf bis sechs Stunden Training am Tag auf dem Programm. Sie bekommen für ihre Leistungen auf dem Platz offiziell kein Geld, leben daher oft in WGs oder im Wohnheim und müssen einen bestimmten Notenschnitt halten, um nicht von der Schule zu fliegen. Wer so viel auf sich nimmt, um seinen Lieblings-sport auszuüben, spielt natürlich mit viel mehr Herzblut als ein gut bezahlter NFL-Profi. Und das merken die Fans auch. Auf der anderen Seite bietet das College einen professionellen Trainings-bereich mit hochbezahlten Top-Trainern, die oft sogar einen besseren Ruf als die NFL-Coaches haben. Sie spielen in den aus-verkauften Stadien vor 80.000 enthusiastischen Fans und werden so zu Stars ihrer Hochschule. Die Spiele werden meistens auch live im TV gezeigt und in einigen Gegenden, vor allem im Süden der USA, ist College Football die beliebteste Sportart überhaupt. Zudem ist eine erfolgreiche Karriere auf dem College das Sprungbrett in die NFL, wo die Top-Rookies auch schnell ein paar Millionen pro Jahr verdienen können. Da kann man die vier Jahre Entbehrung auf dem College auch verkraften. Allerdings werden von den rund 9.000 Studenten, die pro Jahr ihren Abschluss machen und auf der Uni Football gespielt haben, nur rund 300 auch tatsächlich gedraftet. 8.700 müssen dagegen schauen, dass sie nach ihrer Zeit auf dem College einen »normalen« Beruf finden.

Nun bleibt natürlich die Frage, warum College Football, der unter dem Dach der Nationalen Liga NCAA spielt, überhaupt so einen großen Erfolg in den USA hat.

Zunächst einmal ist die Identifikation der Studenten in den USA mit ihrem College viel höher als in Deutschland. Das beginnt mit dem Logo der Schule, das überall prangt, und endet mit dem Verständnis, Teil der Uni zu sein, das einem von jedem Dozenten eingebläut wird. Ein großer Unterschied zu Deutschland ist auch, dass viele Studenten auf dem Campus leben und nicht nach Hause pendeln. Insofern spielt sich das alltägliche Leben auf dem Campus ab. Und da gehört natürlich auch der Sport mit dazu.

Gerade der Football trägt zum besseren Zusammenleben der Studenten bei. Vor dem Spiel trifft man sich, um sich warm zu feiern. Nach dem Spiel dann sowieso. Insofern ist ein Spieltag eine einzige große Party, die natürlich noch mehr Spaß macht, wenn das eigene Team gewonnen hat. Da viele Fans schon vor dem Spiel mit dem Warmtrinken angefangen haben und mehr junge Menschen zu den Spielen gehen, ist die Stimmung auf den Rängen oft besser als in den meisten NFL-Stadien. Und weil jedes Team nur sechs Heimspiele hat, werden diese natürlich mit besonders viel Aufwand zelebriert. In den USA identifiziert man sich viel mehr mit seinem College. Insofern ist sportlicher Erfolg auch immer eine Frage der Ehre. In den vielen Jahren seit dem ersten College-Spiel haben sich so auch viele Rivalitäten herausgebildet, die natürlich besonders beachtet werden. Daher kommen gerade zu den wichtigen Spielen und den Derbys gegen den Erzfeind auch viele ehemalige Studenten und Spieler ins Stadion, um zu sehen, was ihre Nachfolger so draufhaben.

Auch das Spiel im College Football unterscheidet sich etwas von der NFL. Da die Spieler jünger und unerfahrener sind, passieren mehr Fehler, und dadurch werden die Spiele oft auch spektakulärer und spannender. Im College Football wird die Uhr bei jedem First Down angehalten. Dadurch sparen die Teams Zeit, und man kann einen Rückstand eher aufholen. Besonders spannend ist die Overtime. Hier bekommt jedes Team das Ei an der gegnerischen 25-Yard-Linie und beginnt mit einem First Down. Dann können sie versuchen, einen Touchdown oder ein Field Goal zu erzielen. Das Team, das mehr Punkte erreicht hat, gewinnt. Schaffen beide Teams gleich viele Punkte, z.B. ein Field Goal, oder bleiben beide Mannschaften ohne Score, wird das Ganze so lange wiederholt, bis es einen Sieger gibt.

Und wer mir nun nicht glaubt, dass Hochschulsport in den USA eine größere Rolle als in Deutschland spielt, muss sich einfach mal ein Spiel anschauen. Dann wird er schon überzeugt sein.

## WEIL FOOTBALL SCHLAU MACHT

Sportler sind ja nicht unbedingt für ihre geistige Leistungsfähigkeit bekannt. Müssen sie auch nicht. Schließlich braucht man auch keinen Hochschulabschluss, um einen Ball fangen oder einen Gegner wegschubsen zu können. Spätestens im Interview kann man Zeuge davon werden, dass einige Sportler eher ein Buch essen würden, als eins zu lesen. Und man wird auch nicht schlauer, wenn man schon einmal mit einem Lexikon verprügelt wurde. Aber es ist ja auch nicht wichtig, wo die Azoren liegen oder wer erster Präsident der Vereinigten Staaten war, wenn man den Profivertrag bereits in der Tasche hat.

Beim American Football kann man sich nun die berechtigte Frage stellen, ob die Hirne der Athleten durch den Helm besonders gut geschützt sind oder ob das Auswendiglernen des Playbooks so schlau macht. In jedem Fall kann rund die Hälfte aller NFL-Profis einen Hochschulabschluss nachweisen. Der Rest hat zumindest vor der Profikarriere auf einem College studiert. Ohne eine Uni besucht zu haben, hätten die Spieler auch kaum eine Chance, im Draft von einem Team ausgewählt zu werden. Denn dort stehen fast ausschließlich Spieler auf der Liste, die auf dem College gespielt haben. Schließlich können die Athleten nur auf der Hochschule auch die notwendige Spielpraxis auf höchstem Niveau sammeln, die man braucht, um ein erfolgreicher NFL-Spieler zu werden. Aber gerade dank American Football kann man in den USA seinen

Abschluss am College bekommen, wenn man nicht einmal richtig lesen kann.

Ein erfolgreiches Football-Team zu haben ist für viele Colleges auch ein Qualitätsmerkmal und vor allem für die Außendarstellung wichtig. Schließlich bekommen die Colleges vor allem während der Football-Saison die größte mediale Aufmerksamkeit. Insofern gibt es immer wieder Gerüchte und Vorwürfe an die Hochschulen, dass Spieler nur deswegen ein Stipendium bekommen, weil sie beim Kampf um das Ei besser sind als andere, was natürlich nicht sein kann. Für Aufsehen sorgte in diesem Rahmen der Artikel »The Shame of College Sports« von Taylor Branch[13], der 1989 veröffentlicht wurde. Eine Rolle spielte hier auch Dexter Manley, der »Minister of Defense«, der in elf Jahren in der NFL 97,5 Sacks verbuchen konnte. Manley gab zu, auf dem College Analphabet gewesen zu sein. Hier können ewige Nörgler anmerken, dass so ein toller Sportler nicht aufs College hätte gehen dürfen.

Auch die CNN kam bei einer entsprechenden Studie zu einem recht fragwürdigen Ergebnis. Sportler, die wie Erwachsene spielen, lesen oft wie Fünftklässler oder sogar schlechter. An vielen Colleges gibt es eigene Betreuer für Sportler, die sich besonders um die Athleten kümmern sollen, damit diese ihre benötigten Noten schaffen. So berichtete Mary Willingham von der University of North Carolina, dass ein Spieler zu ihr ins Büro kam, um besser lesen zu lernen, damit er die Artikel über sich auch verstehen kann. Angeblich haben Studenten auch Scheine für Kurse bekommen, die sie nie besucht haben[14]. Dass die Betroffenen auch Athleten der Schulteams waren, kann natürlich auch ein Zufall gewesen sein.

Allerdings ist das auch nicht unbedingt die Schuld der betroffenen Athleten. Schließlich verdienen die Colleges Millionen Dollar, wenn ihre Mannschaften erfolgreich sind, während die Spieler offiziell keinen Cent verdienen dürfen. Insofern wird dieses Thema in den USA gerne totgeschwiegen, da es ohnehin ein grundlegendes Problem im Sport ist. Schließlich gibt es kaum unterklassige Ligen wie in Europa, und die Sportler sind aufs College angewiesen, wenn sie eine Profikarriere anstreben. Das gilt für American Football noch viel mehr als für die anderen drei Sportarten der Big Four (Eishockey, Basketball, Baseball).

Viele Spieler waren aber nicht nur zum Footballspielen auf dem College. Sie haben es geschafft, Studium und Sportkarriere unter einen Hut zu bekommen. Andrew Luck hat beispielsweise einen Abschluss in Architektur. Sein Quarterback-Kollege Colin Kaepernick schloss in Business Management ab und Russell Wilson in Kommunikation. Zudem legte der QB der Seattle Seahawks noch seinen Master in Educational Leadership und Policy Analysis drauf. Patrick Willis, LB bei den 49ers, schloss in Kriminalrecht ab und plant nach seiner Footballkarriere, bei der Polizei anzufangen. Hier könnte er irgendwann auf seinen Linebacker-Kollegen Navarro Bowman treffen, der in Verbrechen, Recht und Gesetz (Crime, Law and Justice) seinen Abschluss gemacht hat.

Ben Roethlisberger hat seinen Abschluss in Erziehungswissenschaften, was ihm bei der Teamführung bestimmt zugute kommen wird. Was TE Vernon Davis (San Francisco 49ers) allerdings mit seinem abgeschlossenen Kunststudium anfangen möchte, weiß wohl nur er selbst. Sogar »Badass« Richard Sherman hat einen Abschluss in Kommunikation an der renommierten Stanford-Universität und arbeitet auf seinen Master hin. Die Liste der richtig intelligenten NFL-Profis ist lang, und alle erfolgreichen Studenten hier aufzulisten wäre wie die Zuschauer eines NFL-Spiels in alphabetischer Reihenfolge aufzustellen. Dennoch möchte ich Ihnen einige Beispiele nicht vorenthalten. Tight End Jimmy Graham von den Seattle Seahawks hat einen Abschluss in Business und zwei Majors in Marketing und Management. QB Alex Smith von den Kansas City Chiefs hat innerhalb von nur zwei Jahren seinen Abschluss in Ökonomie gemacht und bereits vor dem Draft mit seinem Master begonnen. Und Ryan Fitzpatrick, Quarterback bei den New York Jets, studierte Ökonomie in Harvard und schloss mit 1.580 von 1.600 möglichen

Punkten ab. Dies hat ihm auch den Spitznamen Harvard-Quarterback eingebracht. Hier kommt wahrscheinlich keiner auf die Idee, dass Sportler dumm wären oder dass er seinen Studienplatz nur bekommen hat, weil er so gut Eier durch die Gegend werfen kann.[15]

## WEIL NIEMAND DER BESTE SEIN WILL

Auszeichnungen gibt es im American Football en masse. So wird in jedem Jahr unter anderem der wertvollste Spieler (MVP), der beste Angreifer, Verteidiger, Special-Team-Spieler, Coach oder der »Most Improved Player« gewählt. Auch das größte Comeback und der beste Neuling bekommen eine Auszeichnung, wobei natürlich die Wahl des MVP die wichtigste aller persönlichen Titel ist. Entsprechend will jeder Spieler einmal diese Wahl gewinnen und der beste Spieler sein. Das gilt vielleicht für die NFL, aber nicht unbedingt fürs College. Denn auf dieser Auszeichnung scheint ein Fluch zu liegen.

Der beste Spieler aller Uni-Mannschaften bekommt die Heisman Trophy. Diese wird seit 1935 verliehen und wurde nach dem ehemaligen College Coach und Vorsitzenden des Downtown Athletic Clubs John W. Heisman benannt. Doch obwohl jeder Preisträger in seinem Jahr der beste Spieler aller Universitäten war, ist es noch keine Garantie auf eine erfolgreiche NFL-Karriere. Eher scheint das Gegenteil der Fall zu sein.

In den meisten Fällen bekommen Offensivspieler die Heisman Trophy verliehen. In der 80-jährigen Geschichte der Wahl bekamen 42 Runningbacks, 32 Quarterbacks, drei Wide Receiver, zwei Ends und ein Defensive Back den Pokal für den besten College-Spieler. In der Geschichte der Heisman Trophy gab es dabei nur einen

Spieler, der die Auszeichnung zweimal bekam. 1974 und 1975 wurde Runningback Archie Griffin zum besten College-Spieler gewählt. Im Anschluss absolvierte er 98 NFL-Spiele für die Cincinnati Bengals, wobei seine Statistiken eher durchschnittlich ausfielen.

Schaut man sich die Liste der Preisträger der letzten Jahre an, werden nur absolute Experten einen bekannten Spieler darunter entdecken. Zwar werden die Athleten mit großen Vorschusslorbeeren bedacht und in der Regel auch an einer der ersten Positionen gedraftet, der damit verbundene Druck scheint die Preisträger aber eher zu hemmen.

Bestes Beispiel dafür ist Johnny »Johnny Football« Manziel, der Preisträger von 2012. Als überragender Quarterback seines Jahrgangs wurde er 2014 von den Cleveland Browns an Position 22 gedraftet, obwohl er nur zwei von vier üblichen Jahren an der Uni gespielt hatte. Allerdings war der Sprung in die NFL wohl zu groß. Für die Browns spielte er nur fünf Partien, begann davon zwei und komplettierte nur 18 von 35 Pässen. Überzeugen konnte er niemanden, und die Browns suchen bereits einen neuen Quarterback.

Grundsätzlich scheint gerade für Quarterbacks die Umstellung vom College-Football auf die NFL enorm zu sein. Seit 2000 waren 13 der 15 Gewinner Quarterbacks. Allerdings waren nur Cam Newton, der Gewinner von 2010, Robert Griffin III, der 2011 die Heisman Trophy gewann, und mit Abstrichen Carson Palmer (2002) später auch in der NFL erfolgreich. Die anderen elf hatten mehr oder weniger keinen Erfolg. So konnte Tim Tebow (Sieger 2007) nur kurz überzeugen und sucht momentan einen neuen Verein, Sam Bradford (2008) steht nach zwei Kreuzbandrissen bei den St. Louis Rams auf der Kippe, und von den anderen hat man nie wieder etwas gehört. Oder kennen Sie Chris Weinke (2000), Eric Crouch (2001), Jason White (2003), Matt Leinart (2004), Troy Smith (2006) und Jameis Winston (2013)? Ob Marcus Mariota, der Preisträger von 2014, in der NFL erfolgreich sein wird, bleibt abzuwarten. Einzig die beiden Runningbacks, die seit 2000 ausgezeichnet wurden, legen eine überzeugende NFL-Karriere hin. So gewann Reggie Bush (Heisman Trophy 2005) mit den New Orleans Saints den Super Bowl XLIV und Mark Ingram (2009) wurde 2014 immerhin in der Pro Bowl gewählt.

Natürlich hat jede Regel auch eine Ausnahme. Das gilt auch für die Heisman Trophy. Und der eine oder andere Preisträger hat nach der Auszeichnung am College auch eine erfolgreiche Karriere in der NFL hingelegt. So zählen beispielsweise O.J. Simpson, Eddie George, Barry Sanders oder Charles Woodson zu den Preisträgern. Auffällig ist aber, dass keiner der erfolgreichen Quarterbacks wie Tom Brady, die Manning-Brüder, Joe Montana, Dan Marino oder John Elway die Heisman Trophy gewinnen konnte. Insofern drückt wohl jeder College-Quarterback insgeheim die Daumen, dass er diese Trophäe nicht in die Höhe stemmen muss.[16]

**22. GRUND**

## WEIL MAN EINMAL IM JAHR
## GESCHENKE AUSPACKEN DARF

Stellen Sie sich einmal vor, es ist Weihnachten und Sie dürfen sich die Geschenke vorher selbst aussuchen. Keine Socken mehr, keine Krawatten oder CDs, die man nicht einmal als Untersetzer für Gläser benutzen würde. Noch viel schöner ist die Vorstellung, dass Sie vier Jahre vorher schon anfangen dürfen, sich alle zur Auswahl stehenden Geschenke anzuschauen und sie unter realen Bedingungen zu beobachten und nach Schwächen und Stärken zu suchen. Dabei handelt es sich nicht um Bücher oder CDs, sondern um neue Autos, Fernseher oder Soundsysteme, also Dinge, die Sie unbedingt haben wollen, weil sie ihr Leben möglicherweise besser machen werden.

So ungefähr muss es sich anfühlen, wenn man als General Manager zum alljährlichen Draft der NFL reist. Hier dürfen sich die NFL-Teams die Spieler aussuchen, die nach vier Jahren auf dem College den Sprung in die NFL wagen wollen. Nicht umsonst hat auch der deutsche NFL-Profi Björn Werner in seiner Kolumne auf spox.com beschrieben, dass der NFL-Draft ähnlich wie Geschenke auspacken an Weihnachten ist[17].

Im Normalfall bleiben die Spieler vier Jahre am College, bevor sie nach ihrem Abschluss den Sprung in die NFL wagen. In Ausnahmefällen melden sich die Spieler auch schon früher zum Draft an. In dieser Zeit haben dann die Scouts der Teams die Gelegenheit, sich über Stärken und Schwächen der Athleten klar zu werden. Sobald die Liste der Spieler im Draft bekannt ist, geht das Hauen und Stechen um die besten Rookies los.

Das Schöne am Draft-Weihnachten ist, dass das im übertragenen Sinne ärmste Kind sich als erstes ein Geschenk aussuchen darf. Sprich die schlechteste Mannschaft der vergangenen Saison darf sich als Erste einen Spieler aussuchen. Ob das nun für die Spieler so toll ist, wenn sozusagen Mario Götze zum FC Ingolstadt gehen müsste oder Cristiano Ronaldo zum letzten der portugiesischen Liga (Stand 1.5.2015 der FC Penafiel, was wohl nicht einmal die größten Fußball-Experten gewusst hätten), sei einmal dahingestellt. Aber so können die NFL-Verantwortlichen sichergehen, dass über Jahre hinweg kein zu großes Leistungsgefälle zwischen den Mannschaften entsteht.

Dieses System hat aber auch einen großen Nachteil. Denn so kam es in der Vergangenheit vor, dass Teams gegen Ende der Saison Spiele absichtlich verloren haben, um beim Draft weiter vorne zu landen. Allerdings hat die NFL strenge Restriktionen angekündigt, wenn ein Team zu offensichtlich verliert. Die Aussicht auf das schönste Geschenk ist für einige Teams aber natürlich eine große Versuchung.

Wie gesagt, dürfen sich die Teams in umgekehrter Reihenfolge in jeder Runde jeweils immer einen Spieler aussuchen. Das schlechteste

Team des Vorjahres hat als erstes das Recht, sich einen Spieler auszusuchen. Der Super-Bowl-Gewinner erst an 32. Stelle. Insgesamt gibt es sieben Runden, in denen sich die Teams Spieler aussuchen dürfen, wobei sie auch darauf verzichten können, einem College-Absolventen ein Trikot zu überreichen. Jedes Team hat dann immer vier Minuten Zeit, sich einen Spieler auszusuchen. Das kann schon einmal recht wenig Zeit sein, wenn einem die Teams vor einem bereits die gewünschten Spieler vor der Nase weggeschnappt haben und man sich dann einen Plan B, C oder D zurechtlegen muss. Der Draft ist zwar die beste Gelegenheit, Lücken in der Mannschaft mit talentierten Spielern zu schließen, allerdings muss man eben damit rechnen, dass andere Teams, die vor einem mit Aussuchen an der Reihe sind, ähnliche Lücken schließen möchten.

Die NFL hat auf die zunehmende Bedeutung des Drafts reagiert und setzt zumindest die erste Runde mittlerweile entsprechend in Szene. Mit großem Brimborium, Live-Übertragung im amerikanischen TV, goldenem Teppich für NFL-Legenden und aufwendigen Video-Projektionen wird das Geschenke-Aussuchen den Fans präsentiert. So schafft man es auch, inmitten der Football-losen Zeit wieder Aufmerksamkeit für den schönsten Sport der Welt zu schaffen.

Gerade im Vorfeld des Drafts kann es zugehen wie auf einem orientalischen Basar. Denn die Teams dürfen auch Drafts tauschen oder gegen Spieler traden. Gerade wenn klar ist, welche Spieler als Erste ausgewählt werden, werden Draftrechte getauscht oder gegen Spieler gehandelt. Schließlich ist ein College-Spieler auch immer ein wenig die Katze im Sack. Denn die Vergangenheit hat schon mehrfach gezeigt, dass herausragende Spieler auf der Uni den Sprung in die NFL nicht unbedingt schaffen und die hohen Erwartungen nicht erfüllen können.

Das Ganze kann man sich dann ungefähr so vorstellen: »Wenn du mir deinen TV gibst, darfst du dir beim nächsten Fest als Erster ein Geschenk aussuchen.« – »Du darfst statt meiner in der ersten Runde ein Geschenk aussuchen, dafür darf ich mir dann zwei Geschenke in der dritten und vierten Runde nehmen.« Teilweise werden Draftrechte auch schon mehrere Jahre in der Zukunft getauscht. Das Ziel ist dabei, lieber noch ein oder zwei Jahre im Keller rumzukriechen und dafür dann auf einen Schlag eine starke Truppe an den Start zu bekommen. Es ist in jedem Fall immer Spannung garantiert, wenn wieder einmal die Drafts anstehen und Geschenke ausgepackt werden dürfen.

## 23. GRUND

## WEIL NIEMAND UNWICHTIG IST

Wenn es im Draft einen Spieler gibt, der als Erster ausgewählt wird, muss es natürlich auch einen Athleten geben, der als Letzter genommen wird. Die Betroffenen sehen das mit einem lachenden, aber auch immer ein bisschen mit einem weinenden Auge. Denn auf der einen Seite ist es eine große Chance, wenn man von einem NFL-Team ausgewählt wird. Auf der anderen Seite möchte auch niemand der Letzte sein, dessen Name bis zum Ende auf der Liste stehen bleibt. Das war ja schon früher auf dem Schulhof und im Sportunterricht so, wenn Mannschaften gewählt wurden. Die schlechtesten wurden immer als Letzte genommen. Und wenn man bis zum Schluss noch in der Reihe steht und mit anschauen muss, wie ein Spieler nach dem anderen von einem NFL-Team ausgesucht wird, kann man schon einmal an den eigenen Fähigkeiten zweifeln.

In der NFL hat der letzte Spieler im Draft einen eigenen Namen bzw. eine inoffizielle Auszeichnung. Der letzte im Draft genommene Spieler trägt für seine weitere Karriere den »Titel« Mr. Irrelevant also Herr Unwichtig. Dies kommt der Realität schon recht nahe. Denn der letzte Pick im NFL-Draft hat es in der Regel schwer, eine erfolgreiche NFL-Karriere zu starten. Allerdings hat das eine oder andere Beispiel bereits gezeigt, dass auch der auf den ersten Blick unwichtigste Spieler noch extrem wichtig werden kann.

Den NFL Draft gibt es seit 1936. Der erste Spieler, der sich mit dem Zusatz »Mr. Irrelevant« schmücken darf, war Kelvin Kirk, der 1976 in der 17. Runde von den Pittsburgh Steelers gedraftet wurde. Bis dahin wurde dem letzten Pick im Draft keine besondere Beachtung geschenkt. (Ab 1994 wurden die Drafts auf sieben Runden beschränkt.) Wie zu erwarten war, schaffte Kirk den Durchbruch in der NFL nicht, sondern spielte sieben Jahre in der kanadischen Football League. Andere Spieler konnten aber auch als Mr. Irrelevant in der NFL überzeugen.

So wurde Special Team Player Marty Moore der erste Mr. Unwichtig, der im Super Bowl stand. Er erreichte das Endspiel XXXI mit den New England Patriots, verlor dort allerdings gegen die Green Bay Packers. Jim Finn war offiziell sogar der erste Mr. Irrelevant, der den Super Bowl gewinnen konnte. Mit den New York Giants erreichte er Super Bowl XLII. Allerdings stand Finn in der Saison 2007 nur im Roster der Giants, aufgrund einer Verletzung aber keine Sekunde auf dem Platz. Einen Ring bekam er trotzdem und wurde so der erste Mr. Irrelevant, der einen Super Bowl gewinnen konnte. Andere Spieler wie 2008 »Gewinner« David Vobora starteten 2009 für die St. Louis Rams als Linebacker, und der letzte Pick im Draft 2009, Ryan Succop, wurde Starting Kicker für die Kansas City Chiefs. Dabei stellte er in seiner ersten Saison mehrere Rekorde für Rookies auf und wechselte 2014 zu den Tennessee Titans. Aussichten auf einen Super-Bowl-Ring hat er mit den Titans wohl keine, aber er hat in jedem Fall einen festen Platz auf dem Spielfeld.

Seit die Auszeichnung 1976 eingeführt wurde, streiten sich sogar die Teams darum, den letzten Pick im Draft zu haben. Schließlich bringt dies zumindest etwas Publicity. So kam es 1979 zu einem kuriosen Draft, als sowohl die St. Louis Rams wie auch die Pittsburgh Steelers den Pick aufschoben und so an das andere Team weitergaben. Beide Mannschaften schoben den letzten Pick so lange hin und her, bis NFL Commissioner Pete Rozelle die Mannschaften zwang, sich einen Spieler auszusuchen. Daraufhin mussten die Rams zuerst einen Spieler auswählen, und die Steelers bekamen den neuen Mr. Irrelevant. Seitdem ist es auch verboten, einen Pick aufzuschieben.

Die Spieler werden so zu einem Spielball für die Presseabteilungen der Teams. Allerdings hat auch der Mr. Irrelevant etwas von der unrühmlichen Auszeichnung. 1976 hatte der ehemalige NFL Receiver Paul Salata Mitleid mit dem Mr. Irrelevant und rief die »Irrelevant Week« ins Leben. Salata kündigt in jedem Jahr den neuen Mr. Unwichtig an und verlieh ihm die »Lowsman Trophy«, das Gegenstück zur Heisman Trophy, die dem besten College-Spieler verliehen wird (s. Grund 21). Neben der Auszeichnung bekommt der neue Mr. Irrelevant eine Einladung, in der Zeit nach dem Draft eine Woche lang mit seiner Familie in Newport, Kalifornien zu verbringen. Hier nehmen sie an einem Golfturnier, einer Regatta und einer Rede teil, wobei die Teilnehmer des letzten Drafts verspottet werden. Zudem gibt es eine feierliche Zeremonie, bei der die Lowsman Trophy an den neuen Mr. Irrelevant verliehen wird. Diese Trophäe ähnelt der Heisman-Trophy, allerdings stellt sie einen Footballspieler dar, den den Ball fallen lässt.

Der Spieler sollte darüber lachen können. Denn die Vergangenheit hat gezeigt, dass auch der Mr. Irrelevant noch eine wichtige Rolle in der NFL spielen kann. Und auch wenn man als letzter Spieler von einem NFL-Team ausgewählt wurde, hat man immerhin die Chance, sich in der größten American-Football-Liga zu beweisen. Und diese Chance bekommen die vielen Spieler, die nicht mehr ausgewählt wurden, nicht.[18]

# WEIL FOOTBALL WAS FÜRS AUGE IST

American Football ist eine von Männern dominierte Sportart. Aber was wäre Football ohne die gut aussehenden, knapp bekleideten Cheerleader am Spielfeldrand, die die Fans ordentlich anheizen und auch die Spieler hin und wieder einmal von ihrer eigentlichen Aufgabe ablenken. Zumindest bei den Hobbymannschaften. Mittlerweile hat sogar fast jede unterklassige Footballmannschaft ein eigenes Cheerleader-Team, und es gibt sogar eigene Wettbewerbe für die professionellen Anfeuerdamen.

Und genau das bedeutet Cheerleader. Der Begriff ist aus den beiden Wörtern »to cheer«, also laut schreien, kreischen, und »leader«, also Anführer, zusammengesetzt. Ein Cheerleader ist also der Anführer der Fans. Wobei die Fans gerade in der NFL eher auf die anderen Vorzüge der Mädels konzentriert sind als auf deren Anfeuerqualitäten.

Das erste Team, das Cheerleader hatte, waren die Baltimore Colts. Diese führten die Mädels zu Showzwecken 1954 ein. Heute haben 26 der 32 NFL-Teams eigene Cheerleader. Nur die Buffalo Bills, die Chicago Bears, die Cleveland Browns, die Detroit Lions, die Green Bay Packers, die New York Giants und die Pittsburgh Steelers verzichten auf eigene Cheerleader Squads, wobei die Packers bei Heimspielen zumindest ein Team vom College als Anfeuerung haben. So war 2011 zwischen den Packers und den Steelers auch der erste Super Bowl, bei dem keine Cheerlader am Spielfeldrand die Stimmung zusätzlich anheizten.

Die anderen Teams legen mehr oder weniger großen Wert auf ihre Jubel-Animierdamen. Oft heißen die rund 30 Frauen einfach nur Cheerleader, wie die Atlanta Falcons Cheerleader oder die Dallas Cowboys Cheerleader, und laufen so nebenher mit. In anderen Teams haben die Jubelcrews eigene Namen mit eigenen Homepages. Besonders kreativ waren hier die Cincinnati Bengals, die ihre Cheerleader Ben-Gals nennen. »Gal« bedeutet auf Englisch Göre oder Mädel. Grundsätzlich wurde hier meistens versucht, mit dem Teamnamen zu spielen und ihnen einen weiblichen Touch zu geben. So gibt es die Chicago Honey-Bears (mittlerweile aufgelöst), die Carolina Topcats, Jacksonville ROAR, die New Orleans Sensations, die New York Jets Flight Crew, die Oakland Raiderettes, San Francisco Gold Rush, die San Diego Charger Girls und die Seattle Sea Gals, was wiederum ein Wortspiel mit »Gal« ist. Denn eine Sea Gull ist eine Möwe[19].

Das Leben als Cheerleader mag zunächst traumhaft aussehen. Die Mädels sehen alle fantastisch aus, haben einen Traumkörper, stehen bei den Spielen direkt am Spielfeldrand und sind dabei den größten und bestverdienenden Profisportlern ganz nahe. Häufig wird man zu Fotoshootings eingeladen, die gerne auch mal am Strand oder an anderen exklusiven Orten stattfinden. Oder man wird für besondere Events oder Preisverleihungen gebucht, die man dann mit einem glänzend weißen Zahnarztlächeln aufwerten darf.

Doch wie so oft sieht die Realität ganz anders aus. Um so gut auszusehen, nehmen die Mädels einiges auf sich. Eingeschränkte Ernährung bis zu Essstörungen und Schönheitsoperationen sind in der glänzenden Welt der NFL Cheerleader an der Tagesordnung, dürfen aber natürlich nicht nach außen getragen werden. Schließlich sollen die Mädels gut aussehen und nicht jammern und klagen. Zudem ist der Konkurrenzkampf in den Squads extrem hoch. Und wenn man die Tryouts überstanden hat und für die 20–30 Frau starken Teams ausgewählt wurde, beginnt die Arbeit wirklich. Denn ohne Training hält man zum einen die Topfigur und die benötigte Beweglichkeit nicht, zum anderen müssen die zahlreichen Bewegungen und Choreografien bis ins letzte Detail fehlerfrei einstudiert werden. Hierfür sind mehrere Stunden Training am Tag notwendig. Vor allem in der Saisonvorbereitung kommen die Mitglieder höchstens noch zum Schlafen nach Hause. Wenn man dann noch das Verletzungsrisiko bedenkt, dass bei einigen Würfen und Sprüngen mit einhergeht, kann man sich schon fragen, warum es für viele Mädels ein Lebenstraum ist, in einem NFL Cheerleading Team zu stehen.

Glaubt man nun, dass die Cheerleader wenigstens entsprechend entlohnt werden, irrt man sich gewaltig. Obwohl Cheerleading für einen NFL-Club ein Fulltimejob ist, reicht das Einkommen auf keinen Fall zum Überleben. Ein Rookie, also ein Cheerleader in ihrer ersten Saison, verdient geschätzt zwischen 500 und 750 Dollar. Allerdings nicht pro Spiel oder im Monat, sondern für die gesamte Saison. Etwas erfahrenere Cheerleader können zwischen 300 und 600 Dollar im Monat verdienen. Das gilt natürlich nur, solange in der NFL auch gespielt wird. Für die besten und hübschesten Jubeldamen werden bis zu 1.500 Dollar im Monat bezahlt. Aber das ist die absolute Ausnahme. Hier muss man allerdings auch noch zusätzlich bedenken, dass in einigen Squads die Mädels ihr Kostüm, das gerne einmal 500 Dollar kosten kann, aus eigener Tasche bezahlen müssen. Die einzige Möglichkeit, noch etwas dazuzuverdienen, bieten bezahlte öffentliche Auftritte. Allerdings werden Auftritte im Rahmen von offiziellen NFL-Veranstaltungen nicht extra entlohnt.

Mit diesem kläglichen Salär sind die Cheerleader weit weg von den Millionensummen, die die Profis im Jahr einsacken. Spitzenverdiener Drew Brees bekommt im Jahr beispielsweise rund 40 Millionen US-Dollar überwiesen. Damit könnte er rund 53.000 Rookie-Cheerleader eine ganze Saison lang bezahlen und mit ihnen ein ganzes Stadion füllen. Ein Spieler im Trainingssquad, der vor der Saison aussortiert wird, bekommt rund 100.000 Dollar im Jahr, obwohl er keinen Fuß auf das Spielfeld gesetzt hat. Sogar die Maskottchen der NFL-Clubs bekommen geschätzt zwischen 23.000 und 65.000 Dollar im Jahr[20].

Auch die Hoffnung, einen der gutbezahlten Profis mit nach Hause nehmen zu können, bleibt in der Regel vergebens. Denn die Spieler sollen sich auf ihren Job konzentrieren und nicht abgelenkt werden. Daher ist es den Cheerleadern verboten, sich mit Spielern einzulassen, und umgekehrt. Doch während man bei den Profis eher darüber hinwegsieht, droht den Mädels die fristlose Kündigung.

Nun kann man sich natürlich fragen, warum man seinen Körper überhaupt zur Schau stellt, Unmengen an Zeit opfert und sogar seine Gesundheit riskiert, wenn man am Ende des Tages häufig sogar höhere Kosten als Einnahmen hat. Neben dem Spaß an der Sache und dem Jubel der Fans hoffen viele Cheerleader wohl auch noch darauf, entdeckt zu werden. Egal ob Werbung, Fernsehen, Film oder *Playboy*, der Bedarf an gut aussehenden und leicht bekleideten Damen ist hoch. Und schon so manches Cheerleader-Girl wurde am Spielfeldrand entdeckt. Am besten ist das Beispiel von Ex-San-Francisco-49ers-Cheerleader Teri Hatcher, die später für ihre Rolle bei *Desperate Housewives* geschätzte 370.000 Dollar pro Folge verdiente.

Dieses Glück haben aber nur die wenigsten Mädels. Und so sollten wir ihnen wenigstens unsere volle Aufmerksamkeit widmen und ihnen den verdienten Applaus spenden, wenn wir sie beim nächsten Spiel tanzen sehen.

## WEIL BÄLLE BESSER ALS SCHUHE SIND

Kühe haben oft kein schönes Leben. Sie werden geboren, gemästet und innerhalb eines Jahres wieder geschlachtet. Während das Fleisch normalerweise wenigstens noch auf dem Grill landet oder zu Burgern verarbeitet wird, droht der Haut, also dem Leder, ein weitaus traurigeres Schicksal. Tausende, vielleicht sogar Millionen Rinder müssen ihr Leben für Handtaschen, Damenschuhe oder

Ledermäntel opfern. Schaut man sich viele Exemplare an, könnte einem bei der Qualität der Möchtegern-Mode die Tränen kommen und man wünscht sich, dass jemand aus der Haut des Designers eine Tasche machen würde. Wenn man die Kühe vorher fragen würde, würden sie mit Sicherheit lieber zu Wilson gehen als zu Vuitton.

Seit 1941 ist der Sportartikelhersteller Wilson für die Bälle in der NFL verantwortlich. Für die Statistik-Fans unter Ihnen wiegt der Ball zwischen 396,9 und 425,2 Gramm, also zwischen 14 und 15 Unzen, ist somit ein kleines bisschen leichter als ein Fußball. Der Längsumfang beträgt zwischen 70,5 und 72,5 Zentimeter, die Länge zwischen 27,5 und 19 Zentimeter und der Querumfang 52,7 bis 54 Zentimeter. Sofern man nicht Tom Brady heißt, beträgt der Druck zwischen 0,86 und 0,93 Bar[21].

Pro Jahr werden der NFL von Wilson rund 11.520 Bälle für die Spiele zur Verfügung gestellt. Wie viele Bälle die Teams im Training verwenden, ist dagegen nicht offiziell. Dazu kommen noch einmal 450 Eier für die Post Season und weitere 76 für den Super Bowl. Pro Jahr verbrauchen die NFL-Profis also rund 12.000 Bälle, die von Wilson alle in Handarbeit gefertigt werden. Insgesamt produziert der Sportartikelhersteller sogar rund 700.000 Bälle, die zum größten Teil aus echtem Rindsleder gefertigt werden[22].

Diese Zahl ist auch notwendig. Schließlich will jeder Spieler auch einen Spielball mitnehmen, wenn er einen Touchdown erzielt oder eine Interception gefangen hat. Da braucht man schon mal mehr als nur einen Ball. Auch die Fans wollen hin und wieder mit einem Ball beglückt werden, wenn sie einen Spieler bejubeln, auch wenn die NFL 5.000 Dollar Strafe dafür berechnet.

Allerdings wird auch langsam Widerstand der Tierschützer laut, die verhindern wollen, dass weiterhin echtes Leder für die Spielbälle verwendet wird. In den Regularien wird noch echtes Leder verlangt, im Gegensatz zur NBA und der MLS, bei denen Kunstleder für die Bälle verwendet wird.

Laut Angaben von Wilson lassen für diese Bälle rund 3.000 Kühe ihr Leben. Insgesamt sind es rund 35.000 Tiere pro Jahr, denen bei Wilson das Fell über die Ohren gezogen wird. Dabei reicht das Leder eines Tieres für 10 bis 20 Bälle[23]. Aber auch wenn eine Kuh lieber zum Football als zur Handtasche wird, ist es schwierig, ihr den Wunsch zu erfüllen. Denn die Chancen stehen rund 1:17.420.000, dass aus ihr ein Football wird, der im Super Bowl geworfen wird. Wie groß die Chance ist, dass ausgerechnet mit dem eigenen Leder der entscheidende Touchdown geworfen wird, kann dagegen nicht mehr berechnet werden. Aber das dürfte den Spielern im Vergleich zur Kuh zumindest auch egal sein.

# KAPITEL 3

## Wo Legenden geboren werden

## WEIL JOE MONTANA GESPIELT HAT

Football zu lieben heißt auch, die großen Quarterbacks zu lieben. Denn auch wenn Linebacker, Runningbacks oder Wide Receiver eine wichtige Rolle im Spiel spielen und schon so manches Match entschieden haben, sind es doch die Spielmacher, mit denen das Spiel steht und fällt. Große Namen gibt es viele. Von Terry Bradshaw und Joe Namath über Dan Marino bis zu John Elway. Aber kein Quarterback war so dominant und so herausragend zu seiner Zeit wie Joe Montana. Für mich der Botschafter des Footballs.

Joseph Clifford Montana Jr. oder einfach nur kurz Joe Montana ist nicht nur einer der besten Spieler, die jemals einen Football in der Hand hatten, Joe Montana hat das Spiel wie kaum ein anderer geprägt und ist ein wichtiger Grund, warum die Football-Welle über den großen Teich geschwappt ist. Trug ein Fan zu dieser Zeit in Deutschland ein Football-Trikot, konnte man zu 90 Prozent sagen, dass es ein Trikot der San Francisco 49ers war mit dem Namen Montana auf dem Rücken.

Die legendäre Nummer 16 der 49ers war der überragende Quarterback der NFL, als sich in Deutschland gegen Ende der 80er-Jahre langsam das Kabelfernsehen etabliert hat und daher immer häufiger Spiele auch in Deutschland zu sehen waren. Und wer sich zu dieser Zeit für Football interessiert hat, kam nicht umhin, auch Joe Montana spielen zu sehen. Man konnte zu den 49ers stehen, wie man wollte. Die einen liebten sie für ihr spektakuläres Spiel, die anderen mochten sie nicht, weil sie so etwas wie der FC Bayern des Footballs waren und weil schon alle anderen die 49ers liebten. Doch egal wie man zu dem Team um Montana, Jerry Rice & Co stand, Joe Montana konnte man nur bewundern.

Und so war es auch zu Beginn der 90er, als ich im Sportkanal, sozusagen dem Vorläufer des DSF, das wiederum der Vorläufer des heutigen Sport1 ist, meine ersten Footballspiele sah. Ich gehörte zu den Fans, die die 49ers aufgrund ihrer Überlegenheit und Dominanz in der Liga nicht mochten. Aber Joe Montana war ein Spieler, den man einfach respektieren musste.

Schon zu seiner Collegezeit stand Montana für Erfolg. Mit den Notre Dame Fighting Irish holte er 1977 den Cotton Bowl und dadurch auch die nationale Meisterschaft. 1979 wurde er vergleichsweise spät, nämlich erst in Runde drei, von den 49ers gedraftet. Im Nachhinein dürften sich so manch andere Teams in den sprichwörtlichen Hintern gebissen haben, dass sie den talentierten Spielmacher nicht selbst unter Vertrag genommen haben. Denn Montana war ein wichtiger Faktor für den Gewinn von vier Meisterschaften (1982, 1985, 1989 und 1990). Dreimal wurde er MVP und 1990 Sportler des Jahres der Zeitschrift *Sports Illustrated* sowie zweimal (1989 und 1990) Sportler des Jahres von *Associated Press*.

Doch es sind weniger die Auszeichnungen, die im Gedächtnis bleiben. Es ist vielmehr die Art und Weise, wie sich Montana auf dem Feld bewegt hat. Seine Pässe warf er mit unglaublicher Präzision, und es kam nur selten vor, dass er einmal sein Ziel verfehlte. In Deutschland sorgte er vor allem durch seinen Auftritt im *Aktuellen Sportstudio* am 3. August 1991 für Aufsehen (s. Grund 27: Weil man auch auf die Torwand werfen kann). Doch am beeindruckendsten war immer die Nervenstärke, mit der Montana so manches verloren geglaubte Spiel noch aus dem Feuer holte. Gingen seine Teams mit einem Rückstand ins letzte Quarter, konnte er insgesamt 31 mal noch das Spiel herumreißen. Diese Fähigkeit ist bis heute unerreicht und brachte ihm Spitznamen wie Montana Magic, Joe Cool oder Comeback Kid ein.

Besonders in Erinnerung bleibt bei vielen der Super Bowl XXIII, als die 49ers drei Minuten vor dem Ende gegen die Cincinnati Bengals mit 13:16 zurücklagen und ihren Drive an der eigenen

8-Yard-Linie beginnen mussten. Montana führte sein Team mit beeindruckender Sicherheit und Ruhe über das Feld und warf 39 Sekunden vor dem Schlusspfiff den entscheidenden Pass auf John Taylor. Montana hatte während des finalen Drives sogar noch die Muse, nach Prominenten im Publikum zu suchen und denen zuzuwinken. Ein Jahr später vernichtete Montana mit seinen 49ers die Denver Broncos mit John Elway beim Super Bowl XXIV mit 55:10. Montana warf dabei fünf Touchdown-Pässe und war auf dem Höhepunkt seines Schaffens.

Doch wie immer folgt auf den Höhepunkt ein tiefer Fall. Bei Montana war es der Ellenbogen. Beim Versuch, 1991 den Titel zu verteidigen, verletzte sich Montana schwer und wurde zunächst von seinem Backup Steve Young ersetzt. Die Heilung dauerte zwei Jahre, und Young hatte sich bis dahin als Starter bei den 49ers etabliert. Da Montana erkannte, dass er in San Francisco keine Chance mehr hatte, als Starter aufzulaufen, wechselte er zu den Kansas City Chiefs, wo er allerdings seine alte Sicherheit nicht mehr zurückbekam. Nach der Saison 1994 beendete einer der größten Quarterbacks aller Zeiten seine Karriere endgültig.

Es bleiben nackte Zahlen. So warf Montana 3.409 vollständige Pässe bei 5.391 Versuchen für einen Raumgewinn von 40.551 Yards und 273 Touchdowns. Montana gewann viermal den Super Bowl und wurde achtmal für den Probowl berufen. Mit einem Rating von 92,3 ist er der zweitbeste nicht mehr aktive Quarterback (hinter Steve Young) und fünf Jahre nach Karriereende, dem frühestmöglichen Zeitpunkt, wurde er in die Hall of Fame berufen. Seine Nummer wird bei den 49ers nicht mehr vergeben.[24]

Doch nackte Zahlen können nicht wirklich belegen, was Montana für den Sport bedeutet hat. Schon immer waren Quarterbacks die herausragendsten Spieler ihrer Teams, doch Montana stach noch einmal aus dieser Gruppe heraus. Am besten schaut man sich bei YouTube ein Spiel der 49ers aus den 80ern an, um Montana einmal in Action sehen zu können. Dann sieht man vielleicht, was das

Besondere an »Joe Cool« war. Zumindest für jeden, der Ende der 80er und Anfang der 90er in Deutschland Football geschaut hat.

## WEIL MAN AUCH AUF DIE TORWAND WERFEN KANN

Wer schon einmal auf eine Torwand geschossen hat, weiß, wie schwierig die viel zu kleinen Löcher mit dem viel zu großen Ball zu treffen sind. Genau aus dem Grund ist die Torwand fester Bestandteil beim *Aktuellen Sportstudio*, das seit 1963 wöchentlich im ZDF ausgestrahlt wird. Hier dürfen die Fußballprofis der Welt zeigen, wie viel Ballgefühl sie besitzen. Von den bekannten drei unten und drei oben hat aber noch kein Spieler alle Versuche getroffen, auch wenn es schon die besten Kicker der Welt versucht haben. Für ein absolutes Novum an der Torwand, das vielen Sportfans bis heute in Erinnerung geblieben ist, sorgte dagegen ein Football-Star.

Die Quarterback-Legende Joe Montana war am 3. August 1991 mit seinen San Francisco 49ers in Berlin zu Gast. Dort trafen sie in einem NFL-Vorbereitungsspiel auf die Chicago Bears. Und obwohl an diesem Wochenende auch der erste Spieltag der neuen Saison in der Fußball-Bundesliga ausgetragen wurde, kamen in kein Stadion mehr Zuschauer als ins Berliner Olympiastadion. 66.876 Besucher wollten selbst einmal die Football-Helden um Joe Montana, Jerry Rice, Steve Young oder William »The Fridge« Perry in Aktion sehen und einmal NFL-Luft schnuppern.

Das Spiel selbst verkam dabei schon fast zu einer Nebensächlichkeit. Am Ende siegten die Jungs aus Kalifornien unter anderem durch einen Pass von Montana auf Rice und einen Lauf von Steve Young mit 21:7. Doch für die meisten Zuschauer war weniger das Ergebnis als vielmehr die Möglichkeit, NFL-Profis live sehen zu können, der Grund, ins Stadion zu gehen. Entsprechend war das Stadion schon lange vor dem Match ausverkauft.

Bei so einem Andrang war es auch kein Wunder, dass das ZDF sein Studio kurzerhand nach Berlin verlegte und die Torwand gleich mitbrachte. Wann sonst hat man einmal die Gelegenheit, amerikanische Präzision mit deutscher Sporttradition zusammenzubringen. Stargast im Studio war Joe Montana, der in der zurückliegenden Saison die 49ers zu ihrem vierten Super-Bowl-Triumph geführt hatte. Nun hatte der damalige Moderator Günther Jauch das Problem, dass Montana ja ein Quarterback und kein Kicker war. Entsprechend wurden die Regeln für die Torwand zum ersten und wohl auch einzigen Mal geändert (zumindest kenne ich keine andere Ausnahme).

Statt den Ball auf die Löcher zu kicken, musste Montana den Ball werfen. Sechsmal, um genau zu sein. Die Torwand stand aber nicht wie sonst üblich wenige Meter vom Schützen entfernt, sondern in deutlich größerer Entfernung, und während die Schützen im Normalfall direkt vor der Torwand stehen, war diese bei Montanas Auftritt unten auf dem Rasen aufgestellt, während der Quarterback sich zum Gespräch mit Jauch oben auf der Tribüne befand. Montana musste also weit und ein gutes Stück nach unten werfen. Dafür reichte es, wenn der Footballprofi die Wand traf.

Das schaffte Montana auch problemlos. Als erster Gast im *Sportstudio* traf er alle seine sechs Versuche, auch wenn keiner der Würfe durchs Loch ging. Mit seiner gewohnten Präzision nagelte er einen Wurf nach dem anderen an die Holzwand. Aber weil die Regeln für den American-Football-Spieler geändert wurden, sahen die Macher der Fernsehsendung davon ab, die Torwand als Konsequenz einzumotten. Denn trifft ein Spieler alle sechs Versuche, wird die Torwand abgebaut. In jedem Fall blieb Montanas Auftritt an der Torwand für alle Beteiligten ein unvergessliches Erlebnis.

Dieses Erlebnis hatte aber auch einen traurigen Beigeschmack. Denn Montana verletzte sich kurz nach seinem Auftritt im *Aktuel-*

*len Sportstudio* schwer am Ellenbogen und musste zwei Jahre pausieren. Das Spiel in Berlin bzw. die Würfe auf die Torwand waren sein letzter Auftritt im Trikot der 49ers. Aber immerhin war es ein Auftritt, der vielen in Erinnerung geblieben ist.

## WEIL EIN SPIELZUG GESCHICHTE SCHREIBT

Joe Montana warf viele Touchdown-Pässe in seiner Karriere. 273, um genau zu sein. Darunter waren einfache Bälle, schwierige, kurze, lange, gewöhnliche oder spielentscheidende Pässe. Montana warf Touchdowns auf Runningbacks, Wide Receiver und Tight Ends. Doch kein Pass wurde so berühmt wie der Wurf auf Wide Receiver Dwight Clark im NFC Championship Game zwischen den San Francisco 49ers und den Dallas Cowboys am 10. Januar 1982. Dieser Spielzug wurde so berühmt, dass er schlicht als »The Catch« in die Annalen des American Football in der NFL einging. Denn es war dieser eine Spielzug, der eine Dynastie beendete und den Beginn einer neuen Ära einläutete.

Zu dieser Zeit dominierten die Cowboys das Football-Geschehen in der NFL quasi nach Belieben, mussten ihre Position aber gegen die Emporkömmlinge aus Kalifornien verteidigen. Im Championship Game kam es im Candlestick Park von San Francisco zum direkten Aufeinandertreffen der beiden Football-Hochburgen. Nach mehreren Scores auf beiden Seiten führten die Cowboys kurz vor Schluss mit 27:21 und sahen schon wie der sichere Sieger aus. Die 49ers bekamen den Ball an der eigenen 11-Yard-Linie. In so einer Situation das Spiel noch umzubiegen und ausgerechnet gegen die starken Dallas Cowboys schien ein Ding der Unmöglichkeit.

Doch in diesem Drive zeigte der junge Joe Montana erstmals so richtig, was in ihm steckte. Mit präzisen Pässen und überraschenden Laufspielen führte er sein Team bis an die 6-Yard-Linie der Cowboys. Mit nur noch 58 Sekunden auf der Uhr und einem dritten Versuch bei drei Yards hatte Montana nur noch eine Chance, den Weg in die Endzone zu finden. Montana bekam den Snap, lief nach rechts Sichtung Seitenlinie. Mit diesem Spielzug hatte er zuvor in dem Spiel schon einen Touchdown-Pass auf Freddie Solomon geworfen. Doch die Cowboys-Verteidiger hatten sich an den Spielzug erinnert, deckten Solomon gut zu und machten mit drei Mann Jagd auf Montana. Als es schon aussah, als würden sie Montana zu Boden bringen, ließ sich der nicht beunruhigen. Im Rückwärtsfallen warf er den berühmten Pass auf Dwight Clark.

Clark stand am Ende der Endzone und musste hochspringen, um den Ball noch mit den Fingerspitzen zu fangen. Das Spiel war dank des Extrapunkts entschieden, und die 49ers beendeten die Herrschaft der Cowboys. Montana zeigte seine berühmten Fähigkeiten und seine Nervenstärke, die ihm später den Spitznamen »Comeback Kid« einbringen sollten. In der Folge gewannen die 49ers den Super Bowl gegen die Cincinnati Bengals und läuteten eine neue Ära ein. Von den nächsten neun Super Bowls gewannen sie vier. Neben der Dynastie bleibt vor allem das eine Play, das nur unter dem Namen »The Catch« berühmt ist.

## WEIL JERRY JEDEN BALL FÄNGT

Spricht man über große Quarterbacks, muss man auch über großartige Receiver sprechen. Denn der beste Pass bringt nichts, wenn der Empfänger ihn nicht fangen oder festhalten kann. Die besten

Receiver bekommen dann auch Pässe, die eigentlich katastrophal geworfen waren. Deswegen können die besten Quarterbacks nur glänzen, wenn sie auch einen kongenialen Partner an ihrer Seite haben. Und von allen Receivern der NFL-Geschichte war wohl keiner besser als Jerry »GOAT« Rice.

Jerry selbst hat sich einst als »greatest of all time« bezeichnet, was ihm den Spitznamen Goat (engl. Ziege) eingebracht hat. Doch um ehrlich zu sein, ist es keine Arroganz, sondern schlicht die Realität, wenn sich Rice als bester Receiver aller Zeiten betrachtet.

Für den GOAT sprechen alleine die nackten Fakten. So hält Rice alleine 38 Rekorde in der NFL und war insgesamt 20 Jahre in der härtesten Liga der Welt aktiv. In diesen zwei Dekaden fing Rice 1.549 Pässe für insgesamt 22.895 Yards und erzielte insgesamt 208 Touchdowns, 197 davon durch einen Catch, zehn durch einen Lauf und einen durch ein Fumble-Return. Mit Runs und Returns schaffte Rice sogar 23.546 Yards, wobei man die sechs Yards durch Returns auch getrost unter den Tisch fallen lassen kann. Aber auch die verbleibenden 23.540 Yards ab der Line of Scrimmage sind wie alle anderen Zahlen selbstverständlich NFL-Rekorde. Ebenso wie die 14 Spielzeiten, in denen Rice 1.000 Yards und mehr »erfangen« hat. In 297 seiner 303 NFL-Spiele, die im Übrigen für einen Nicht-Kicker ebenfalls Rekord sind, fing Rice mindestens einen Pass, in 284 mindestens zwei und in 166 Spielen mindestens fünf Pässe. Insgesamt liegt Jerry auf Rang sechs bei den meisten Spielen hinter vier Kickern und einem Punter. Die meisten Spiele hat dabei Morten Andersen mit 382 auf dem Buckel.

Zudem ist er der Spieler, der in seiner Karriere am schnellsten 100 Touchdowns erzielt hat. Rice brauchte dafür nur 120 Spiele. Für 12.000 Receiving Yards brauchte er nur 142 Spiele. Diese Rekorde kann man für jede 1.000 Yards bis eben zur 23.000-Yards-Marke erweitern. Das erspare ich Ihnen aber, da sich so eine Flut an Zahlen ohnehin kaum einer merken kann oder lesen will. Statistik-Fans dürfen die 38 Rekorde gerne auf der offiziellen Seite der NFL oder bei Wikipedia nachlesen. Kurz gesagt, war Jerry Rice einfach der Spieler, der so ziemlich jeden Rekord in der NFL, der mit dem Fangen von Pässen zu tun hat, pulverisiert hat. Und es ist fraglich, ob es jemals einen Spieler geben wird, der auch nur in die Nähe von GOATs Rekorden kommen wird. Dabei fällt beinahe unter den Tisch, dass Rice auf seiner Position auch ein exzellenter Blocker war, der so manch einem Mitspieler den Weg in die Endzone ermöglicht hat.

Es sind aber nicht nur die Zahlen, die für Rice sprechen, es ist auch der Abstand zu den Zweitplatzierten, die zeigen, was für ein herausragender Spieler Rice auf seiner Position war. So hat GOAT 307 mehr Pässe gefangen als der auf Rang 2 liegende Tony Gonzales. Die 22.895 Receiving Yards sind 6.961 mehr Yards als sein ehemaliger Teamgefährte bei den 49ers, Terrell Owens. Und Randy Moss, der auf Platz 2 der gefangenen Touchdowns liegt, hat mit 156 Touchdowns genau 41 weniger auf seinem Konto als Jerry Rice. Und mit seinen 208 Touchdowns insgesamt liegt er 33 Scores vor Emmitt Smith. Nicht mit eingerechnet ist hier der Touchdown, den Rice in einem Trickspielzug 1995 gegen die Atlanta Falcons geworfen hat. Bei diesen Zahlen ist es kein Wunder, dass er den Titel »GOAT« auch offiziell tragen dürfte. Denn in der Show *Die 100 besten Footballspieler* von NFL Network landete Rice auf Rang 1.

Die reinen Zahlen können aber auch nicht immer ausdrücken, welchen Wert ein Spieler für seine Mannschaft hat. Vor allem für den legendären Joe Montana war Jerry Rice der ideale Passempfänger. Wenn es kritisch wurde, feuerte er einfach den Ball in die Richtung seiner Nummer 80 und konnte fast sicher sein, dass dieser ihn fangen würde. Schaut man sich eines der vielen Rice-Videos auf YouTube an, könnte man fast meinen, er hätte Klebstoff an den Händen. Egal ob mit einer Hand, über dem Kopf oder im Sprung, Jerrys Hände schienen den Ball magnetisch anzuziehen.

Unvergesslich ist der gemeinsame Auftritt des Duos in Super Bowl XXIII, als die 49ers bei weniger als drei Minuten Spielzeit noch den entscheidenden Drive starteten. Bei drei Pässen fand Montana Rice, der dadurch direkten Anteil am Sieg gegen die Cincinnati Bengals hatte und später zum MVP des Super Bowls gewählt wurde.

Aber auch für Montanas Nachfolger als Quarterback bei den San Francisco 49ers, Steve Young, für die Rice insgesamt 16 Jahre die Stiefel schnürte, war Rice der Spieler, auf den man sich verlassen konnte. Gemeinsam mit Montana und Young gewann Rice dreimal den Super Bowl. Insofern ist es nicht überraschend, dass Rice 2010 in die Hall of Fame aufgenommen wurde und seine Nummer 80 bei den 49ers nie wieder vergeben wird.

Beeindruckend ist auch, dass Rice in 20 Jahren NFL nur zehn reguläre Saisonspiele verpasst hat. Und auch im hohen Football-Alter von über 34 Jahren war Goat noch explosiv und fangsicher wie kaum ein Zweiter. Nachdem er 34 wurde, fing er noch 607 Pässe für 7.772 Yards und 51 Touchdowns. Im Alter von 40 schnappte er sich noch 92 Pässe für 1.211 Yards und sieben Touchdowns. Zu diesem Zeitpunkt spielte Rice aber nicht mehr für die 49ers, sondern für die Oakland Raiders. Nachdem er 1985 von den San Francisco 49ers gedraftet wurde, spielte er von 2001 bis 2004 bei den Oakland Raiders und wechselte während der Saison zu den Seattle Seahawks. In seiner letzten Saison fing Rice noch 30 Pässe für 429 Yards. Darunter waren auch drei Touchdowns, die letzten seiner Karriere. 2005 startete er im zarten Alter von 42 Jahren noch einen Versuch bei den Denver Broncos, wurde aber nicht als einer der Top-drei-Receiver ausgewählt. Für einen GOAT war das natürlich untragbar, und so endete die Karriere des GRAZ, des größten Receivers aller Zeiten.[25]

## WEIL BRETT FAVRE GESPIELT HAT

An mehreren Stellen in diesem Buch taucht der Name Brett Favre auf. Das ist auch ganz normal. Denn kaum ein Spieler hat das Gesicht der NFL in den letzten zwei Dekaden so stark geprägt wie der unverwüstliche Quarterback der Green Bay Packers. Insofern könnte man auch das Buch *111 Gründe, Brett Favre zu lieben* schreiben, was allerdings wohl nur in Wisconsin gut verkauft werden würde. Favre war dabei so unverwüstlich, dass er sich zweimal selbst nicht geglaubt hat, dass er seine Karriere beendet. Der dreimalige MVP der NFL ist dabei ein etwas zwiespältiger Spieler. Denn er hält nicht nur einige positive Rekorde, sondern auch die, die man als QB nicht unbedingt haben möchte.

Favre wurde 1991 von den Atlanta Falcons als 33. Spieler in der zweiten Runde des Drafts verpflichtet. Schon damals wollte Ron Wolf, der Manager der Green Bay Packers, Favre unter Vertrag nehmen, doch die Falcons kamen ihm zuvor. Favre konnte in Atlanta aber nicht überzeugen und war zunächst nur Ersatz hinter Chris Miller. Und wenn er dann doch einmal zum Einsatz kam, enttäuschte er. Von vier Passversuchen wurden zwei gefangen. Das aber leider vom Gegner. Insofern mussten die Falcons nicht lange überlegen, als die Packers nach der Saison Favre gegen einen Erstrunden-Pick im Draft tauschen wollten. Hier wählten die Falcons im Übrigen Runningback Tony Smith aus. Wenn Ihnen dieser Name nichts sagt, müssen Sie sich keine Gedanken über eine mögliche Bildungslücke machen. Denn Smith spielte nur drei Saisons in Atlanta, danach zwei Jahre für die Carolina Panthers, und erzielte in seiner gesamten Karriere nur zwei Touchdowns.

Wenn die Falcons damals gewusst hätten, was alles im Wurfarm von Favre steckt, hätten sie ihn bestimmt nicht so billig zu den

Cheeseheads ziehen lassen. Aber auch bei den Packers hatte Favre keinen einfachen Start. In Green Bay war der Mann aus Gulfport/ Mississippi zunächst als Backup für Quarterback Don Majkowski eingeplant. Im zweiten Spiel der Saison 1992 lagen die Packers zur Halbzeit bereits mit 0:17 gegen die Tampa Bay Buccaneers zurück, und Favre durfte zum ersten Mal für die Packers aufs Feld. Bereits sein erster Pass im grünen Trikot war spektakulär. Der Ball wurde geblockt und von Favre selbst für einen Raumverlust von sieben Yards gefangen. Auch im Anschluss gelang der Nummer 4 der Packers wenig, und das Spiel ging mit 3:31 verloren. Am Ende hatten die Packers ganze 107 Passyards zusammengebracht.

Im dritten Spiel kam Favre nach einer Verletzung von Majkowski aufs Feld und zeigte am Ende seine Qualitäten: ein gutes Auge, Nervenstärke und einen sicheren Wurfarm. Nach zähem Spielverlauf lagen die Packers 1:07 vor Ende mit 17:23 zurück. Favre führte die Packers über das Spielfeld und fand 13 Sekunden vor dem Schlusspfiff Kitrick Taylor in der Endzone, und die Packers gewannen mit 24:23. Es war der Beginn einer unglaublichen Karriere und einer noch fast unglaublicheren Serie.

Ab dem vierten Spiel der Saison spielte Favre von Beginn an. Das blieb dann auch so bis zum Ende seiner Karriere 2010, obwohl er das eine oder andere Mal angeschlagen war oder wegen einer leichten Verletzung besser nicht gespielt hätte. In jedem Fall stand Favre in 269 Spielen hintereinander (ohne Play-offs) für die Green Bay Packers auf dem Platz. Insgesamt absolvierte er 302 Partien in der regulären Saison, davon 297 in Folge als Starter. Zählt man die Play-offs mit, kommen noch einmal 24 Spiele dazu, sodass der eiserne Brett auf 321 Spiele in Folge als starting Quarterback kommt. Mit 186 Siegen hält er den absoluten Rekord für Quarterbacks in der NFL.

Ganz einfach war es für Favre dabei nicht. So gab er 1996 bei einer Pressekonferenz zu, süchtig nach dem Schmerzmittel Vicodin bzw. Hydrocodon zu sein. Im Anschluss begab er sich in eine

46-tägige Entziehungskur, die natürlich in der Sommerpause lag. Die Kur schien Favre gutgetan zu haben, denn am Ende der Saison 1996 gewann er mit den Packers den Super Bowl gegen die überforderten New England Patriots mit 35:21.

Am 22. Dezember 2003 warf der Iron Man der NFL in einem Monday Night Game 399 Yards und alleine in der ersten Hälfte vier Touchdowns gegen die Oakland Raiders. Das wäre nichts Besonderes für Favre gewesen, wenn in der Nacht davor nicht sein Vater und langjähriger Berater gestorben wäre. Auch nach der Beerdigung nahm sich Favre keine Auszeit und siegte mit den Packers im anschließenden Spiel gegen die Denver Broncos und sicherte sich so den Titel in der NFC-North.

Das Ende für Favre bei den Packers kam 2007. Green Bay hätte nach einer eher mittelmäßigen Saison trotzdem beinahe den Super Bowl erreicht, musste sich aber im NFC Championship Game den New York Giants nach Verlängerung geschlagen geben. In dieser Saison hatte Favre beinahe alle für Quarterbacks wichtigen Rekorde gebrochen. Dazu später dann noch mehr. Im Anschluss gab er dann nach 61.655 Yards und 442 Touchdownpässen für die Packers das Ende seiner Karriere bekannt.

Vielleicht ahnte Favre, dass mit Aaron Rodgers schon ein Quarterback bei den Packers bereitstand, der ihn in der kommenden Saison verdrängen würde. Doch so ganz konnte er die Finger nicht vom Football lassen. In jedem Fall machte Favre einen Rücktritt vom Rücktritt und unterschrieb einen Einjahresvertrag bei den New York Jets, der ihm zwölf Millionen Dollar einbringen sollte. In diesem Jahr brachte Favre noch 343 Pässe an den Mann und erzielte dabei 22 Touchdowns. Die Jets verpassten nach einer 9-7-Saison allerdings die Play-offs, und Favre gab zum zweiten Mal sein Karriereende bekannt.

Ob er selbst wirklich daran geglaubt hat oder einfach nur auf ein neues Angebot gewartet hat, weiß er wohl nur selbst. Denn die Minnesota Vikings suchten einen neuen Quarterback und unterbreiteten dem mittlerweile fast 40-jährigen Favre ein Angebot über zwei Jahre, das ihm bis zu 25 Millionen Dollar einbringen könnte. Wer allerdings glaubt, dass Favre nur noch Geld einsacken würde, wurde vom alten Mann eines Besseren belehrt. Im ersten Jahr in Minnesota warf Favre 33 Touchdowns und erreichte ein Rating von 107,2, das beste seiner gesamten Karriere. Mit Favre als Quarterback erreichten die Vikings 2009 das NFC Championship Game, unterlagen dort aber den New Orleans Saints in Overtime. Das Spiel sorgte im Nachhinein noch für einen Skandal, weil die Saints ihren Spielern ein Kopfgeld von 50.000 Dollar zahlten, wenn sie einen Gegner verletzten. Beinahe hätten sie auch die Prämie für Favre bekommen, der sich am Knöchel verletzt hatte.

Aufgrund dieser Verletzung wurde er nach der Saison operiert und ließ offen, ob er seine Karriere fortführen würde. Am Ende siegte der Ehrgeiz, und Favre hängte mit fast 41 Jahren noch eine Saison dran, tat sich aber keinen wirklichen Gefallen damit. Am Ende verpassten die Vikings mit 6-10 die Play-offs deutlich und Favre hängte die Footballschuhe endgültig an den Nagel. Vorher hat Favre einen Rekord der anderen Art aufgestellt. Denn am 2. April 2010 hat seine Tochter Brittany einen Sohn mit Namen Parker Brett auf die Welt gebracht. So wurde Favre der erste aktive Großvater der NFL.

Neben der unvergesslichen Nummer 4 im Trikot der Cheeseheads, die nie wieder vergeben wird, bleiben einige Rekorde hängen. Neben den 297 Spielen in Folge als Starter, die wohl nie wieder ein QB erreichen wird, warf Favre 508 Touchdowns. Dieser Rekord wurde allerdings bereits von Peyton Manning gebrochen, der momentan bei 530 steht. Favre brachte 6.300 Pässe von 10.169 Versuchen an den Mann und erzielte dabei 71.838 Yards, 10.463 mehr als Dan Marino auf Rang 2. In 65 Spielen erzielte er drei Touchdowns oder mehr. Zudem wurde er dreimal hintereinander (95, 96, 97) als MVP geehrt.

Einen ganz besonderen Rekord erzielte er am 6. Oktober 2009. Im Trikot der Minnesota Vikings siegte er gegen seine Packers mit

30:23. Damit wurde er der erste Quarterback in der NFL-Geschichte, der gegen alle 32 Teams gewonnen hat.

Wo viel Licht ist, ist aber auch immer ein bisschen Schatten. Das gilt auch für Favre. Denn er hält nicht nur den Rekord für die meisten Touchdowns, bzw. hielt ihn vor Manning, er warf auch die meisten Interceptions der NFL. Gleich 324 Pässe wurden von gegnerischen Verteidigern abgefangen, 28 davon in einer einzigen Saison. Auch das ist ein Rekord, den er allerdings gemeinsam mit Jim Kelly hält. Rekord sind auch zehn verlorene Play-off-Spiele. Allerdings muss man Favre zugutehalten, dass man sich erst einmal so oft für die Post-Season qualifizieren muss, um so viele Spiele verlieren zu können.

Diese Rekorde zeigen auch, was für ein Spieler Favre war. Sobald die Nummer 4 den Ball in die Hand nahm, konnte man sicher sein, dass etwas passieren würde. Spektakuläre Pässe wechselten sich mit haarsträubenden Fehlern ab. Zudem hatte Favre nicht die sichersten Finger, sodass ihm auch 166 Fumbles in seinen 302 Spielen unterliefen[26]. Ging es aber in die entscheidende Phase, fand Favre auch für fast jedes Problem eine Lösung. Dabei schonte er weder sich noch seine Gegner und war sich auch nicht zu schade, den Ball selbst unter den Arm zu klemmen und mit gesenktem Kopf nach vorne zu rennen.

Iron Man ist nur einer der vielen Spitznamen, die sich Brett Favre während seiner 20-jährigen Karriere verdient hat. Doch es gibt keinen, der Favre besser charakterisieren könnte. So bleibt er wohl auch für alle Zeiten der eiserne Mann der NFL.

# WEIL TOM BRADY EIN SCHOSSKIND DES GLÜCKS IST

Wenn es so jemanden wie Gustav Gans im American Football gibt, dann kann sich Tom Brady, Quarterback der New England Patriots, mit diesem Prädikat schmücken. Super-Bowl-Champion, verheiratet zunächst mit Hollywood-Schauspielerin und Fotomodel Bridget Moynahan, dann mit Topmodel Gisele Bündchen, Vater von drei gesunden Kindern und Multimillionär. Alles, was der golden boy der NFL in die Hand nimmt, scheint sich in Gold zu verwandeln. Selbst seinen größten Tiefpunkt, wenn es so etwas in Bradys Leben überhaupt gibt, hat er in seinen größten Triumph verwandelt. Dabei sah seine NFL-Karriere zu Beginn überhaupt nicht rosig aus.

Schon als Kind war Brady Football-Fan, besuchte regelmäßig Spiele der San Francisco 49ers und war großer Fan von Quarterback Joe Montana. Während er an der Highschool noch Baseball spielte, wechselte er im College zum Football und versuchte als Quarterback in die Mannschaft zu kommen. Das gelang ihm dann aber auch erst im dritten Jahr, wobei er sich den Posten des Starting Quarterbacks zunächst noch teilen musste. Erst in seinen letzten beiden College-Jahren war Brady unangefochten und führte die Michigan Wolverines 1998 zum Citrus Bowl und 1999 zum Orange Bowl (mehr zu den Bowls bei Grund 57: »Weil es so viele Schüsseln gibt«).

Obwohl Brady von 712 Passversuchen 442 an den Mann brachte und damit in nur zwei Spielzeiten zum drittbesten QB des Colleges von Michigan wurde, waren die NFL-Späher nicht sonderlich beeindruckt von Thomas Edward Patrick Brady Jr. Im Draft 2000 dauerte es bis zur sechsten Runde, ehe Brady an 199. Stelle von den New England Patriots verpflichtet wurde. Vor ihm wurden sechs andere Quarterbacks gedraftet, wobei nur Chad Pennington und Marc Bulger in der NFL wirklich Fuß fassen konnten. Die anderen (Giovanni Carmazzi, Chris Redman, Tee, Martin und Spurgeon Wynn) blieben Randerscheinungen, deren Namen höchstens einmal im Roster der Teams auftauchen. Im Nachhinein hat sich dann wohl so mancher Scout in den sprichwörtlichen Hintern gebissen, dass er Brady´s Talent nicht erkannt hat.

Am Ende schlugen die New England Patriots zu, die Brady als vierten Quarterback eingeplant hatten. Bereits während seiner ersten Saison stieg Brady zum Backup hinter Drew Bledsoe auf, durfte einmal aufs Spielfeld, konnte von drei Passversuchen aber nur einen an den Mann bringen.

Wie viele andere Spieler vor ihm hatte auch Brady Glück aufgrund vom Verletzungspech seines Kollegen. Bei Bledsoe war es eine innere Blutung, die er sich im Spiel gegen die New York Jets zugezogen hatte, die Brady letztendlich auf den Platz brachte. Brady hatte dann auch zunächst Startschwierigkeiten und blieb bei den ersten beiden Spielen weit unter seinen Möglichkeiten. Doch er fand sich schnell in der NFL zurecht und führte die Pats noch in die Playoffs. Mit etwas Glück gegen die Oakland Raiders, einem verletzten Brady im AFC Championship Game, in dem Drew Bledsoe den Sieg gegen die Pittsburgh Steelers sicherte, und einem grandiosen Brady im Finale gegen die »greatest Show on turf« der St. Louis Rams, holte sich Brady mit den Pats direkt in seiner ersten richtigen Saison den Super Bowl und wurde zum MVP gewählt.

Nachdem Brady 2002 aufgrund einer Schulterverletzung unter seinem Niveau blieb, führte er die New England Patriots 2003 und 2004 erneut zum Super Bowl und war auf dem Höhepunkt seiner Karriere. Auch in den folgenden Jahren führte er die Patriots regelmäßig in die Playoffs, scheiterte aber regelmäßig oder verlor den Super Bowl (2007, 2011). Brady erlitt dabei mehrere kleinere Blessuren. 2008 verletzte er sich im ersten Saisonspiel schwer am Knie und fiel die komplette Saison aus. Doch er kämpfte sich immer wieder zurück. Unvergesslich ist der Auftritt am 18. Oktober 2009 gegen die Tennessee Titans, als er in einem Viertel fünf Touchdownpässe warf. Auf der anderen Seite gab es auch immer wieder Spiele, in denen Brady versagte, wie in den Playoffs 2009 gegen die Baltimore Ravens, als er im ersten Viertel drei Interceptions warf und den Titeltraum ad acta legen musste.

Wie es in so einer Situation kommen muss, blieb auch bei Brady die Kritik nicht aus. So wurde ihm vorgeworfen, er sei alt geworden, hätte seinen Wurfarm verloren und solle seine Karriere besser beenden. Zwar gab es an seiner Leistung, was die Yards und Touchdowns angeht, wenig zu kritisieren, doch der ganz große Erfolg blieb seit dem Super Bowl 2004 aus. Hinter vorgehaltener Hand wurde ihm vorgeworfen, er könne sein Team nicht mehr führen. Sogar als Verlierer wurde der dreimalige Super-Bowl-Sieger und zweimalige MVP tituliert, da er sein Team »nur« noch zweimal in den Super Bowl führen konnte und beide Male den New York Giants unterlag.

Doch Brady wäre nicht Brady, wenn er es nicht allen Kritikern gezeigt hätte. In der Saison 2014 führte er die Patriots mit 12 Siegen bei vier Niederlagen in die Play-offs, siegte gegen die Ravens mit 35:31, zerstörte im AFC Championship Game die Colts mit 45:7 (wobei auf dem Spiel wegen des Deflate-Gate ein kleiner Makel liegt) und siegte letztendlich im Super Bowl etwas glücklich mit 28:24 gegen die Seattle Seahawks. Nach zwei Niederlagen im Super Bowl konnte sich Brady endlich den lang ersehnten vierten Ring an den Finger stecken und so in den Quarterback-Olymp zu Joe Montana und Terry Bradshaw aufsteigen. Dass er dabei einige NFL-Rekorde z.B. für die meisten Touchdownpässe im Super Bowl (13), die meisten Yards (1.605) oder die meisten erfolgreichen Pässe (164) brach, kann er seinen Kritikern zusätzlich auf die Nase binden.[27] 2017 setzte er mit seinem fünften Sieg im Super Bowl beim 34:28 gegen die Atlanta Falcons sogar noch einen Erfolg drauf, der ihn zum ersten Spieler mit fünf Super-Bowl-Ringen machte.

Heute zweifelt niemand mehr, dass Brady ein Gewinner und ein Schoßkind des Glücks ist. Und in der NFL wird er als einer der größten Quarterbacks der Geschichte gehandelt, dessen Platz in der Hall of fame bereits reserviert ist.

**32. GRUND**

## WEIL ES DEN BEAST-MODE GIBT

Die besten Spieler sind oft auch etwas extrovertiert und spalten die Fans in zwei Lager. Während die einen den Athleten gerade für seine Extravaganzen lieben, findet er dafür bei der anderen Gruppe kein Verständnis. Auf kaum einen NFL-Spieler in den letzten Jahren trifft das so zu wie auf Marshawn Lynch, den Runningback der Seattle Seahawks.

An seinen sportlichen Leistungen gibt es allerdings keinerlei Zweifel. Schon auf der Highschool war der Sohn einer früheren 200-Meter-Sprinterin ein herausragender Athlet beim Football, Basketball, Leichtathletik und Ringen. So lief er die 100 Meter in 10,94 Sekunden, sprang 1,94 Meter hoch und 6,38 Meter weit. Doch seine Liebe gehörte logischerweise dem schönsten Sport der Welt.

Lynch wurde bereits 2007 von den Buffalo Bills an zwölfter Stelle im Draft ausgewählt. Er verzichtete dabei auf sein viertes Jahr am College, da er lieber in der NFL spielen wollte. Bereits an der Universität, wo Lynch Social Welfare (soziales Wohl) studierte, sorgte der Kalifornier für Aufsehen und erzielte in nur drei Jahren, wobei er eine Saison nur als Backup hinter J.J. Arrington war, 3.830 Yards und 35 Touchdowns, davon zwei im Pacific Life Holiday Bowl gegen Texas A&M.

Schon bei den Bills zeigte Lynch, wozu er fähig war. In seinem ersten Spiel für die Bills lief der Runningback 90 Yards bei 19 Versuchen und erzielte seinen ersten NFL-Touchdown. Seinen Durchbruch schaffte er am 4. November im Spiel gegen die Cincinnati Bengals. Bei 29 Versuchen lief er 153 Yards, darunter ein 56-Yard-Touchdown. Zudem warf er einen Touchdown-Pass auf Tight End Robert Royal. Unglücklicherweise verletzte er sich im Spiel gegen die Miami Dolphins und musste drei Wochen aussetzen. Dennoch durchbrach er bereits in seiner Rookie-Saison die magische 1.000-Yard-Marke. Am Ende standen für den NFL-Neuling 1.115 Yards und sieben Touchdowns auf dem Konto. Auch 2008 knackte er mit 1.036 Yards die 1.000er-Grenze und erzielte dabei acht Touchdowns. Dazu kamen noch 300 Passyards und ein weiterer Touchdown. Allerdings war Lynch 2008 in einen Autounfall verwickelt, als er einen Fußgänger mit dem Auto erwischte und weiterfuhr.

Der erste große Rückschlag folgte in der Saison 2009. Lynch wurde mit einer Waffe im Rucksack in seinem Truck erwischt. Dies ist in Kalifornien nicht erlaubt, was ihm neben einer dreijährigen Bewährungsstrafe und 80 Sozialstunden eine 3-Spiele-Sperre von der NFL einbrachte. Auch sportlich lief es nicht mehr rund. 2009 erreichte er bei 13 Einsätzen nur noch 450 Yards und zwei TDs. Die Bills hatten mit Fred Jackson sowie Erstrunden-Round-Pick C.J. Spiller bereits zwei Alternativen in der Hinterhand. Da zudem Head Coach Dick Jauron, zu dem Lynch ein sehr gutes Verhältnis hatte, entlassen wurde, standen die Zeichen auf Abschied.

Der erfolgte dann auch während der Saison 2010. Nach vier Spielen wurde Lynch mit den Seattle Seahawks gegen einen Viertrunden-Draft-Pick 2011 sowie einen Fünftrunden-Pick 2012 getauscht. Bei den Seahawks freute sich Cheftrainer Pete Carroll bereits sehr auf Lynch. Carroll hatte den charismatischen Runningback bereits während dessen Tagen auf der Highschool beobachtet, und das bis dato sechstschwächste Running Game der Liga hatte plötzlich einen Anführer. In den verbleibenden zwölf Spielen erreichte Lynch noch 573 Yards und fünf Touchdowns und schaffte es mit den Seahawks trotz negativer Bilanz noch in die

Play-offs. Hier traf man im Wildcard-Game auf die New Orleans Saints, die angeblich ebenfalls an einer Verpflichtung von Lynch interessiert waren. Mit 131 Laufyards rannte die Nummer 24 die Saints in Grund und Boden. Unvergessen war ein Touchdown-Lauf von Lynch, der die Fans dermaßen zum Ausrasten brachte, dass die Seismografen rund um Seattle ein kleines Erdbeben registrierten. Der »Earthquake-Run« war geboren.

In den folgenden vier Jahren erreichte Lynch immer mehr als 1.100 Yards (1.204, 1.590, 1.257, 1.306), gewann 2014 den Super Bowl und erreichte 2015 noch einmal das Endspiel, wo er sich allerdings den New England Patriots geschlagen geben musste. Lynch wurde fünfmal in den Pro Bowl gewählt, erzielte 2013 und 2014 die meisten Lauf-Touchdowns und 2014 die meisten TDs aller NFL-Spieler.

Zu verdanken hat er seinen Erfolg vor allem seinem unbändigen Willen. Denn egal, wie viele Spieler an Lynch hängen oder wie viele Gegner sich in den Weg stellen, Lynch versucht immer, einen Weg zu finden. Die Beine des 1,80 Meter großen und 98 Kilo schweren Athleten arbeiten immer weiter. So schaffte er es auch wie kein Zweiter, Tackle um Tackle zu brechen, und wenn die Kamera auf den Pulk an Spielern schwenkt, muss man bei Lynch immer damit rechnen, dass er auf zwei Beinen mit dem Ball unter dem Arm aus dem Pulk auftaucht und noch ein paar Yards zurücklegt. Auf dem Platz ist er ein Ungeheuer, das so manchen Gegner vor eine unlösbare Aufgabe gestellt hat. Entsprechend kann man nachvollziehen, woher der Name »Beast Mode« stammt. Denn schaltet Lynch auf dem Platz in diesen Modus, ist er nicht mehr zu stoppen. Der Spitzname stammt im Übrigen nicht aus seiner NFL-Zeit. Den Beast Mode gab es schon während der Highschool. In seinem letzten Spiel schaffte Lynch fünf Touchdowns und wurde daraufhin zu seinem Spielstil befragt. Die Antwort war »Beast Mode, aber nur auf dem Platz«[28].

Doch eine ähnlich harte Nuss wie für den Gegner ist Lynch für die Journalisten. Ihnen wirft er vor allem Sensationsgier und eine zu einseitige Berichterstattung vor. Insofern spricht er, wenn überhaupt, nur das Nötigste mit der Presse. Er wurde bereits mehrfach mit einer Geldstrafe belegt, weil er sich geweigert hat, Interviews zu geben. Unmittelbar vor dem Super Bowl XLIX saß er bei der Pressekonferenz und antwortete auf die Fragen der versammelten Medien nur 29-mal mit dem Satz: »Ich bin nur hier, damit ich keine Strafe zahlen muss.« Sogar den obligatorischen Trip ins Weiße Haus, den alle Super-Bowl-Sieger machen, um den Präsidenten zu treffen, schwänzte er. Seine Mutter erklärte nur, dass ihr Sohn keine Lust gehabt hätte.

Dies wird ihm oft als Arroganz und Ignoranz ausgelegt. Schließlich machen die Journalisten auch nur ihren Job. Aber solange keine Mikrofone in seiner Nähe sind, ist Lynch ein sehr sozialer Mensch, der sich vor allem um die Kinder in seiner früheren Nachbarschaft kümmert, die als gefährlichste Gegend in Oakland gilt. So durfte Lynch als Kind das Grundstück nicht verlassen, um nicht in eine Schießerei zu geraten, während seine Mutter mit zwei Jobs versuchte, die Familie durchzubringen. Insofern spricht Lynch auch nur mit den Medien, wenn es um die Fam 1st Family Foundation geht, deren Ziel es ist, unterprivilegierten Kindern und Jugendlichen zu helfen. Hier kommt Lynch gerne vorbei und bringt Bälle mit. Im Sommer veranstaltet er Footballcamps für 600 Kinder und zu Thanksgiving verschenkt er Hunderte Truthähne.

Auch die Mitspieler schwärmen von Lynch, der nach drei Vierteln schon einmal eine Verletzung vortäuscht oder freiwillig das Feld räumt, um seinem Backup Spielpraxis zu geben. Natürlich nur, wenn das Spiel schon entschieden ist.

Von dieser Seite bekommen ihn die Journalisten und vor allem die Gegner nicht zu sehen. Für sie und für die Fans bleibt Lynch vor allem der nie zu fassende und Tackle brechende Runningback, der immer wenn es notwendig wird, die fehlenden Yards bis zum First Down rennt. Am Ende der Saison 2015, in der er verletzungsbedingt nur in sieben Spielen zum Einsatz kam, twitterte er ein

Bild, auf dem er seine Footballschuhe an einen Ast gehängt hatte und jeder dachte, dass er seine Karriere beendet hat. Doch Lynch wäre nicht Lynch, wenn es nicht Gerüchte um ein Comeback geben würde. Doch egal ob er noch einmal einen Ball unter den Arm nimmt oder nicht, Lynch hat durch seine Art in der NFL einen bleibenden Eindruck hinterlassen.[29]

### 33. GRUND

## WEIL AMERICAN FOOTBALL EINE FAMILIENANGELEGENHEIT IST

Super Bowl XLVII sorgte für ein absolutes Novum in der NFL, vielleicht sogar in der gesamten Sportgeschichte. Denn zum ersten Mal in der Geschichte der Football-Liga standen sich im Finale zwei Brüder als Head Coaches der beiden Mannschaften gegenüber. Die Baltimore Ravens wurden von John Harbaugh trainiert, während für die San Francisco 49ers Johns jüngerer Bruder Jim an der Seitenlinie stand. Dies war vor allem für die Medien ein gefundenes Fressen, die den Super Bowl in Harbaugh Bowl oder einfach Harbowl umtauften. Am Ende siegte John mit seinen Ravens knapp mit 34:31. Trainer im Football zu sein ist bei den Harbaughs wohl eine Familientradition, und man kann sich vorstellen, dass schon früher bei den Harbaughs mehr über Spielzüge und Taktik gesprochen wurde als über Schulnoten und Freundinnen. Denn auch schon Vater Jack war erst Spieler und später Trainer. Allerdings »nur« auf dem College, was in den USA ja aber fast wichtiger ist, als in der NFL zu coachen.

Man könnte fast glauben, dass es ein Gen für American Football gibt. Aktuell hört man immer wieder den Namen Manning. Die Manning-Brüder Eli und Peyton wurden beide als First Pick in die NFL geholt. Beide spielen Quarterback, Peyton für die Denver Broncos und Eli für die New York Giants. Während Peyton Super Bowl XLI gewonnen hat und in den letzten Jahren so ziemlich jeden Passrekord gebrochen hat, unter anderem den Rekord für die meisten Touchdown-Pässe in der gesamten Karriere (530) und in einer Saison (55), konnte sich Eli immerhin schon zwei Ringe an den Finger stecken (Super Bowl XLII, XLVI). Im Manning Bowl, also dem direkten Aufeinandertreffen der Teams mit einem Manning als Quarterback, steht es übrigens 3:0 für den Älteren. Im letzten Spiel schickten die Broncos die Giants sogar mit 41:23 nach Hause. Ob das ein Zufall ist, können vielleicht Genforscher beantworten. Denn auch den Mannings wurde der Football wohl in die Wiege gelegt. Schließlich war Vater Archie ebenfalls 14 Jahre lang Quarterback in der NFL bei den New Orleans Saints, den Houston Oilers und den Minnesota Vikings. Vielleicht schaut Archie etwas neidisch auf seine Söhne. Denn der Vater konnte keinen Super Bowl gewinnen und wurde auch nur an Position zwei in der ersten Draftrunde 1971 ausgewählt. Von seinen 139 Spielen gewann Archie nur 35. Damit hat er die schlechteste Siegesquote aller Quarterbacks mit mindestens 100 Spielen in der NFL. Dennoch wird seine Nummer 8 bei den Saints nicht mehr vergeben.

Beinahe hätte es sogar noch einen dritten Manning in der NFL gegeben. Doch Archies dritter Sohn Cooper, der am College ein erfolgreicher Wide Receiver war, musste seine Karriere schon vor der NFL verletzungsbedingt beenden. Alle drei Mannings hatten gemeinsam einen Gastauftritt bei den *Simpsons* (Staffel 21, Episode 8 – *O Brother, Where Bart Thou?*), in der sich Bart vorstellt, wie es ist, einen Bruder zu haben.

Über drei Familienmitglieder in der NFL können die Matthews nur müde lächeln. Denn wenn es eine Football-Familie in der wichtigsten Liga der Welt gibt, dann sind es die Matthews aus Charleston, South Carolina. Schon Clay Matthews Sr. spielte von 1950 bis 1955 Offensive Tackle für die San Francisco 49ers.

Während aus Clay nach der aktiven Karriere ein erfolgreicher Geschäftsmann wurde, hielten seine Söhne Clay Jr. und Bruce den Namen Matthews in der Liga. Clay Jr. war Linebacker für die Cleveland Browns und die Atlanta Falcons und wurde viermal in den Bro Bowl gewählt. Auch Bruder Bruce schaffte den Sprung in die NFL und spielte Guard bei den Houston Oilers. Das machte er mit großem Erfolg. 14-mal wurde er in den Pro Bowl gewählt, er ist Anwärter für die Hall of Fame, und seine Nummer 74 wird bei den Tennessee Titans, der Nachfolgemannschaft der Oilers, nicht mehr vergeben. Seine 296 Spiele in der NFL sind immer noch Rekord für einen Offensive Lineman. Aber auch für Bruce hat es nie zu einem Titel gereicht.

Das änderte sich in der dritten Generation im Matthews-Clan. Denn sowohl Clay Jr. wie auch Bruce haben je zwei Söhne, die ebenfalls in der NFL aktiv sind. Der dritte Clay (Spitzname CM3) spielt seit 2009 als Linebacker bei den Green Bay Packers und konnte mit den Cheeseheads 2001 Super Bowl CLV gewinnen. Auch Clays Bruder Casey spielt Linebacker, zuerst bei den Philadelphia Eagles, zur Saison 2015 wechselte er zu den Minnesota Vikings. Ob er dort den nächsten Ring für die Matthews-Familie holen will, darf bezweifelt werden.

Auch Bruce hat zwei Söhne, die beide in der NFL spielen. Hier scheint sich das Football-Gen aber langsam zu verflüchtigen. Kevin wurde zwar nicht gedraftet, im Anschluss aber trotzdem von den Tennessee Titans verpflichtet. Seit 2011 stand er bei verschiedenen Teams insgesamt 17-mal auf dem Platz. Sein jüngerer Bruder Jake wurde 2014 von den Atlanta Falcons gedraftet und immerhin bereits in 15 Partien eingesetzt. Bruder Mike spielt momentan noch am College, könnte aber der insgesamt achte Matthews in der NFL werden. So sind die Matthews die einzige Familie in der NFL, die über drei Generationen aktiv ist. Und wenn es so etwas wie ein Football-Gen gibt, können wir uns schon auf die nächste Generation von Matthews in der NFL freuen.

Eine außergewöhnliche Geschichte haben die Colquitts, die anscheinend alle irgendwie einen Schuss haben. Denn sowohl die Brüder Craig und Jimmy wie auch Craigs Söhne Dustin und Britton wurden alle Punter in der NFL. In der Familie wurde bei entsprechenden Treffen wohl nichts anderes gemacht, außer den Ball durch die Gegend zu schießen. Denn auch Jimmys Sohn Greg spielt als Punter auf dem College. Der erfolgreichste Kicker der Colquitts ist dabei Craig, der immerhin zweimal den Super Bowl (XIII, XIV) gewinnen konnte. Es bleibt zu hoffen, dass sie dann bei Familienfeiern nicht nur über ihren Job sprechen. Denn so aufregend ist das Leben als Punter in der NFL nicht.

Ob nun Familie Hasselbeck (Matt, Tim), die Paytons (Eddie, Walter und Jarrett), die Shulas (Don, Dave und Mike) oder die Ryans (Buddy, Rex und Rob), die NFL ist der beste Beweis, dass man die Liebe zum Football und das Talent vererbt bekommen kann.[30]

## 34. GRUND

## WEIL JEDER ZU SHULA GEHEN WILL

Gewinnen ist im Sport so mit das Wichtigste. Zumindest wenn man sein Geld damit verdienen will. Das gilt besonders für Trainer. Denn wie man immer wieder feststellen muss, sind diese austauschbar. Und nach einer weniger erfolgreichen Saison werden in jedem Jahr bei vielen Franchises die Trainerposten neu besetzt. Auf die Idee, Don Shula zu feuern, wäre aber wohl nie ein Teambesitzer gekommen.

Nach einer mäßig erfolgreichen NFL-Karriere als Spieler und einigen Anstellungen als Assistenzcoach im College Football, wurde Shula 1963 Head Coach der Baltimore Colts. Mit den Colts erreichte

Shula Super Bowl III, bei dem er sich allerdings den New York Jets geschlagen geben musste. Im Anschluss wechselte er 1970 zu den Miami Dolphins und wurde nicht nur wegen der beiden Super-Bowl-Siege in Super Bowl VII und VIII sowie der ungeschlagenen Saison 1972 zum mit Abstand erfolgreichsten Coach der NFL.

Insgesamt arbeitete Shula 33 Jahre als Trainer in der NFL. In dieser Zeit gewann er 328 Spiele in der regulären Saison. Daneben verlor er 156 Partien und spielte sechsmal unentschieden. Dies entspricht einer Siegesquote von 67,8 Prozent. In den Play-offs kamen noch einmal 19 Siege und 17 Niederlagen dazu. Das mag zunächst noch nach nicht allzu viel klingen, doch man muss es einfach einmal hochrechnen, um wirklich zu begreifen, was Shula in seinen insgesamt 526 Spielen als Head Coach erreicht hat.

Zunächst einmal ist es eine herausragende Leistung, in 33 Spielzeiten in der FL nicht entlassen zu werden. Auch dass er erst 33 Jahre alt war, als er die Colts übernommen hat, ist in der NFL außergewöhnlich. Aber insgesamt 347 Siege zu erreichen wird wohl auf ewig einzigartig bleiben. Und das, obwohl die Teams erst ab der Saison 1977 16 Spiele absolvierten. Bis dahin waren es noch zwölf Spiele in der regulären Saison.

Nun gehen wir einmal davon aus, dass ein Trainer wie Shula im (für Coaches) zarten Alter von 33 eine Mannschaft übernimmt und mit 65 Jahren in Rente geht. In dieser Zeit müsste er pro Saison durchschnittlich zehn Siege einfahren, um seinen Job zu behalten. Schafft er das, würden ihm immer noch 17 Siege fehlen, um Shulas Rekord zu knacken. Hier bleibt ihm nur zu hoffen, dass sein Team zumindest in jeder zweiten Saison die erste Play-off-Runde übersteht. Mit etwas Glück könnte man so in 33 Jahren als Head Coach an Shulas Rekordmarke kratzen. Aber mal ehrlich … wie realistisch ist das.

Um Shulas Leistung einzuschätzen, muss man sich nur vorstellen, über wie viele Jahre man erfolgreich arbeiten muss, ohne einen Rückschlag einzustecken. Bereits eine Saison mit 6-10, also sechs Siegen und zehn Niederlagen, müsste durch eine 14-2-Saison kompensiert werden. Im Schnitt muss man also rund zwei Drittel der Spiele gewinnen, und das über mehr als 30 Jahre. Solche Werte schafft wahrscheinlich nicht einmal Pep Guardiola. Genau gesagt haben nur 24 Trainer in der NFL-Geschichte, die mindestens 50 Spiele absolviert haben, mehr als 62,5 Prozent ihrer Spiele gewonnen. Nur die Hälfte dieser Trainer coachte mehr als 100 Spiele. Von mehr als 500 ganz zu schweigen.

Der Einzige, der ansatzweise mit Shula mithalten konnte, war George Halas von den Chicago Bears. Halas gewann 324 Spiele, obwohl er niemals in einer 16-Spiele-Saison trainierte und auch das Play-off-Format noch ständig variierte. Allerdings begann er mit 25 Jahren bei den Bears und trainierte sie, bis er 72 war. Dies ist natürlich auch eine herausragende Leistung, aber was die Siegesquote angeht, kann er trotzdem nicht mit Shula mithalten. Auf Rang 3 folgt Tom Landry mit 270 Siegen in 29 Spielzeiten mit den Dallas Cowboys. Insgesamt gibt es auch nur sieben Trainer, die mehr als 200 Siege einfahren konnten.

Es ist auch nicht zu erwarten, dass einer der aktuell noch aktiven Trainer an Shulas Thron kratzen kann. Bill Belichick beispielsweise, der momentan als einer der besten Trainer der NFL gilt, wenn nicht sogar der beste, hat mit 63 Jahren 211 Siege auf dem Konto. Entsprechend müsste er in den nächsten zehn Jahren im Schnitt 13,6 Siege einfahren, um an Shulas Marke zu kommen. Ob er aber noch so lange weitermacht, bleibt abzuwarten.

Auf einem guten Weg scheint Pittsburghs Mike Tomlin zu sein. Mit seinen 43 Jahren hat er bereits 82 Siege auf dem Konto, und die Steelers sind nicht dafür bekannt, dass sie häufig ihren Trainer wechseln. Insofern kann man davon ausgehen, dass Tomlin noch eine Weile Trainer in der Stahlstadt bleiben wird, wenn er seine momentane Quote von fast 65 Prozent behält. Wenn er weiterhin in jedem Jahr zehn Spiele gewinnt, müsste er nur bis 2040, wenn er 68 ist, Trainer bleiben, um Shula abzulösen. Doch bis dahin kann noch viel passieren. Dass er aber Shula überholen wird, gehört wohl nicht dazu.[31]

## WEIL ES DEN EINEN SPIELZUG GIBT

Der spektakuläre Fang von Dwight Clark ist unter Football-Fans bekannt. Die meisten, die sich regelmäßig mit der NFL beschäftigen, wissen zumindest, dass es einen Spielzug gab, der »The Catch« genannt wird. Auch wenn vielleicht nicht jeder weiß, wann und in welchem Spiel er passiert ist. Was dagegen nur wenige wissen, ist, dass es auch einen Spielzug gibt, der schlicht »The Play«, also der Spielzug schlechthin, genannt wird.

Das mag vor allem daran liegen, dass »The Play« nicht in der NFL gespielt wurde, sondern im College Football. Die Spiele zwischen den Universitäten haben in Europa kaum eine Bedeutung, während sie in den USA oft mehr Fans und Zuschauer haben als die Spiele der Profis. Entsprechend weiß zumindest im Mutterland des Footballs jeder Fan, welcher Spielzug zu solch hohen Ehren gekommen ist.

Wir schreiben den 20. November 1982. Kurz vor Ende eines wilden Spiels zwischen den rivalisierenden Mannschaften der University of California Golden Bears und den Stanford Cardinals steht es 20:19 für Stanford. Die Cardinals unter Quarterback John Elway waren vier Sekunden vor Schluss durch ein Field Goal in Führung gegangen und müssen nun nur noch verhindern, dass ein Golden Bear den Kick-off Return zum Touchdown zurückträgt. Dann geschieht aber das Unglaubliche.

Die Cardinals versuchten, mit einem Onside-Kick dem Special Team die Chance zu geben, schneller beim Returner zu sein, um ihn direkt zu tackeln. Doch die Cardinals haben ihre Rechnung ohne das Special Team der Golden Bears gemacht. Jedes Mal, wenn es so aussah, als würden die Verteidiger den Returner stoppen, warf dieser den Ball zu einem Mitspieler weiter. Die Szene erinnert ein bisschen an das Training der »Mean Machine« im Football-Film *Spiel ohne Regeln* mit Adam Sandler in der Hauptrolle. Insgesamt warfen die Golden Bears fünf Laterals auf dem Weg Richtung Endzone.

In der Zwischenzeit war allerdings die komplette Big Band der Stanford University auf das Feld gelaufen, da sie dachte, das Spiel wäre bereits vorbei. Schließlich sah es mehrmals so aus, als hätten die Cardinals den Lauf der Golden Bears gestoppt. So musste sich Californias Kevin Moen am Ende einen Weg durch eine rote Wand aus Musikern freikämpfen. Am Ende rannte er noch einen Xylofonspieler über den Haufen, bevor er den Weg in die Endzone fand. Das Ganze ist noch unglaublicher, weil California aufgrund eines Missverständnisses nur zehn Spieler auf dem Platz hatte. Erlaubt sind elf, aber man darf auch nur mit zehn Mann auf dem Platz stehen.

Trotzdem gab es nach dem Spiel noch die eine oder andere Diskussion, ob ein Spieler der Golden Bears bereits mit dem Knie am Boden war oder ob die Pässe alle nach hinten gespielt wurden. Erlaubt ist ein Vorwärtspass nämlich nur hinter der Line of Scrimmage, die es bei einem Return ja nicht gibt. Die Cardinals legten direkt nach dem Touchdown Protest ein. Doch da der letzte Pass der Golden Bears mitten im Pulk der Big Band geworfen wurde, war es für die Schiedsrichter unmöglich zu sehen, ob der Spielzug regulär war. Insofern gilt die Regel »Im Zweifel für den Angeklagten« und der Touchdown wurde gegeben. Später meinte der Hauptschiedsrichter Charles Moffett, dass die Refs in große Probleme gekommen wären, wenn Moen nicht in die Endzone gekommen wäre. In den Regeln steht nämlich nichts, was passiert, wenn Zuschauer aufs Spielfeld laufen.

So herrschte lange Zeit Verwirrung unter Spielern, Fans und Offiziellen, bis schließlich Moffett und seine Crew zu einer Entscheidung kamen. »Ich war nicht nervös, als ich vorgetreten bin, um meine Ansage zu machen. Vielleicht war ich zu dumm. Puh, es kommt mir vor, als sei es gestern gewesen. Jedenfalls, als ich vor die Menge getreten bin, herrschte Totenstille im Stadion. Dann habe ich meine Arme gehoben und gedacht, ich hätte den dritten Weltkrieg ausgelöst. Es war wie eine Atombombe, die explodiert ist«, beschreibt Moffett die Situation.

Ob der Touchdown nun regulär war oder nicht, kann man nicht wirklich mehr nachvollziehen. Für die Geschichtsbücher und die Fans blieb ein Spielzug, der noch nach über 25 Jahren schlicht als »Der Spielzug« bekannt geworden ist.

# KAPITEL 4

# Die haben was am Helm

# WEIL FOOTBALLER DIE SCHÖNSTEN SPITZNAMEN HABEN

In den USA ist es normal, dass man für besonders gute Leistungen im Sport auch einen besonderen Namen verliehen bekommt. In der Regel ist er als Spitzname an den normalen Namen angelehnt, er kann aber auch eine besondere Qualität des Spielers unterstreichen. Man denke nur einmal an Michael »Air« Jordan, der für seine extreme Sprungkraft den Spitznamen bekam oder an »Dirkules«, die Verbindung aus Dirk und Herkules, was zum Ausdruck bringt, wie dominierend und mit welcher Kraft Dirk Nowitzki immer noch in der Basketball-Profiliga NBA aktiv ist. Redet man von Eishockey-Legende Wayne Gretzky, spricht man nur von »The Great One«.

Einen Spitznamen gibt man sich dabei nicht, man bekommt ihn wie einen Ehrentitel verliehen. Und nur wer so einen Namen hat, kann davon ausgehen, dass er dem Spiel auch seinen Stempel aufgedrückt hat. Oft sind es Reporter, Teamkollegen oder Fans, die sich die besten Namen einfallen lassen und einen Spieler so unsterblich werden lassen. Die besten Spitznamen im Football klingen dabei häufig etwas martialisch, was der Natur des Spiels entspricht. Und während die Profis beim Basketball, Baseball oder Eishockey auf so wohlklingende Namen hören wie »The Flying Dutchman« (Rik Smits/NBA), »Air Canada« (Vince Carter/NBA), »Stevie Wonder« (Steve Yzerman/NHL), »Houdini« (Pavel Datsyuk/NHL), »Eggshell« (Marc-Andre Fleury/NHL), »The Next One« (Sydney Crosby/NHL), »Big Papi« (David Ortiz/MLB), »Baby Bull« (Wilin Arismendy Rosario/MLB), »Judas« (Johnny David Damon/MLB) oder »The Toy Cannon« (Jimmy Wynn/MLB) (die Liste könnte sich noch endlos fortsetzen lassen), werden im Football ganz andere Kaliber aufgefahren.

Als da wäre beispielsweise der ehemalige Runningback der Pittsburgh Steelers, Jerome Bettis, der nicht nur ähnliche Ausmaße hatte, sondern seine Gegenspieler das eine oder andere Mal auch wie ein Bus überfahren hat. Insofern nannte man Bettis schlicht »The Bus«. Für ähnliche Fähigkeiten bekam Tampa Bays Mike Altstott den Spitznamen »A-Train« verpasst.

Glaubt man dagegen, dass Dick Lane seinen Spitznamen »Night Train« wegen seiner dunklen Hautfarbe und ähnlichen Eigenschaften wie Jerome Bettis bekommen hat, so irrt man sich (wobei das eventuell auch eine Rolle gespielt haben könnte). Lane wurde »Nachtzug« genannt, weil er große Angst vor dem Fliegen hatte und, statt mit seinen Mannschaftskameraden im Flugzeug zu sitzen, lieber den Zug vorzog.

Baltimores Linebacker Ray Lewis bekam von den Fans den Namen »Brickwall«, also »Backsteinmauer«, verpasst. Denn gegen den Verteidiger zu prallen muss sich wohl ähnlich anfühlen, wie gegen eine Mauer zu rennen.

Wenn man schon Cushing mit Nachnamen heißt, liegt der Spitzname nahe. Aber der Linebacker der Houston Texans bekam seinen Namen »Crushing« nicht nur wegen der Namensähnlichkeit, sondern auch wegen seiner extrem harten Tackles.

Vor Seattles Runningback Marshawn Lynch zittern die gegnerischen Verteidiger, wenn er in seinen berühmten »Beast Mode« schaltet. Dann wird er unaufhaltsam. Das brachte ihm dann auch den entsprechenden Spitznamen ein.

Bleiben wir in Seattle und betrachten wir das Defensive Backfield. Die Backs und Safteys um Brandon Browner, Richard Sherman, Kam Chancellor und Earl Thomas spielen und tackeln so hart, dass sie zusammen nur als »Legion of Boom« bekannt sind.

Einen ähnlichen Respekt bekam die D-Line der Pittsburgh Steelers in den 70er-Jahren. Durch die menschliche Mauer war für die Gegner kein Durchkommen, sodass die Abwehrmauer der Steelers nur als »Steel Curtain«, also als »Stählerner Vorhang«, bezeichnet wurde. Der Name ist dabei eine Ableitung des eisernen Vorhangs (Iron Curtain) zwischen der westlichen und der kommunistischen Welt. Mit dem Steel Curtain um »Mean Joe« (Charles Edward) Greene, also den gemeinen Joe, feierte Pittsburgh vier NFL-Titel.

Pittsburghs James Harrison verdankt seinen Spitznamen »Deebo« dagegen seiner Ähnlichkeit mit dem gleichnamigen Charakter im Film *Friday*. Allerdings würde Harrison wohl nicht so heißen, wenn Deebo kein Schläger, sondern ein Blumenverkäufer gewesen wäre. Vor allem die Verteidiger bekamen aufgrund ihrer harten Spielweise oft sehr martialische Spitznamen. So finden sich in der NFL-Historie freundliche Gesellen mit so schönen Namen wie »The Assassin (Jack Tatum), »Concrete Charlie« (Chuck Bednarik), »The Samoan Headhunter« (Troy Polamalu), »Dr. Death« (Skip Thomas), »Genocide« (Gene Smith), »The Gravedigger« (Gilbert Brown), »Hacksaw« (Jack Reynolds), »The Hammer« (Jessie Tuggle), »Iron Head« (Craig Heyward), »Lights Out« (Shawne Merriman), »The Barbarian« (Marion Barber III), »The Purple People Eaters« (D-Line der Minnesota Vikings) oder »Weapon X« (Brian Dawkins).

Aber auch sonst kennt die Kreativität der Beteiligten keine Grenzen. Da die komplette Liste der Spitznamen der NFL-Stars hier nicht hinpasst, gibt es noch eine kleine Zusammenfassung:

- »The Fridge« (William Perry wegen seines Körperumfangs)
- »The Kitchen« (Nate Newton, weil er noch größer als »The Fridge« war)
- »The Minister of Defense« (Reggie White)
- »Revis Island« (Darrelle Revis für seine Fähigkeit, gegnerische Receiver auszuschalten und im übertragenen Sinne auf eine einsame Insel zu schicken)
- »Megatron« (Calvin Johnson als dominantester Receiver seiner Zeit)
- »Legatron« (Kicker Greg Zuerlein, auch als »Greg the Leg« bekannt)

- »Anytime« (Devin Hester für seine Fähigkeit, einen Kick jederzeit in die gegnerische Endzone zu tragen)
- »Neon« (Deion Sanders, wegen der Namensähnlichkeit und seine Vorliebe, im Rampenlicht zu stehen)
- »Evil Empire« (Bill Belichick und die New England Patriots aufgrund der Dominanz zu Beginn des 21. Jahrhunderts)
- »Aints« (New Orleans Saints, nachdem sie in der Saison 1980 14 Spiele hintereinander verloren haben)
- »Meast« (Sean Taylor, der angeblich halb Mann und halb Beast war)
- »Manster« (Randy White, angeblich halb Mann, halb Monster)

Zugegeben sind nicht alle Spitznamen martialischer Natur. Aber die Beteiligten beweisen, dass sie bei allen harten Hits den Sinn für Humor noch nicht verloren haben. Wie sonst würden die folgenden Spitznamen zustande kommen:

- »Mad Duck« (Alex Karras, aufgrund seiner kurzen Beine, die ihn eher watscheln als rennen ließen)
- »Gronk« (Rob Gronkowski, der wohl Ähnlichkeiten mit einer Disney-Figur im Film *Ein Königreich für ein Lama* hat)
- »The Muscle Hamster« (Doug Martin, der nicht gerade für seine enorme Körpergröße bekannt war)
- »The Pocket Hercules« (Maurice Jones-Drew, für den wohl das Gleiche gilt)
- »Minitron« (der ebenfalls nicht gerade sonderlich große Julian Edelman)
- »Smurfs« (die Schlümpfe, die Receiver ausgerechnet der Redskins, die maximal 1,79 Meter groß waren)
- »The GOAT« (Jerry Rice, der sich ganz bescheiden als Greatest Of All Time bezeichnet hat. Daneben hatte Rice aber auch noch nettere Spitznamen wie »Flash 80« oder »World«, da es keinen Pass auf der Welt gibt, den Rice nicht fangen konnte)

# WEIL FOOTBALLER DIE BESTEN SCHAUSPIELER SIND

Schaut man sich ein Spiel in der Fußball-Bundesliga oder in der Champions League an, könnte man meinen, jeder zweite Spieler hätte Schauspielunterricht genommen. Da wird geweint, lamentiert oder großes Theater gespielt. Dem Schiedsrichter macht man mit einer Unschuldsmiene, gegen die jede Nonne aussehen würde wie ein Teufelsanbeter, klar, dass man nur den Ball und bestimmt nicht das Bein des Gegners getroffen hat, nur um kurz darauf im gegnerischen Strafraum theatralisch zu Boden zu sinken, obwohl der nächste Gegner drei Meter entfernt steht. Kurzum ist an jedem zweiten Fußballer ein Schauspieler verloren gegangen.

Beim Football klappt das mit dem Schauspielern eher weniger gut. Zum einen ist das Gesicht der Spieler unter dem Helm weitgehend versteckt, und zum Zweiten würde es nichts bringen, wenn man ohne Einwirkung des Gegners plötzlich zu Boden sinken würde. Natürlich wird in der NFL auch lamentiert, und man versucht, die Schiedsrichter zu beeinflussen, und so manch ein Profi hat dabei so viel Talent gezeigt, dass es ihn nach der Karriere nach Hollywood verschlagen hat.

Allerdings muss man hier unterscheiden. Denn einige Profis spielten nur sich selbst wie beispielsweise Miamis Quarterback Dan Marino in der Komödie *Ace Ventura* mit Jim Carrey in der Hauptrolle. Andere wie Wide Receiver Michael Irvin spielten in Football-Filmen mit und verkörperten einfach einen Spieler, ohne dabei schauspielerisch glänzen zu müssen. Einige Spieler haben aber komplett den Wandel vollzogen und in Hollywood eine zweite Karriere hingelegt.

Den größten Erfolg hatte hier wohl der ehemalige Quarterback Terry Bradshaw. Dank seines Charmes und Charismas legte er auch nach seiner aktiven Laufbahn eine beeindruckende Karriere hin. Er spielte in einer Menge TV-Produktionen wie *Blossom*, *Malcolm mittendrin*, *Eine schrecklich nette Familie* und *The League* mit und war auch als Filmschauspieler erfolgreich. Unter anderem spielte er an der Seite von Burt Reynolds und Roger Moore im Film *Auf dem Highway ist die Hölle los*. 2006 war er in *Zum Ausziehen verführt* neben Sarah Jessica Parker zu sehen. Bradshaw war dabei so erfolgreich, dass er als erster und bisher einziger ehemaliger NFL-Profi einen Stern auf dem berühmten Walk of Fame bekommen hat.

Bekannt geworden ist auch Runningback-Legende O.J. Simpson. Simpson war nicht nur einer der besten Ballträger in der Geschichte der NFL, er hatte auch großes schauspielerisches Talent. Das zeigte er nicht nur vor Gericht, als ihm vorgeworfen wurde, seine Exfrau und deren Bekannten ermordet zu haben. Simpson spielte unter anderem den Detective Nordberg in den drei *Nackte Kanone*-Filmen mit Leslie Nielsen in der Hauptrolle. Allerdings schienen diese Rollen nicht gut bezahlt worden zu sein. Denn am 5. Dezember 2008 wurde O.J. wegen bewaffneten Raubüberfalls und Geiselnahme verurteilt. Bis mindestens 2017 sitzt Simpson noch im Gefängnis Lovelock Correctional Center in Lovelock, Nevada ein.

Eine Hauptrolle in Hollywood bekam auch Bubba Smith. Nach einer erfolgreichen Karriere in der NFL, in der er unter anderem mit den Baltimore Colts den Super Bowl V gewinnen konnte, spielte er den »Hightower« in den ersten sechs Folgen von *Police Academy*. Außer dem für Footballspieler obligatorischen Auftauchen in *Eine schrecklich nette Familie* hatte er auch Gastauftritte bei *MacGyver* und *Alle unter einem Dach*. Mehr Rollen kommen aber nicht mehr dazu, denn Smith starb 2011 an den Folgen einer Überdosis Diätpillen.

Weniger für seine Karriere als vielmehr auf der Leinwand ist Fred »The Hammer« Williamson bekannt. Williamson spielte in der NFL und AFL unter anderem für die Pittsburgh Steelers, die Oakland Raiders und die Kansas City Chiefs und wurde zweimal ins All

Star Team berufen. Anschließend widmete er sich seiner Film-karriere und spielte unter anderem in der TV-Serie *MASH* und in den Filmen *From Dusk till Dawn*, *Starsky & Hutch* und *Inglourious Basterds* mit.

Ähnliches gilt für Carl Weathers, der zwei Jahre in der NFL für die Oakland Raiders spielte, bevor ihn eine Knieverletzung stoppte. Also schlug er den Weg ins Filmgeschäft ein und feierte seinen Durchbruch als Apollo Creed in *Rocky 1–4* mit Sylvester Stallone. Weitere Rollen folgten unter anderem in *Predator*, *Happy Gilmore*, *Little Nicky* und *American Warships*.

Jim Brown schließlich wurde nicht nur in die Hall of Fame gewählt, er war auch in Hollywood erfolgreich und spielte unter anderem in *Das dreckige Dutzend*, *Running Man* und *Mars Attacks!* mit.[32]

Einige große Schauspieler standen ganz dicht vor einer Profi-Football-Karriere, schafften aber nie den ganz großen Durchbruch im Spiel. Dafür waren sie dann vor der Kamera erfolgreich. John Wayne beispielsweise spielte für die USC Trojans, bevor eine Ver-letzung seine Football-Karriere beendete. Burt Reynolds galt als äußerst vielversprechender Halfback und hatte eine beeindruckende Freshman-Saison an der Florida State University. Allerdings erlitt er mehrere Knieverletzungen und war in einen Autounfall verwickelt, sodass er nie den Sprung in die NFL schaffte. Dafür dankte er es mit unzähligen Rollen in Hollywood. Und auch Ed O'Neill, der Al Bundy aus *Eine schrecklich nette Familie*, stand kurz vor einer NFL-Karriere als Outside Linebacker. Er hatte einen Vertrag bei den Pittsburgh Steelers, wurde aber kurz vor der Saison noch aus dem Kader gestrichen. Da ist es kein Wunder, dass so viele Spieler in Gastrollen bei Amerikas größtem TV-Idol auftauchen.

# WEIL FOOTBALLER DIE BESTEN WRESTLER SIND (UND NICHT UMGEKEHRT)

Harte Hits, spektakuläre Manöver und voller Körpereinsatz. In vielerlei Hinsicht haben American Football und das US-amerikanische Show-Wrestling viel gemeinsam. Auch wenn Wrestling in erster Linie ein Theaterstück für Muskelberge ist, darf man nicht unterschätzen, wie groß die Ansprüche an Kraft und Körperbeherrschung sind, die man als professioneller Wrestler erfüllen muss. Schließlich müssen die Sportler nicht nur waghalsige Sprünge aus mehreren Metern Höhe auf den Ringboden (oder daneben) unverletzt überstehen, sie müssen auch ihre Gegner, die oft weit über 120 Kilo wiegen, möglichst elegant durch die Luft werfen. Wie man den Partner dabei am besten anpackt, haben viele der besten Wrestler beim American Football gelernt. Da ist es dann kein Wunder, dass einige Athleten auf eine erfolgreiche Karriere in beiden Sportarten zurückblicken können, wobei sich einige auch aufgrund von Verletzungen aus dem Football zurückzogen und beim Wrestling gelandet sind.

Da wäre zunächst einmal Dwayne »The Rock« Johnson. Das Multitalent mit samoanischen Wurzeln studierte an der Universität von Miami Kriminologie und Physiologie und spielte als Defensive Tackle in der College-Mannschaft Miami Hurricanes, die 1991 sogar die nationale Meisterschaft gewinnen konnte. Johnson stand als einer der Starspieler des Teams vor einer erfolgreichen NFL-Karriere und hatte bereits einen Dreijahresvertrag bei den Denver Broncos unterschrieben. Zu einem Debüt in der NFL sollte es aber nicht kommen. The Rock verletzte sich schwer am Knie und wurde aus dem Team geworfen. Ersetzt wurde er im Kader der Hurricanes übrigens von keinem Geringeren als von Star-Linebacker Warren

Sapp, der 2002 mit den Tampa Bay Buccaneers den Super Bowl gewinnen sollte. Für Dwayne Johnson gab es statt eines Super-Bowl-Rings dafür Hüftgold in Form von Championship-Gürteln en masse. Denn er entschied sich für eine Karriere als Ringer und wurde einer der besten und beliebtesten Kämpfer in der WWE (damals noch WWF). Insgesamt konnte er 17 verschiedene Titel in der größten Wrestling-Liga der Welt holen. Dabei überzeugte er die Fans nicht nur mit seiner Athletik, sondern auch mit seinem Charisma, das ihm später den Weg nach Hollywood ebnete. Heute ist The Rock einer der größten Action-Stars in Hollywood. Der eine oder andere Football-Fan dürfte aber noch eine Träne verdrücken, wenn man bedenkt, was für ein herausragender Sportler der NFL verloren gegangen ist.

Die Karriere von Roman Reigns, der eigentlich Leati Joseph Anoa'i heißt, ähnelt dagegen wieder eher der von Dwayne Johnson. Der neue Star der WWE spielte am College für die Georgia Tech Yellow Jackets und war dabei, sich einen Platz im Kader der Minnesota Vikings zu erarbeiten. Doch Reigns verletzte sich schwer und wurde entlassen. Auch eine Verpflichtung bei den Jacksonville Jaguars scheiterte daran, dass der Körper nicht so recht wollte. Immerhin brachte es Anoa'i auf fünf Einsätze als Defensive Tackle für die Edmonton Eskimos in der Canadian Football League (CFL). 2010 entschied sich Reigns dann dafür, sein Glück im Wrestling zu suchen und unterschrieb bei der WWE, wo er heute zu den absoluten Superstars zählt.

Etwas weniger charismatisch als Johnson, dafür mit Sicherheit ebenso athletisch, ist Brock Lesnar, der allerdings im Football weniger erfolgreich war. Der »Fall« Lesnar zeigt überdeutlich, dass ein NFL-Profi mehr braucht als Fleisch und Muskeln. Obwohl Lesnar mit 1,91 Meter und 121 Kilo perfekte Voraussetzungen für einen Linebacker hat, wurde es nichts mit einer NFL-Karriere. Der Wrestler und spätere Ultimate-Fighting-Schwergewichtsweltmeister erklärte seine Ringer-Karriere für beendet und absolvierte ein

Probetraining bei den Minnesota Vikings. Dort war man aber von Brocks Fähigkeiten nicht sonderlich überzeugt, und man wollte ihn zunächst in die NFL Europe schicken. Allerdings hatte Lesnar keine Lust auf einen Einsatz gegen Frankfurt Galaxy oder Düsseldorf RheinFire und so erklärte er seine Football-Karriere für beendet, noch bevor sie richtig angefangen hatte. Als Wrestler machte er danach aber eine durchaus respektable Karriere und durfte bei Wrestlemania sogar die Serie des Undertaker brechen, der bis dato bei der größten Catch-Veranstaltung der Welt ungeschlagen geblieben war.

Bill Goldberg wurde 1990 in der 11. Runde von den St. Louis Rams gedraftet. In der NFL absolvierte er insgesamt 14 Spiele als Defensive Tackle für die Rams und die Atlanta Falcons. Daneben war er noch in der NFL World League für Sacramento Surge aktiv. 1995 erlangte er ein kleines Stück Berühmtheit als Football-Profi, weil er der erste Spieler in der Geschichte der neu gegründeten Carolina Panthers war, der aus dem Kader gestrichen wurde. Kurz darauf musste er seine Karriere wegen eines Bauchmuskelrisses beenden. Goldberg begann daraufhin mit Mixed Martial Arts und Gewichtheben und wurde schließlich von den beiden WCW-Stars Sting und Lex Luger zum Wrestling überredet, obwohl er kein Freund davon war. Mit einer Serie von 173:0 hält Goldberg dort den absoluten Rekord an ungeschlagenen Kämpfen. Von so einer Serie konnte er in der NFL nur träumen.

Apropos Luger. Auch der »Narcissist« hat eine Football-geschichte, bevor er seine Wrestlingkarriere begann. 1979 spielte er als Lawrence Wendell »Larry« Pfohl noch gemeinsam mit Hall-of-Fame-Quarterback Jim Kelly am College in Miami. Allerdings wurde er wegen ungebührlichen Verhaltens aus dem Kader geworfen. So demolierte er einmal sein Hotelzimmer, weil er von seinem Trainer nicht als Starter aufgestellt wurde, und wechselte kurz darauf in die CFL. Später unterschrieb er einen Vertrag bei den Green Bay Packers, wurde dort aber nie eingesetzt. Stattdessen lief er in der United States Football League für die Tampa Bay Bandits, Memphis Showboats und Jacksonville Bulls auf. 1984 beendet Pfohl seine Football-Karriere und startete die deutlich erfolgreichere Laufbahn im Wrestling-Business.

Die Liste von Football-Spielern, die den Weg ins professionelle Wrestling gefunden haben, nachdem sie im Football mehr oder weniger gescheitert sind, ist lang. Dazu zählen unter anderem auch John Bradshaw Layfield (JBL), der bei den LA Raiders unter Vertrag stand, »Hacksaw« Jim Duggan, der von den Atlanta Falcons gedraftet wurde, allerdings seine Karriere wegen diversen Knieverletzungen beenden musste, Ron Simmons, der in die Hall of Fame im College Football aufgenommen wurde, oder Brian Pillman, der 1985 bei den Buffalo Bills als letzter Spieler noch aus dem Kader gestrichen wurde. Auf der anderen Seite ist es deutlich schwerer, den Weg aus dem Wrestling in die NFL zu finden. Schließlich braucht man mehr als Fleisch und Muskeln, um ein guter Football-Spieler zu werden.[33]

## WEIL MAN TOUCHDOWNS SO SCHÖN FEIERN KANN

In einigen Fällen ist der Jubel nach einem Touchdown für die Zuschauer fast ebenso schön anzuschauen wie der Touchdown selbst. Einige Spieler und Mannschaften waren beim Feiern so kreativ, dass 2006 die NFL einschreiten musste, um zu exzessiven Jubel zu verbieten. Heute kann ein Spieler wegen »excessive celebration« mit einer 15-Yard-Strafe belegt werden, wenn er zu ausgelassen feiert. Die Strafe wird dann auf den anschließenden Kick-off übertragen. Zudem kann der Spieler mit einer Geldstrafe oder sogar mit einer

Suspendierung belegt werden, wenn der Jubel als anstößig angesehen wird.

Auch wenn die NFL hier ein bisschen den Spielverderber mimt, musste sie einschreiten. Denn der Jubel einiger Profis war nicht immer so ganz jugendfrei. Nicht alle Spieler begnügten sich damit, den Ball auf den Boden zu werfen (spiken), ihn wie einen Kreisel zu drehen, mit den Mitspielern abzuklatschen oder das Ei wie beim Dunk im Basketball über den Querbalken der Torstangen zu drücken.

Der erste wirklich bemerkenswerte Jubel geht auf New York Giants' Homer Jones zurück. Der Wide Receiver führte den »Touchdown Spike« ein, bei dem man den Ball möglichst kräftig auf den Boden wirft. Lange war der Spike in Vergessenheit geraten, bevor ihn Patriots' TE Rob Gronkowski für sich entdeckte und den Gronk Spike als Standardjubel einführte. Allerdings sollte man den Ball nicht in Richtung eines Gegners oder eines Schiedsrichter spiken. Zudem muss man darauf achten, dass der Ball einem nicht entgegenprallt. Sonst kann sich auch der Gegner etwas über den Touchdown-Jubel freuen.

In der Folge führten einige Spieler oder auch ganze Teams einen auf sich zugeschnittenen Jubel ein. Berühmt ist vor allem der »Fun Bunch«, also der Spaß-Pulk der Washington Redskins in den 80er-Jahren. Hier bildeten die Spieler einen Kreis und sprangen hoch in die Luft, um sich High Five zu geben. Bekannt ist auch der »Dirty Bird«-Tanz der Atlanta Falcons, der von Jamal Anderson eingeführt wurde. Dabei ahmten die Spieler unter anderem das Flügelschlagen von Hühnchen nach (besser kann ich es nicht beschreiben, wer den Dirty Bird sehen will, kann bei YouTube suchen). Auch die Denver Broncos hatten ihren speziellen Jubel, an dem die NFL-Verantwortlichen nichts auszusetzen hatten. Beim »High Mile Salut« hob man in einem militärischen Gruß die Handkante an die Schläfe. Eingeführt wurde der Gruß von RB Terrell Davis, dessen Vater bei den US Marines war. Die St. Louis Rams hatten den Bob 'n Weave, bei dem die Spieler im Kreis sich nach vorne beugten und die Hände Richtung Boden schüttelten. Der bekannteste Teamjubel ist aber mit Sicherheit der Lambeau Leap der Green Bay Packers. Hier springen die Spieler nach einem Touchdown mit Anlauf über die Begrenzungsmauer in die Arme der Fans und lassen sich dort umarmen und bejubeln.

Auch einige Spieler haben so ihren Signature Move beim Jubeln. Berühmt ist der Ickey Shuffle von Bengals' Runningback Ickey Woods. Als Tribut an seinen Vater feierte Ken Norton Jr. seine Touchdowns, indem er den Goalpost wie ein Boxer einen Sandsack bearbeitete. Baltimores Receiver Kelley Washington feierte seine Touchdowns mit dem »Eichhörnchen«-Tanz. Johnnie Morten hatte den »Wurm«, bei dem er auf dem Bauch liegend erst die Beine, dann den Oberkörper anhebt. Und Merton Hanks wurde für seinen »Funky Chicken«-Tanz nach dem Touchdown bekannt.

Ab und zu kann so ein Touchdown-Jubel aber auch wehtun. Vor lauter Freude über seinen 1-Yard-Touchdown-Lauf gegen die New York Giants rammte Washington Redskins' Quarterback Gus Frerotte seinen Kopf gegen die Zementmauer hinter der Endzone. Gut, dass Frerotte einen Helm aufhatte, sonst hätte er sich schlimmere Verletzungen zugezogen. So blieb es bei einem verstauchten Nacken, der ihn dazu zwang, den Rest des Spiels von der Bank aus zuzusehen.

Einige Spieler sollten dagegen eine Versicherung gegen Geldstrafen nach einem Touchdown abschließen. Zumindest ist die NFL schnell dabei, wenn es darum geht, zu exzessiven Jubel zu bestrafen. Im Rausch der Emotionen dürfte das den Spielern egal sein. Ohne Rücksicht auf das in der Regel recht gut gefüllte Konto lassen sich die extrovertierten Profis immer wieder etwas Neues einfallen.

Berühmt für seinen außergewöhnlichen Jubel ist Terrell Owens. So zog T.O. während eines Monday Night Game nach einem Touchdown einen Stift aus seinem Stutzen und unterschrieb auf dem Ball, dem er seinem Finanzberater schenkte, der in der Nähe der Endzone saß. Dieser hatte dann zumindest gut im Blick, was passiert war, um die 20.000 Dollar Geldstrafe entsprechend zu verrechnen. Später in der Saison klaute Owens einem Cheerleader die Pom-Poms und feierte in Reihen der Tänzerinnen seinen Touchdown.

30.000 Dollar musste New Orleans Saints Receiver Joe Horn berappen, nachdem er beim Jubeln ein Handy ans Ohr hielt, um seine Familie anzurufen. Das Telefon muss er wohl vor dem Spiel unter dem Schaumstoffpolster rund um den Goalpost versteckt haben musste.

Vergleichsweise günstig kam Randy Moss davon. Der Receiver der Minnesota Vikings deutete vor den Fans der Green Bay Packers an, dass er seine Hosen runterlassen würde, um ihnen sein entblößtes Gesäß entgegenzustrecken. Dieses sogenannte »mooning« kostete Moss 10.000 Dollar. Allerdings erklärte er nach dem Spiel, dass er das nur deswegen getan hat, weil die »Cheeseheads« das vor jedem Spiel machen, wenn der Mannschaftsbus des Gegners an ihnen vorbeifährt. Allerdings täuschen das die Fans der Packers nicht nur an, was Moss eventuell strafmildernd zugute gekommen ist.

In der Fußball-Bundesliga ist es üblich, sich den Ball unter das Trikot zu stecken, wenn die Frau oder Freundin schwanger ist. In der NFL kann das teuer werden. Diese Erfahrung hat zumindest New York Giants Runningback Brandon Jacobs machen müssen, der für seinen Gruß 10.000 Dollar berappen musste.

Chad Johnson, Wide Receiver bei den Cincinati Bengals, hat sich dagegen als wenig lernfähig erwiesen. Woche für Woche musste er für seinen kreativen Jubel Geldstrafen zahlen. So tanzte er den Riverdance nach, einen irischen Volkstanz, den Chicken Dance oder machte einem Cheerleader der Bengals einen gespielten Heiratsantrag. Einmal versuchte er, beim Football Wiederbelebungsmaßnahmen durchzuführen, oder nutzte den Eckpfosten der Endzone als Golfschläger, um den Football zu putten (dies inklusive der Tiger-Woods-Faust kostete 5.000 Dollar). Nach mehreren Wochen hielt er in der Endzone nach einem Touchdown ein Schild hoch, auf das er geschrieben hatte: »Bitte, liebe NFL, verhänge mir nicht schon wieder eine Geldstrafe«. Dafür musste er 10.000 Dollar bezahlen.[34]

Die Spieler lassen sich immer wieder etwas Neues einfallen, um ihre Touchdowns zu feiern. Die Geldstrafen sollte bei den dick gefüllten Konten leicht zu verkraften sein. Aber zumindest für die Fans sind so kreative Ideen ein doppelter Grund, sich über einen Touchdown zu freuen.

## 40. GRUND

## WEIL MAN NIE ZU FRÜH JUBELN SOLLTE

Im Englischen gibt es ein schönes Sprichwort: It ain't over till (or until) the fat lady sings. Es ist also nichts vorbei, bis eine korpulente Dame ihr Lieblingslied vorgetragen hat. Der Spruch geht angeblich auf genervte Ehemänner zurück, die mit ihren Frauen in der Oper waren und sehnsüchtig auf das Ende der Veranstaltung gewartet haben. Doch wenn sich die männlichen Kulturbanausen schon auf das Ende gefreut haben, musste eine Solosängerin, wobei Sopranistinnen angeblich eher mehr Klangvolumen haben, noch einmal auf die Bühne kommen und eine minutenlange Arie zum Besten geben, während die Herren der Schöpfung enttäuscht ihre Mäntel wieder auszogen. Sinngemäß bedeutet das Sprichwort also, dass man immer sichergehen muss, dass etwas wirklich vorbei ist, damit man sich nicht zu früh freut. Und genau das gilt für so manchen Football-Spieler, der im Gefühl des sicheren Triumphs im übertragenen Sinne nicht mehr mit der »fat lady« gerechnet hat.

Zugegeben ist es verlockend, im Gefühl eines sicheren Touchdowns schon mit dem Jubeln zu beginnen, während man sich auf dem Weg in die Endzone befindet. Tanzend und jubelnd die Goalline zu überschreiten ist für den Gegner eine zusätzliche Demütigung und für einen selbst eine besondere Genugtuung. In vielen Sportarten wie Langlauf, Biathlon, Marathon oder auch beim Radfahren lassen sich die Athleten beim Überqueren der Ziellinie feiern. Doch wie schon viele Beispiele gezeigt haben, sollte man sich im Football nie zu früh freuen.

Als »Mutter« aller verfrühten Jubelarien gilt Dallas-Cowboys-Verteidiger Leon Lett. Im Super Bowl XXVII nahm er ein Fumble von Buffalos Frank Reich an der eigenen 40-Yard-Linie auf und stürmte Richtung Endzone. Einen 60-Yard-Touchdown als Verteidiger und das dann ausgerechnet im Endspiel wollte Lett ausgiebig feiern und begann schon früh mit Jubeln. Doch Lett hatte die Rechnung ohne Bills-Wide-Receiver Seems Beebe gemacht, der Lett das Ei an der 2-Yard-Linie aus der Hand schlug. Der Football rollte in die Endzone, es gab Touchback und Ballbesitz für die Buffalo Bills. Ein typischer Fall von zu früh gefreut. Dass die Cowboys das Spiel dennoch mit 52:17 für sich entschieden, sollte Lett getröstet haben. Dennoch werden sich viele Fans nicht an den Super-Bowl-Sieger Leon Lett erinnern, sondern an den »Depp«, der sich im Super Bowl zu früh gefreut hat, während Beebe der lebende Beweis ist, dass es sich immer lohnen kann, nicht aufzugeben.

Wenn man nun meinen würde, die Profis hätten etwas aus Letts Fehler gelernt, der irrt sich. In jeder Saison gibt es immer wieder Spieler, die sich nicht an den Spruch mit der dicken Dame erinnern. Ein ähnliches »Kunststück« gelang Philadelphia-Eagles-WR DeSean Jackson. Er fing einen langen Pass von QB Donovan McNabb und rannte an allen Verteidigern vorbei in Richtung Endzone zu einem sicheren Touchdown. Es wäre der erste Touchdown seiner Karriere gewesen. Jackson überquerte die Goalline und ließ lässig den Ball fallen. Dachte er zumindest. In der Zeitlupe konnten die Schiedsrichter sehen, dass Jackson den Ball schon Zentimeter vor der Linie losgelassen hatte. Dies wird als Fumble gewertet, und der Ball ging an die Dallas Cowboys. MFC-Sprecher Mike Tirico nannte Jacksons Fehler später »one of the all-time bonehead plays«[35], also einen der dümmsten Spielzüge aller Zeiten. Allerdings schien Tirico seine eigenen Spiele nie gesehen zu haben. Denn er selbst hatte beim Highschool-Football einen ähnlichen Fauxpas begangen.

Immer wieder begehen NFL-Profis im Gefühl des sicheren Touchdowns solche Fehler. Ob es jetzt Denver Broncos Linebacker Danny Trevathan ist, der nach einer Interception auf dem Weg in die Endzone ähnlich wie DeSean Jackson den Ball zu früh losließ oder Buffalos WR Sammy Watkins, der zu früh das Tempo aus seinem Sprint nahm und an der 2-Yard-Linie noch von seinem Gegenspieler eingeholt und getackelt wurde. Es lassen sich noch viel mehr Beispiele finden, doch jedes zeigt ganz klar, dass man sich erst freuen sollte, wenn die dicke Frau ihr Notenheft zugeklappt hat.

## WEIL MAN SICH SELBST EINEN PASS ZUWERFEN KANN

Schon Fußball-Philosoph Lukas Podolski wusste, dass man mit sich selbst keinen Doppelpass spielen kann. Ein normaler Doppelpass im American Football ist theoretisch möglich und wird als Trickspielzug schon einmal angewendet, wenn der Quarterback den Ball zu einem Receiver wirft und sich anschließend als Passempfänger über die Line of Scrimmage begibt.

Schwierig ist es außerdem, eine Flanke zu schlagen und diese dann anschließend ins Tor zu köpfen. Aber wie schön wäre es, beim American Football einen Pass zu werfen und diesen in der Endzone dann zu fangen. So könnte man in einem Spielzug gleich zweimal seine Statistik verbessern und als Passgeber und -empfänger in der Scorerliste auftauchen.

In der Theorie ist das in jedem Fall möglich. Der Quarterback muss den Ball einfach hoch genug werfen, damit er genügend Zeit hat, auf die richtige Position zu laufen. Dies ist zwar riskant, da sich die Verteidiger gut positionieren können und sich der Quarterback unnötig in Gefahr begibt, physikalisch spricht aber nichts dagegen. Leider hat das Regelwerk diesem Trickspielzug einen Riegel vorgeschoben. Denn man darf seinen eigenen Pass nicht selbst fangen. Tatsächlich gab es aber schon den Fall, dass ein QB seinen eigenen Pass gefangen und in die Endzone getragen hat.

Die Bedingung dafür ist, dass der Ball vorher von einem anderen Spieler berührt wird, der den Ball auch fangen darf. Das gilt für alle Verteidiger sowie für alle Angreifer, die außerhalb der Tackles oder zumindest ein Yard hinter der Line of Scrimmage stehen. Der Quarterback muss den Ball dann fangen, bevor er auf dem Boden aufkommt. Dies gilt dann sowohl als geworfener wie auch als gefangener Pass.

In der NFL-Geschichte kam dieser unwahrscheinliche Fall tatsächlich schon einmal vor. Minnesotas Quarterback Brad Johnson versuchte 1997 im Spiel gegen die Carolina Panthers, seinen Mitspieler in der Endzone zu finden. Doch sein Pass wurde von Defensive Lineman Greg Kragen wie beim Volleyball abgeblockt, und der Ball flog direkt wieder auf den Spielmacher der Vikings zurück. Johnson fing den Ball und rannte an den verdutzten Verteidigern die letzten Yards bis in die Endzone vorbei. So steuerte er statt einer Interception einen Touchdown-Pass und einen Touchdown-Catch zum 21:14-Sieg seiner Men in Purple bei. Dieser Spielzug wurde später von ESPN auf Platz 9 der glücklichsten Spielzüge der NFL Geschichte gewählt[36].

Mit Absicht klappt so etwas natürlich nicht. Allerdings ist Johnson auch nicht der einzige Quarterback der NFL, der schon einmal seinen eigenen Pass gefangen hat. Kein Geringerer als der legendäre

Brett Favre hat dieses »Kunststück« in seinem allerersten Spiel in der der NFL im Trikot der Green Bay Packers geschafft. Genauer gesagt hat er den ersten von insgesamt 6.300 erfolgreichen Pässen gleich selbst gefangen. Der Ball des jungen Brett wurde von einem Verteidiger der Tampa Bay Buccaneers abgeblockt, und Favre fing das Ei, wurde danach aber für Raumverlust zu Boden gebracht. So viel Glück wie Johnson kann nun einmal nicht jeder haben.

## WEIL EINER ALLES KANN

Es gibt drei Möglichkeiten, einen Touchdown zu erzielen. Man wirft den Ball in die Endzone und bekommt dafür einen Wurf-Touchdown gutgeschrieben. Dafür sind im Normalfall die Quarterbacks zuständig. Man fängt den Ball in der Endzone oder überquert nach einem komplettierten Pass die Goalline und erhält einen Fang-Touchdown. Diese Aufgabe übernehmen normalerweise die Wide Receiver und Tight Ends. Oder man bekommt das Ei vom Quarterback in die Hände gedrückt und läuft in die Endzone. So erzielt man einen Lauf-Touchdown, was in der Regel von den Runningbacks erledigt wird.

In der Realität verschmelzen die Positionen ein wenig. So dürfen auch Runningbacks einen Pass fangen und damit einen Touchdown erzielen. Ebenso darf der Receiver zum Quarterback rennen und von ihm den Ball übernehmen. Der Quarterback selbst darf ebenfalls mit dem Ball in die Endzone laufen. Zudem gibt es Trickspielzüge, bei denen ein Runningback oder ein Receiver den Ball wirft. Insofern kann, von den Offensive-Line-Spielern einmal abgesehen, jeder Angreifer auf jede der drei Arten einen Touchdown erzielen. Einige Spieler haben sich in dieser Hinsicht besonders hervorgetan und auf jede der drei Arten einen Touchdown erzielt. Einigen davon ist das große Kunststück gelungen, dies in einem einzigen Spiel zu schaffen.

Auch wenn Football-Profis immer besser spezialisiert sind, passiert das auch noch in der jüngeren NFL-Geschichte. Am 16. Oktober 2005 im Spiel gegen die Oakland Raiders wurde LaDainian Tomlinson von den San Diego Chargers der siebte und bis 2014 auch letzter Spieler in der Geschichte der NFL, dem das Kunststück gelang, in einem Spiel sowohl einen Touchdown zu werfen, zu fangen und zu erlaufen. Der sechste Spieler war David Patten im Trikot der New England Patriots. Patten gelang dies am 21. Oktober 2001 im Spiel gegen die Indianapolis Colts. Der fünfte Spieler war kein Geringerer als Runningback-Legende Walter Payton, der 1979 drei Touchdowns auf drei verschiedene Arten erzielen konnte.

Diese drei Spieler gehören zu den größten Alleskönnern in der NFL-Geschichte. Leider hat weder ausgiebiges Stöbern in der Bibliothek der Deutschen Sporthochschule in Köln, noch eine ausführliche Recherche im Internet bei den größten Informationsquellen unserer Zeit, Google und Wikipedia, noch eine Nachfrage bei der NFL und bei verschiedenen Football-Experten in meinem Umkreis eine Antwort ergeben, wer denn die ersten vier Spieler waren, die drei verschiedene Touchdowns in einem Spiel geschafft haben. Für entsprechende Hinweise ist der Autor dieses Buches dankbar.

## WEIL ES TRASHTALKING GIBT

American Football ist nicht unbedingt nur ein Sport, bei dem Kraft, Schnelligkeit und Ausdauer zählen. Gerade in der NFL, wo so viele Top-Athleten auf einem ähnlichen Leistungsniveau sind, spielt auch die Psyche eine große Rolle. Und so manch ein Athlet hat sich darauf spezialisiert, seinen Gegenspieler mit markigen Sprüchen aus dem Konzept zu bringen. Nach einem guten Tackle oder einem spektakulären Catch dem Gegner noch schnell einen Spruch gedrückt, kann diesen nachhaltig aus dem Konzept bringen.

»Trashtalking«, oder frei übersetzt »Müll reden«, heißt die Fähigkeit, den Gegenspieler mit Worten zu dominieren. Wie das funktioniert, hat auch Fußballer Marco Materazzi im WM-Finale 2006 gegen Frankreichs Zinedine Zidane vorgemacht. Nach ein paar kleinen Seitenhieben auf dessen Schwester ließ sich der französische Mannschaftskapitän zu einem Kopfstoß verleiten, der ihm einen Platzverweis einbrachte und der Équipe Tricolore möglicherweise den Titel kostete.

Beim American Football kann man den Gegner wunderbar zwischen den Spielzügen mit Sprüchen eindecken. Hier ist es aus Jugendschutzgründen auch ganz gut, dass keine Mikrofone im Helm angebracht sind. Nach einem harten Check noch kurz über den Gegner gebeugt und ihm erzählt, dass sich so ungefähr eine Dampflok anfühlt, oder nach einem erfolgreichen Catch kurz zur gegnerischen Bank gewunken, kann Emotionen schüren, die man erst wieder unter Kontrolle bekommen muss. Denn um beim American Football erfolgreich zu sein, braucht man einen kühlen Kopf. Sonst kann es passieren, dass man sich nicht an das Playbook hält, weil man lieber dem Lieblingsgegner eins auswischen will. Aber auch in Interviews vor und nach dem Spiel kann man sich beim Gegner mit gezielten verbalen Provokationen einen Vorteil verschaffen.

Einige NFL-Profis haben beim Trashtalking so viel Talent, dass man es beinahe als Kunstform betrachten könnte. Aktuell tut sich hier vor allem die Legion of Boom der Seattle Seahawks hervor. Bestes Beispiel ist Cornerback Richard Sherman, der nach einer spielentscheidenden Interception gegen San Franciscos Michael Crabtree dem 49er auf den Hintern schlug, sich anschließend vor ihm aufbaute und ihm einige passende Worte ins Gesicht sagte. Crabtree ließ sich zu einem Schlag auf Shermans Helm hinreißen, und der Cornerback wurde mit einer 15-Yard-Strafe wegen unsportlichen Verhaltens bestraft. Sherman wird es verkraften können. Schließlich war das Spiel durch seine Interception entschieden. Später sagte er im Interview mit der sehr verunsichert wirkenden Field-Reporterin Erin Andrews: »Ich bin der beste Cornerback im Spiel und das passiert, wenn man einen armseligen Receiver wie Crabtree gegen mich stellt.«[37] Seinen Ruf als Aggressive Leader der Seahawks hat er so in jedem Fall unter Beweis gestellt, und jeder Quarterback wird es sich zweimal überlegen, ob er den Ball in Shermans Richtung wirft.

Man muss sich Trashtalking aber auch leisten können. Nachdem Sherman und Mannschaftskollege Earl Thomas angekündigt hatten, New Englands Tom Brady ordentlich den Hintern zu versohlen, versprach dieser, die Seahawks-Spieler nach dem Spiel und einem Sieg der Patriots treffen zu wollen. Die Seahawks siegten allerdings mit 24:23, und Sherman suchte Brady noch auf dem Spielfeld, um ihn zu verspotten. »Are you mad, bro?« Bist du verrückt, gegen uns gewinnen zu wollen?, lautete Shermans Botschaft an den Spielmacher der Pats. Das Bild, wie sich Sherman vor dem enttäuschten Brady aufbaut, ging als bester Trashtalking-Moment um die Footballwelt.

Ein schönes Duell lieferten sich auch Denvers Tight End Shannon Sharpe und Ray Buchanon von den Atlanta Falcons, die sich im Super Bowl XXXIII gegenüberstehen sollten. Buchanon sagte, dass Sharpe wie ein Pferd aussehen würde, und dass er froh sei, dass man beim Football einen Helm aufhat, damit man sein Gesicht nicht sehen müsse. Sharpe konterte, dass er sich wundere, dass Buchanon mit so großen Zähnen überhaupt sprechen könne. »Ich habe nie jemanden hässlich genannt. Glaube ich, dass Menschen hässlich sind? Ja, ich glaube, dass er hässlich ist. Aber ich habe es nie gesagt.« Nach diesem und ähnlichen Wortgeplänkeln ging es schließlich in den Super Bowl, den die Broncos mit 35-19 gewannen.

Das war aber nicht der einzige Trashtalking-Moment mit Shanon Sharpe. Im Spiel gegen Kansas City bearbeitete er Hall-of-Fame-Linebacker Derrick Thomas das ganze Spiel über verbal. Im entscheidenden Drive am Ende des Spiels leistete sich Thomas drei Personal Fouls, die letztendlich zum Sieg der Broncos führten. Thomas wurde daraufhin von seinem Team sogar für ein Spiel gesperrt. Der Hauptgrund, dass Thomas so aggressiv spielte, war Sharpe, der irgendwie an die Telefonnummer von Thomas' Freundin gekommen war und sie Thomas immer wieder vorsagte. »Nicht viele können mit Trashtalking dafür sorgen, dass ein Spieler von seinem eigenen Team suspendiert wird. Das war mein größter Moment«, erzählte Sharpe später.[38]

Immer wieder gab es brisante Duelle zwischen entscheidenden Spielern, die nicht durch Kraft oder Schnelligkeit, sondern durch psychologische Kriegsführung gewonnen wurden. Hier geht es nicht darum, sich über den Gegner lustig zu machen, sondern ihn zu verunsichern. Wer es schafft, in den Kopf des Gegners zu kommen, hat schon fast gewonnen. Das mag zwar nicht unbedingt sympathisch sein, doch der Erfolg gibt einem recht. Und zugegeben ist es doch auch für den Zuschauer schön, wenn auf dem Platz Emotionen gelebt werden und man auch auf Pressekonferenzen etwas zu lachen hat. Und genau davon lebt das Spiel, und so kann man auch in Zukunft sicher sein, dass so manches Großmaul auf und neben dem Platz versuchen wird, den Gegner mit gezieltem Trashtalking zu verunsichern.

# WEIL ECHTE MÄNNER SICH AUCH SCHMINKEN DÜRFEN

Okay ... wenn man zu einem Footballer sagen würde, dass er sich vor einem Spiel schminken würde, sollte man wohl ziemlich schnell laufen können. Denn es ist nicht immer Make-up oder Schminke, wenn Menschen sich Farbe ins Gesicht schmieren. Beim Football gibt es viele Athleten, die sich mit schwarzer Farbe unter den Augen anmalen. Das hat nicht nur optische Gründe, auch wenn es etwas martialischer aussieht, als wenn die Cheerleader sich mit Lippenstift, Eyeliner oder Rouge das Gesicht verschönern.

Schon in den frühen Anfängen des Spiels schmierten sich viele Spieler das sogenannte »Eye Black« unter die Augen. Damals bestand die Schmiere aus einer Mischung aus Bienenwachs, Petroleum und Kohle. Das »Eye Black«, also der schwarze Strich unter den Augen, sollte verhindern, dass der Spieler von der Sonne geblendet wird. Dass das tatsächlich funktioniert, hat eine Studie an der Universität von Yale im Jahr 2003 beweisen können. So kann die Mischung zumindest einen Teil des einfallenden Lichts absorbieren, und die Spieler werden von der Sonne weniger gestört. Zudem konnten die Testpersonen Kontraste besser sehen.

Allerdings war das Studiendesign nicht perfekt. Andere Studien, wie beispielsweise an der Universität von New Hampshire oder auch die Produzenten der Serie *Mythbusters* konnten keine Vorteile des Eye Black finden.[39]

Der andere Grund ist eher optischer Natur. Denn während die Frauen durch den geschickten Einsatz verschiedener Farben ihre Schönheit besonders hervorheben möchten, ist es für die Spieler eine Art Kriegsbemalung, mit der sie sich in einem aggressiven Sport ein besonders wildes Aussehen geben möchten. Einige Spieler malen nicht nur den schwarzen Strich unter die Augen, sondern verzieren sich mit ganzen Mustern, um sich ein möglichst gefährliches Aussehen zu geben.

Heute benutzen die Athleten öfter eine Art Deoroller oder schwarze Sticker, die sie sich unter die Augen kleben, statt sich eine Paste aus Bienenwachs, Petroleum und Kohle anzurühren. Diese gibt ihnen zwar ein kriegerisches Aussehen, absorbiert aber keine Sonnenstrahlen. Dafür können die Spieler Botschaften auf die Klebestreifen schreiben, was sie auch gerne und häufig tun. So werden Freunde gegrüßt, eine Botschaft an die Heimatstadt geschickt, Logos des Vereins abgebildet oder auch Bibelverse darauf geschrieben. Entsprechend ist das Eye Black heute eher ein modisches Accessoire.

Doch egal, aus welchem Grund sich die Spieler verzieren, ein echter Footballspieler trägt Eye Black. Das gehört zur Ausrüstung wie Helm oder Shoulderpads, und als Fan würde man etwas vermissen, wenn sich die Spieler nicht anmalen würden. Und so passt es einfach zum Football, dass auch die harten Kerle sich einmal schminken dürfen.

### 45. GRUND

## WEIL MAN DIE ORIENTIERUNG
## BEHALTEN MUSS

American Football ist ein klares und einfaches Spiel. Jede Mannschaft steht auf ihrer Seite. In der Mitte zwischen den Spielern ist die sogenannte Line of Scrimmage (scrimmage = Gedränge), die erst berührt oder gar überquert werden darf, wenn der Center den Ball nach hinten gegeben hat. Anschließend möchte die eine Mannschaft mit dem Ball so weit wie möglich über die Line of Scrimmage kommen, während die andere Mannschaft genau das zu verhindern versucht. Ganz einfach also, sollte man meinen.

Natürlich kann man im Gedrängel zwischen den Fronten auch einmal kurzzeitig die Orientierung verlieren. Doch was im Kopf von Jim Marshall, der nichts zu tun hat mit dem gleichnamigen Vater des Gitarrenverstärkers, am 25. Oktober 1965 vorgegangen ist, weiß er wahrscheinlich bis heute nicht.

Marshall spielte damals als Defensive End für die Minnesota Vikings und wurde zweimal für den Pro Bowl nominiert. Die Vikings spielten an diesem Tag gegen die San Francisco 49ers, als Marshall ein Fumble aufnahm und den Ball 66 Yards bis in die Endzone trug. In der Endzone angekommen, warf er den Ball zur Seite und jubelte. Wahrscheinlich war er zunächst sehr verwundert, dass sich außer ihm nur die Gegner freuten. Denn Marshall war in die falsche Richtung gelaufen, und dadurch zählte der Ball, der ins Aus gerollt war, als Safety, also brachte den 49ers zwei Punkte und Ballbesitz.

Dieser Spielzug wurde später »wrong way run« genannt und findet sich in jeder Zusammenstellung der größten Fehler und peinlichsten Aktionen im Sport. Auch Autor John Rolfe bezeichnete den Lauf als peinlichsten Moment in der Geschichte des Profisports. Coach Norm van Brocklin meinte noch während des Spiels zu seinem Spieler: »Jim, you did the most interesting thing in this game today«[40], also: Jim, du hast in diesem Spiel etwas sehr Interessantes gemacht.

Marshall wird es verkraften (müssen). Denn die Vikings gewannen das Spiel noch mit 27:22. Da ist es fast ein bisschen ironisch, dass Carl Eller den entscheidenden Touchdown nach einem Fumble erzielt hat, das von Marshall verursacht wurde. Und es sollte die erste und einzige Aktion dieser Art für Marshall bleiben.

Später bekam Marshall einen Brief von Roy Riegel, dem dieses Missgeschick im Rose Bowl von 1929 unterlief, mit dem Satz: »Willkommen im Club.« In jedem Fall ist es beim American Football wichtig, auch im größten Gewühl nicht die Orientierung zu verlieren, sonst ergeht es einem wie Marshall, und man wird mit Sicherheit der Höhepunkt in jedem Jahresrückblick.

# KAPITEL 5

# Es bleibt ein Mannschaftssport

## WEIL DAS SPIELFELD BEINAHE
## ZUM KARNEVAL WIRD

Schaut man sich die Tabellen der NFL an, könnte man meinen, es wäre Karneval (oder Fasching). Woche für Woche tummeln sich Raben, Delfine, Seefalken, Adler, Widder, Panther oder Jaguare auf dem Spielfeld. Ständig begleitet von Pistolen, Patrioten, Wikingern, Cowboys, Freibeutern oder Titanen. Eins muss man den Football-Teams lassen. Viele waren sehr kreativ, was ihre Namenswahl angeht. Bei anderen versteht man als Außenstehender nicht unbedingt, wie die Mannschaften zu ihren Namen kamen. Wiederum andere klingen eher unglücklich und scheinen mit dem eigentlichen Team oder der Stadt, in der sie spielen, nichts zu tun zu haben. Insofern könnte man sich die berechtigte Frage stellen, wie die ganzen Teams eigentlich zu ihren Namen gekommen sind.

Da die NFL-Teams in den USA keine gewachsenen Vereine wie in Deutschland sind, können die Besitzer der Mannschaften mehr oder weniger frei entscheiden, unter welcher Bezeichnung ihre Truppe an den Start gehen soll. Die meisten Owner möchten aus verständlichen und kommerziellen Gründen, dass die Fans sich mit dem Team identifizieren. Insofern war es in der NFL Usus, dass die Fans aus verschiedenen Vorschlägen abstimmen durften. Die Vorschläge haben dabei häufig einen ähnlichen Hintergrund.

Oft sucht man sich Tiere, da diese im Wappen leicht darzustellen sind und auch immer ein gutes Maskottchen abgeben. Zudem werden mit den Tieren oft auch Fähigkeiten verbunden, die man in seiner Mannschaft sehen will. Passt das Tier dann auch zur Stadt, ist das umso besser. Typische Beispiele dafür sind die Miami Dolphins (Schnelligkeit, Intelligenz), die Jacksonville Jaguars, die Detroit Lions oder die Carolina Panthers.

Bei anderen Teams suchte man eine Verbindung zur Stadt oder zur Region, in der sie angesiedelt ist. So verdanken die Pittsburgh Steelers ihren Namen den großen Stahlwerken in der Region. Die New England Patriots wurden aufgrund der in Boston beginnenden Revolution gegen die englischen Besatzer zu den Patrioten, und der Name Green Bay Packers stammt vom ersten Sponsor, der Indian Packing Company. Die Firma spendete 500 Dollar an den Verein, der daraufhin von den Gründern den Spitznamen »Packers« bekam. Rückblickend waren das dadurch wohl die am besten angelegten 500 Dollar in der Sportgeschichte.

Dass in Baltimore die Ravens spielen, verdanken sie dem Gedicht *Der Rabe* von Edgar Allan Poe, der aus Baltimore stammt. Die Vikings wurden aufgrund der vielen aus Skandinavien stammenden Menschen in der Region benannt und die Jets durch die Nähe zum LaGuardia Airport. Die 49ers verdanken ihren Namen dem Goldrausch in ebendiesem Jahr des 19. Jahrhunderts, und die Saints aus der Musik-Stadt New Orleans wurden nach dem berühmten Lied *When the Saints Go Marching In* benannt.

Allerdings ignorierte man hin und wieder einen regionalen Hintergrund. So wird der eine oder andere Fan heute froh sein, dass die Atlanta Hawks damals zu den Falken wurden und nicht, wie ebenfalls aufgrund der großen Plantagen vorgeschlagen, zu den Pfirsichen. Auf der anderen Seite würden sich die »Atlanta Peaches« deutlich von allen anderen Teams abheben. Ähnliches gilt für die Dallas Cowboys. Bevor der Name endgültig gewählt wurde, spielten die Texaner als Steers (Ochsen). Da es sich dabei um eine kastrierte Version des männlichen Rinds handelt, dachten die Verantwortlichen, dass es möglicherweise nicht dem Spirit des Spiels entspricht, wenn man als Eunuchen antritt.

Bei vielen anderen Teams wie den Colts, den Broncos oder den Texans lässt sich leicht erahnen, warum die Fans für diesen Namen gestimmt haben. Bei anderen ist das nicht immer so ganz klar. So streiten sich Experten noch heute, ob die Cleveland Browns nach dem berühmten Boxer Joe Lewis benannt wurden, der den Spitz-namen »Brown Bomber« trug, oder nach Gründer Paul Brown. Denn oft wurde damals von Cleveland schlicht als »Brown's Team« gesprochen.

Seinem Team Tiernamen oder möglichst starke und furcht-erregende Vorbilder zu geben, ist auch in Deutschland üblich, auch wenn die Bezeichnungen nicht unbedingt etwas mit der Stadt zu tun haben müssen. So spielen in Deutschland beispielsweise die Gelsen-kirchen Devils (schönen Gruß an mein altes Team), die Düren Demons, die Cologne Crocodiles (noch wurde im Rhein meines Wissens kein Krokodil entdeckt), die Münster Mammuts, die Aachen Vampires, die Allgäu Comets oder die Stuttgart Scorpions. Etwas aus der Rolle fallen hier die Schwäbisch Hall Unicorns, die zumindest aufgrund ihres Namens nicht unbedingt für Angst und Schrecken auf dem Spielfeld sorgen dürften.

In jedem Fall sind die Namen der Teams fast ebenso spektakulär wie das Spiel selbst. Und wenn man sich nicht für eine Lieblings-stadt oder einen bestimmten Spieler entscheiden kann, kann man einfach seinem Lieblingstier in der NFL die Daumen drücken.

### 47. GRUND

## WEIL NUR DIE DOLPHINS PERFEKT SIND

Wann immer eine neue Saison in der NFL beginnt, werden einige ehemalige Spieler unruhig vor den TV Geräten sitzen. Genauer gesagt, zittern die 1972 Miami Dolphins vor den Fernsehern mit. Dabei drücken sie keiner aktuellen Mannschaft die Daumen, sondern hoffen vielmehr, dass jedes Team zumindest ein Saison-spiel verliert. Erst dann können sie die Saison wirklich genießen. Eine entsprechende Legende besagt, dass alle überlebenden Spieler der 72er Dolphins eine Flasche Champagner aufmachen, wenn das letzte ungeschlagene Team der jeweiligen NFL-Saison die erste Saisonniederlage einstecken musste. Denn nur wenn kein Team ungeschlagen bleibt, bleiben sie in den Geschichtsbüchern der NFL als das einzige Team stehen, dem eine sogenannte Perfect Season gelungen ist.

In einigen Sportarten gibt es so etwas wie das perfekte Spiel. Beim Darts hofft jeder Spieler auf einen sogenannten 9-Darter, bei dem es dem Spieler gelingt, mit nur neun Würfen seinen Score von 501 auf null zu bringen. Beim Bowling träumt man von einer 300. Wer diese maximale Wertung schafft, hat mit allen zwölf Würfen alle zehn Pins umgeworfen. Während es bei den meisten Mannschaftssportarten wie Fußball oder Handball unmöglich ist, in einer Saison alle Spiele zu gewinnen, haben die Miami Dolphins in der Saison 1972 genau das geschafft. Sie gewannen alle 14 Saisonspiele, die Play-offs sowie den Super Bowl und schlossen die Saison mit 17-0-0 ab.

Angeführt von Quarterback Allen »Bob« Griese und Fullback Larry Csonka dominierten die Dolphins die NFL zu dieser Zeit nach Belieben. Von 1971 bis 1973 stand Miami dreimal hintereinander im Endspiel, wobei sie die Vince Lombardi Trophy zweimal mit nach Florida nehmen konnten. Nur 1972 (also in der Saison von 1971) mussten sie sich den Dallas Cowboys geschlagen geben. Ihren Höhepunkt hatten die Dolphins dann in der Saison 1972 mit dem Endspiel 1973.

In allen 14 Saisonspielen siegten die Dolphins, und auch bei den beiden Play-off-Spielen sowie im Super Bowl VII ließen sie dem Gegner keine Chance. Im allerdings punkteärmsten Spiel der Super-Bowl-Geschichte schlugen sie die Washington Redskins mit 14:7 und krönten damit ihre Leistung, die bis zum heutigen Tag unerreicht geblieben ist. Am Ende standen 17 Siege, kein Unentschieden und keine Niederlage für das Team von Head Coach Don Shula zu Buche. Die Dolphins konnten ihre Serie sogar auf 18 Siege hintereinander ausbauen, nachdem sie auch das erste Spiel der 73er-Saison gewonnen hatten. Erst am zweiten Spieltag endete die Unbesiegbarkeit des Teams.

Dass die verbleibenden Spieler der 72er Dolphins eine Flasche Champagner öffnen, wenn kein Team der NFL mehr ungeschlagen ist, wurde von Shula dementiert. Falls die kleine Verliererparty aber tatsächlich steigt, mussten die Dolphins mit dem Anstoßen schon des Öfteren recht lange warten. Denn einige Teams waren schon kurz davor, ebenfalls eine perfekte Saison zu spielen. Allerdings muss man dazu sagen, dass 1972 die reguläre Saison aus 14 Spielen bestand. 1978 wurde die Spielzeit auf 16 Partien ausgedehnt. Seitdem gelang es noch keinem Team, ungeschlagen zu bleiben, auch wenn es lange Zeit den Anschein hatte.

Vor allem die New England Patriots dürften heute noch schweißgebadet aufwachen, wenn sie an die Saison 2007 denken. Die Pats unter Quarterback Tom Brady gewannen als erstes Team der NFL-Geschichte alle 16 Saisonspiele, und auch in den Play-offs konnten sie sich gegen die Jacksonville Jaguars und die San Diego Chargers durchsetzen. Mit einer Bilanz von 18-0 galten die Patriots als klarer Favorit beim Super Bowl XLII. Doch vielleicht hemmte sie die Aussicht auf eine perfekte Saison zu sehr. Am Ende mussten sie sich Eli Manning und den New York Giants knapp mit 14-17 geschlagen geben. Die Niederlage war umso schwerer, da den Giants der entscheidende Touchdown erst 35 Sekunden vor Ende des vierten Quarters gelang. So platzten für die Pats eine halbe Minute vor dem großen Ziel die Träume vom Super-Bowl-Ring und von einer Perfect Season, und in Florida dürfte doch noch der eine oder andere Korken geknallt haben.

Außer den Dolphins und den Patriots gelang es nur noch den Chicago Bears, in einer regulären Saison ungeschlagen zu bleiben. Den Bears gelang dieses Kunststück dabei sogar zweimal, 1934 und 1942. Allerdings mussten sie sich im Championship Game zunächst den New York Giants und später den Washington Redskins geschlagen geben.

Es bleiben noch vier Teams, denen es gelang, den Super Bowl bzw. das NFL Championship Game mit nur einer Saisonniederlage zu gewinnen. Das waren die 1962er Green Bay Packers, die Oakland Raiders 1976, die San Francisco 49ers von 1984 und erneut die Chicago Bears 1985. Eine Saison mit nur einer Niederlage erfolgreich zu beenden ist mit Sicherheit eine außergewöhnliche Leistung. Doch es bleibt eben der kleine Makel der einen Niederlage. Und so zittern die 72er Dolphins jede Saison aufs Neue, ob ihr Rekord gebrochen wird. Und wahrscheinlich wird in Miami noch die eine oder andere Flasche Champagner entkorkt, bevor einer Mannschaft die nächste Perfect Season gelingt.

### 48. GRUND

## WEIL ES DIE GREEN BAY PACKERS GIBT

Unter allen Teams in der NFL nehmen die Green Bay Packers eine Art Sonderstellung ein. Als Team sind sie eine Art Mischung aus HSV, Bayern München und dem FC St. Pauli. Aber auch die Fans, das Stadion und einige der Spieler sind etwas ganz Besonderes, was den Club auch einzigartig macht.

Gegründet wurden die Packers 1919 von Footballspieler Curly Lambeau und dem Sportjournalisten George Whitney Calhoun. Damit sind die Packers das zweitälteste Team der NFL hinter den Arizona Cardinals, die 1898 gegründet wurden. Allerdings wechselten die Cardinals mehrmals den Standort und spielten unter anderem in Phoenix, St. Louis und Chicago. Die Packers blieben dagegen Green Bay immer treu.

Das macht das Team zum Dino der Liga. Denn auch die Chicago Bears (gegründet 1920) wechselten zumindest kurzzeitig den Standort.

Lambeau arbeitete damals hauptberuflich als kaufmännischer Angestellter bei der Indian Packing Company. Dort bat er seinen Boss um eine Spende für den neu gegründeten Football-Club, um die notwendige Ausrüstung zu kaufen. Der Chef der Packing Company gab ihm 500 Dollar. Aus Dankbarkeit nannte er das Team dann Packers. Bedenkt man, welchen Wert das Team heute hat, laut *Forbes Magazin* sind es rund 1,375 Milliarden Dollar, sind das wohl die am besten angelegten 500 Dollar der Sportgeschichte, und Lambeau gründete eines der traditionsreichsten Teams der NFL.

Lambeau war auch Spieler und erster Head Coach der Packers, die zunächst in der American Professional Football Association spielten, einer Liga, die später in National Football League (NFL) umbenannt wurde. Lambeau spielte bis 1929 aktiv mit und trainierte das Team bis 1949. In der Zwischenzeit konnte er immer wieder neue Sponsoren finden und so das Überleben der Packers sichern. Als die Indian Packing Company pleiteging und die Packers kurz vor dem Aus standen, gelang es Lambeau, die Acme Packing Company, die die Indian Packing Company übernommen hatte, zu überzeugen und als Sponsor zu gewinnen. Lambeau zu Ehren wurde später das Stadion nach ihm benannt, und noch heute treten die Packers im Lambeau Field an.

Die Packers sind aber nicht nur der HSV der NFL, sie sind auch so etwas wie der FC Bayern München. Denn vor allem zu Beginn waren sie das dominierende Team im American Football. Insgesamt holten sie neunmal den NFL-Championship-Titel (1929, 1930, 1931, 1936, 1939, 1944, 1961, 1962, 1965) und gewannen viermal den Super Bowl (1966 (I), 1967 (II), 1996 (XXXI), 2010 (XLV)). Damit sind sie insgesamt Rekordsieger in der NFL, auch wenn die Pittsburgh Steelers den Super Bowl, der seit 1966 ausgespielt wird, sechsmal gewinnen konnten.

Da klingt es schon ein wenig verwunderlich, dass die Packers auch so etwas wie der FC St. Pauli der NFL sind. Doch die Packers sind nicht nur eines der wenigen Teams, die ihrer Stadt treu geblieben sind, sie haben auch keine andere Wahl. Denn das Team ist das einzige Franchise der NFL, das keinem Besitzer, sondern 350.000 Anteilseignern gehört. Mit anderen Worten: den Fans. Und sollten nicht mindestens die Hälfte der Eigner beschließen, dass das Team in einer anderen Stadt besser aufgehoben wäre, werden die Packers auch weiterhin in Wisconsin dem Ei hinterherjagen.

Apropos Fans. Die sind in Green Bay definitiv etwas ganz Besonderes. Sie nennen sich Cheeseheads, also Käseköpfe, wie grundsätzlich alle Menschen in Wisconsin aufgrund der großen Milchindustrie genannt werden. Die Packers-Fans tragen dazu stilisierte dreieckige Käsenachbildungen auf dem Kopf, während sie ihre Spieler lautstark anfeuern. Die Fangemeinde ist so groß, dass seit 1960 jedes Heimspiel der Packers ausverkauft war. Momentan würde es rund 1.000 Jahre dauern, um alle Ticketanfragen zu bearbeiten. Das gilt natürlich nur, wenn keine weiteren Anfragen dazukommen.

Auch sonst haben die Packers einen großen Teil der NFL-Geschichte mitgeschrieben. So wurde der Pokal, den der Sieger im Super Bowl erhält, nach dem ehemaligen Trainer der Packers auf Vince Lombardi Trophy getauft. Bis heute sind die Packers das einzige Team, das dreimal in Folge die Meisterschaft holte, und das gleich zweimal. Zudem konnten sie 29 Heimspiele in Folge ungeschlagen bleiben. Außerdem gehen sie als das Team in die Geschichte ein, das als erstes den Super Bowl gewinnen konnte.

Aus heutiger Sicht ragt vor allem Quarterback Aaron Rodgers aus der Liga heraus. Er ist der Quarterback mit dem besten Rating in der Geschichte der NFL und konnte die Packers 2010 zum Super Bowl führen. Rodgers verdrängt 2008 keinen Geringeren als den legendären Brett Favre, der immerhin dreimal MVP der NFL wurde und mit den Packers 1996 den Super Bowl gewinnen konnte. Für sie und wohl auch für einige andere ist es auf jeden Fall immer noch etwas Besonderes, einmal das Trikot der Packers überzustreifen.

Doch leider werden wohl nur die wenigsten von uns einmal das Glück haben, ein Heimspiel der Packers live sehen zu können.[41]

## WEIL DIE PATRIOTS NIEMALS BETRÜGEN

Erfolgreich ist nicht unbedingt immer die beste Mannschaft, sondern oft auch die, die die Regeln am besten interpretieren kann. Zugegeben gehört schon auch eine gute Mannschaft dazu, wenn man den Super Bowl gewinnen will. Doch hin und wieder schadet es wohl auch nicht, wenn man die Regeln zu seinen Gunsten auslegt oder gewisse Schlupflöcher sucht. Zumindest wird das den New England Patriots um ihren streitbaren Coach Bill Belichick immer wieder vorgeworfen. Oder vielleicht haben die Patriots auch einen besonderen Schutzengel, der eher Anwalt als ein von Gott gesandtes höheres Wesen ist. In jedem Fall wurde über keine Mannschaft in den letzten Jahren so heftig diskutiert wie über das Team aus Boston, die so etwas wie der FC Bayern München der NFL sind – von den einen geliebt von den anderen verachtet.

2000 übernahm Belichick die Patriots, die zumindest zu diesem Zeitpunkt nicht unbedingt für Angst und Schrecken unter ihren Gegnern sorgten. Auch in seiner ersten Amtszeit war Bill mit einer Bilanz von 5:11 nicht unbedingt ein Sieggarant. Doch schon in seinem zweiten Jahr führte Belichick die Patrioten zu einem völlig überraschenden Sieg beim Super Bowl XXXVI gegen die St. Louis Rams. Über dem Sieg lag aber seit dem AFC Divisional Game gegen die Oakland Raiders ein Schatten.

Das Spiel am 19. Januar 2002 wurde nicht nur als »Snow Bowl« bekannt, sondern auch als »Tuck Rule Game« oder als »Snow Job«. Dichter Schneefall erschwerte allen Beteiligten das Spiel. Berühmt wurde das Spiel vor allem durch eine Aktion. Oaklands Cornerback Charles Woodson sackte Patriots Quarterback Tom Brady, der daraufhin den Ball fumbelte. Als Raiders-Linebacker Greg Biekert den Ball in den Armen hielt, schien das Spiel zu Gunsten der Kalifornier gelaufen zu sein. Doch die Offiziellen sahen sich, ohne dass die Patriots dies verlangt hätten, den Spielzug noch einmal in den verschiedenen Wiederholungen an, um herauszufinden, ob Brady den Ball werfen oder ihn zu sich heranziehen wollte. In diesem Fall wäre die Aktion kein Fumble, sondern ein unvollständiger Pass und New England würde in Ballbesitz bleiben. Nach kurzer Beratung entschieden die Refs auf unvollständigen Pass, die Patriots kamen in diesem Drive zu einem Field Goal und entschieden das Spiel in der Verlängerung für sich. Bei Football-Fans brach ein Sturm der Entrüstung los. Dabei ging es nicht darum, dass die Pats das Spiel gewonnen haben, sondern um den entscheidenden Call der Refs, den man im deutschen Fußball wohl am besten mit dem »Bayern-Dusel« vergleichen kann.

Während man den Patriots bei der Tuck-Rule noch keinen Vorwurf machen kann, sieht die Sache fünf Jahre später ganz anders aus. Dieses Mal steht Head Coach Bill Belichick im Mittelpunkt der Kontroversen. Ihm wurde vorgeworfen, illegalerweise die Handzeichen der gegnerischen Defensive gefilmt zu haben. Später kam heraus, dass er dies wohl schon seit 2000 praktizierte. Mit den Videos konnte er sein Team besser auf die Gegner einstellen. Diese Methode brachte den Patriots eine 16:0-Saison ein, die erst im Super Bowl von den New York Giants gestoppt wurde, wobei Belichick stets betonte, dass er die Videos in einem Spiel niemals benutzt hatte. Später übergab er die Tapes der NFL, die diese sichtete und vernichtete. Belichick wurde zu einer Rekordstrafe von 500.000 Dollar verurteilt, die Patriots mussten noch einmal 250.000 Dollar zahlen und ihren Erstrunden-Pick für 2008 aufgeben.

Der Skandal kochte noch einmal hoch, als der *Boston Herald* berichtete, dass die Patriots den »Walkthrough« der St. Louis Rams vor dem Super Bowl XXXVI gefilmt haben sollen[42]. Bei einem Walkthrough werden alle geplanten Spielzüge ohne Gegner einmal durchgespielt. Kennt man diese Spielzüge, wäre es deutlich einfacher, die eigene Defense auf den Gegner einzustellen. Belichick bestreitet, die Rams gefilmt zu haben, und der *Herald* nahm die Vorwürfe zurück. Zudem gab der frühere Assistent, der den *Herald* informiert hatte, an, zwar eine Kamera aufgestellt, aber nicht gefilmt zu haben. Beweise gibt es keine, in den Gedächtnissen der Fans und der Medien bleibt der Vorfall in jedem Fall bestehen.

Zuletzt rückten die Patriots nach dem Conference Final 2015 gegen die Indianapolis Colts in den Fokus der Medien. Dem Team wurde vorgeworfen, dass ihre Bälle nicht richtig aufgepumpt gewesen wären. Ein weicherer Ball ist einfacher zu kontrollieren, zu werfen und zu fangen und die Bälle der Pats waren unter dem zugelassenen Mindestdruck. Da der Quarterback den Druck in den Bällen für sein Team bestimmen kann, sind die Spielgeräte in der NFL für beide Mannschaften unterschiedlich und die Patriots hatten dadurch einen klaren Vorteil.

Die Pats besiegten die Colts klar mit 45:7. Ob der Sieg auch ohne das »Deflate-Gate« (engl. deflate = Luft herauslassen) so deutlich ausgefallen wäre, kann hinterher keiner sagen. Die NFL-Verantwortlichen sahen darin einen Regelverstoß, die Pats durften den Sieg behalten, wurden aber hinterher zu einer Geldstrafe von einer Million Dollar verurteilt und verloren zwei Draft-Picks. Und so bleibt auch über dem vorletzten Sieg der Patriots im Super Bowl ein fader Beigeschmack. Nur beim letzten Triumph 2016 gab es keinen Anlass zu Diskussionen.

Man kann über die Patriots von 2001 bis 2015 sagen, was man will, es ist eine hervorragende Mannschaft mit großartigen Einzelspielern und einem herausragenden Trainer. Wer erfolgreich sein will, muss sich von Zeit zu Zeit auch Regeln beugen, wenn er nicht auf ewig nur Meister der Herzen bleiben will. Ob man am Ende auf seine reinen Hände oder auf drei Super-Bowl-Ringe schauen will, muss jeder selbst wissen. Ansonsten kann man auch gerne einmal beim FC Bayern nachfragen.[43]

## WEIL ES DIE ›GREATEST SHOW ON TURF‹ GAB

Die besten Spieler haben die besten Spitznamen. Ab und zu kommt es aber vor, dass man aus einem erfolgreichen Team keinen Spieler herausheben kann. Erst die Kombination aus mehreren Athleten macht eine Truppe zu etwas Besonderem. Dann bekommen eben mehrere Spieler gemeinsam einen Spitznamen verpasst. Jüngstes Beispiel ist die »Legion of Boom«, die hart spielende Secondary der Seattle Seahawks um die Cornerbacks Byron Maxwell und Richard Sherman sowie die Safetys Earl Thomas und Kam Chancellor. Ab Ende der 90er-Jahre sorgte hingegen die »Greatest Show on Turf« für Angstschweiß unter den Verteidigern in der NFL.

In Anlehnung an »The Ringling Brothers and Barnum & Bailey Circus«, der mit der »Greatest Show on Earth« auf Tour ging, wurde die Offensive der St. Louis Rams zwischen 1999 und 2001 mit diesem Ehrentitel bedacht. Denn das Spiel der Rams war ebenso aufregend und spektakulär wie die Show der Artisten. Da in St. Louis auf Kunstrasen (engl.: turf) gespielt wurde, wurde der Name eben leicht abgeändert. Zu verdanken haben die Angreifer der Rams ihren Namen ESPN-Reporter Chris Berman, der von der Darbietung des Teams so beeindruckt war, dass er sich zum Ausspruch »Forget Ringling Brothers; the Rams are the Greatest Show on Earth« hinreißen ließ. In Anlehnung an die Filmstudios und wegen Quarterback Kurt Warner wurden die Spieler zunächst auch als Warner Brothers bezeichnet. Später legten sich die Medien-macher aber auf die »Greatest Show on Turf« fest.

Zu ihrer Hochzeit brachen Quarterback Kurt Warner, der zuvor in der NFL Europe für die Amsterdam Admirals spielte, und seine Receiver alle Rekorde. Im Jahr 2000 schafften die Rams 7.335 Yards, davon 5.492 durch Passspiele. Warner hatte mit Isaac Bruce, Torry Holt, Az-Zahir Hakim und NFL-Veteran Ricky Proehl gleich vier beinahe gleichwertige Receiver zur Verfügung. Dazu kam noch Runningback Marshall Faulk, der gerne auch als Passempfänger eingesetzt wurde, und Tight End Ernie Conwell, der von Warner gerne im dritten Versuch gesucht und meistens auch gefunden wurde.

In den drei Jahren verbuchten die Rams immer über 500 Punkte (526, 540, 503). Das macht im Schnitt rund 32,7 Punkte pro Spiel. In allen drei Jahren waren Warner und Faulk Erster und Zweiter bei der Wahl des MVP, wobei Warner 1999 und 2001, Faulk im Jahr 2000 zum wertvollsten Spieler gewählt wurde. Zwischen 1999 und 2001 hatten die Rams eine Bilanz von 37-11 und standen zweimal im Super Bowl, den sie 1999 gegen die Tennessee Titans auch gewinnen konnten. Hier sorgte ein 72-Yard-Pass von Warner auf Bruce für die Entscheidung. 2001 standen sie im Super Bowl XXXVI gegen die New England Patriots, den sie unter umstrittenen Umständen verloren haben (s. Grund 49: Weil die Patriots niemals betrügen).

Doch die großartigste Show auf Kunstrasen war viel mehr als bloß nackte Zahlen, ein Super-Bowl-Titel, eine weitere Finalteilnahme und jede Menge Rekorde. Es war für viele Fans ein Grund, überhaupt ein Spiel anzuschauen. Denn wenn das Spiel der Rams zu dieser Zeit eines war, dann war es spektakulär. Dafür sorgte auch die Verteidigung, die vor allem in der 2000er-Saison zu der schlechtesten in der NFL gehörte. Punkte waren hier garantiert.

Selten gaben sich die Rams mit kleinen Raumgewinnen zufrieden. Offense Coordinater Mike Martz und Head Coach Dick Vermeil wollten die ganz große Show. Und sie hatten die perfekten Spieler dafür. Der eher etwas pummelig wirkende Kurt Warner hatte einen beeindruckenden Wurfarm, und die Receiver um

Bruce und Holt waren nicht nur schnell und hatten sichere Hände, sie waren auch beinahe gleich gut, sodass die Defense nie wusste, auf welchen Spieler sie sich konzentrieren sollten. So fand Warner häufig einen Anspielpartner für einen großen Raumgewinn. Dabei profitierte er von Hall of Famer Marshall Faulk, der immer dann zum Einsatz kam, wenn sich die Verteidigung auf ein Passspiel eingestellt hatte. Faulk rannte in der Saison 2000 für 1.359 Yards und erzielte 26 Touchdowns (18 per Lauf und acht durch einen Pass), obwohl er verletzungsbedingt nur 14 Spiele absolvieren konnte, und legte pro Lauf 5,4 Yards zurück.

Wer heute nicht weiß, was offensiver Football bedeutet, sollte sich auf YouTube mal ein Best-of-Video der Rams von 1999 bis 2001 anschauen. Spätestens dann weiß man, warum das Team die größte Show auf Kunstrasen, vielleicht sogar der ganzen Welt war.[44]

<br>

**51. GRUND**

## WEIL MAN EIN GANZES TEAM
## VERSCHWINDEN LASSEN KANN

Stellen Sie sich einmal vor, Sie möchten zum Training von Eintracht Frankfurt (oder jedes anderen beliebigen Vereins) gehen, und während Sie in Richtung Trainingsgelände schlendern, stellen Sie fest, dass die Parkplätze leer sind, auf dem Trainingsplatz alle Geräte fehlen und die Geschäftsstelle wie ausgestorben ist. Gemeinsam mit den anderen Trainings-Kiebitzen, Autogrammjägern und Groupies warten Sie vergeblich auf Spieler, Trainer, Manager oder Präsident. Auch Vertreter der Presse schauen ungläubig in die verwaiste Runde. Was hierzulande unmöglich ist, geschah so ähnlich in Baltimore 1984 bei den damals dort ansässigen Colts.

Schon lange lag Robert Irsay, der als exzentrisch geltende Millionär, mit der Stadt Baltimore im Clinch. Irsay hatte die Colts 1972 übernommen und wollte für sein NFL-Team ein neues Stadion. Das Memorial Stadium, das sich die Colts auch noch mit der heimischen Baseballmannschaft, den Oriols, teilen mussten, galt als veraltet. Der Plan der Stadt, ein neues Stadion für Baseball, American Football, Eishockey und Basketball zu bauen, das alle Beteiligten glücklich machen sollte, scheiterte an den entsprechenden Genehmigungen, und die Colts mussten weiterhin im ungeliebten Memorial Stadium spielen.

Über mehrere Jahre schwelte der Streit zwischen Irsay und der Stadt. Und während die Colts immer schlechter wurden und aus sportlicher Sicht bei Weitem nicht mehr an den Super-Bowl-Sieg von 1970 anknüpfen konnten, verhandelte Irsay mit mehreren anderen Städten über einen Umzug der Colts. Im Gespräch waren vor allem Phoenix und Indianapolis. Auch Los Angeles, Memphis und Jacksonville wurden als Alternativen zu Baltimore genannt. Zwar betonte Irsay stets, in Maryland bleiben zu wollen, doch ohne neues Stadion müsste er sich Gedanken über einen Umzug machen in eine Stadt, die den Football besser unterstützen würde.

In der Zwischenzeit wurde 1982 in Indianapolis mit dem Bau des Hoosier Domes begonnen. Zwar gab es in Indiana noch kein NFL-Team, doch die Verantwortlichen wollten Indianapolis unbedingt zu einer Sportstadt machen und hatten das große Ziel, mit dem neuen Stadion ein Franchise zu ködern. 1983 beantragte Irsay 15 Millionen von der Stadt, um das marode Memorial Stadium zu renovieren. Die Anfrage wurde jedoch abgewiesen und auf den nächsten Frühling verschoben. Von den 15 Millionen bekamen die Colts die Hälfte und die Oriols die andere, was Irsay natürlich nicht zufrieden stellte. Und so spitzte sich die Situation auf den 28. März 1984 zu.

An diesem winterlichen Frühlingstag beschloss der Senat von Maryland, dass die Stadt Baltimore die Colts per Gesetz zu einem öffentlichen Eigentum machen dürfte. Am Nachmittag rief Irsay bei den Verantwortlichen der Stadt Indianapolis an und bekam ein Angebot, den 77,5 Millionen teuren Hoosier Dome für die Colts nutzen zu dürfen. Zudem wurde ihm ein Kredit über 12,5 Millionen Dollar und noch einmal vier Millionen für ein Trainingsgelände angeboten. Irsay nahm das Angebot an und setzte so eine Kette in Gang, die im Sport bis dato einzigartig war und wohl auch immer bleiben wird.

Unter dem Druck, enteignet zu werden, setzte Irsay alle ihm zur Verfügung stehenden Hebel in Bewegung. Und im Schneegestöber der Nacht vom 28. auf den 29. März rollte eine riesige Flotte von gigantischen Trucks auf das Gelände der Baltimore Colts. Die Mitarbeiter des beauftragten Umzugsunternehmens luden alles ein, was nicht festgenagelt war, und innerhalb weniger Stunden war das Trainingsgelände der Colts komplett verpackt und reisefertig. Bälle, Briefumschläge, Unterlagen und Trainingsdummys wurden in wenigen Stunden verpackt, verladen und auf den Highway in Richtung Indianapolis geschickt. Die Spieler befanden sich zu diesem Zeitpunkt in den Ferien, waren aber bereits im Vorfeld über einen möglichen Umzug des Teams verständigt worden. In der Stadt und bei den lokalen Medien kursierten Gerüchte, doch wirklich gewusst hatte es keiner.

Und so waren die Vertreter der Medien mehr überrascht, als gegen 22:15 Uhr die ersten Anrufe besorgter Fans eingingen, was denn auf dem Gelände der Colts vor sich gehen würde. Doch die Mitarbeiter der Umzugsfirmen hatten strikte Anweisungen, mit niemandem, erst recht nicht mit Vertretern der Presse, über ihren Auftrag zu sprechen. Kevin Cowherd, Sportreporter der *Baltimore Evening Sun*, beschrieb dies später wie folgt: »Das war alles so surreal, wie in einem Science-Fiction-Film.« Und schon nach wenigen Stunden war der Spuk vorbei, und Baltimore hatte kein NFL-Team mehr.

Dass ein Franchise in den USA umzieht, ist nichts Besonderes. So spielten die St. Louis Rams früher in Los Angeles und zuvor in

Cleveland oder die Arizona Cardinals bereits in Phoenix, St. Louis und Chicago. Die Umstände, dass ein Team in einer Nacht verschwindet, ohne dass jemand sonst im Vorfeld davon wusste, bleibt in der außergewöhnlichen Geschichte der NFL aber wohl einzigartig.[45]

# KAPITEL 6

## Für Statistiker

# WEIL ERNIE DER BESTE PUNKTESAMMLER DER NFL IST

Woche für Woche gehen die Angreifer der NFL auf Punktejagd. Vor allem die Runningbacks stehen ganz weit oben, wenn man sich die Liste der besten Punktesammler der NFL anschaut. Hin und wieder schaffen es die besseren Runningbacks, in einem Spiel auch mehrfach in die Endzone zu laufen. Doch keiner hat in einem Spiel mehr Punkte gesammelt als ein Ballträger der Chicago Cardinals, der für sein Team gleich 40 Punkte holte. Von diesem Wert träumen die meisten Basketballprofis in der NBA.

Über die vier Touchdowns von Al Bundy in einem Spiel kann Ernie Nevers nur müde lächeln. Ihm gelang das Kunststück, am 28. November 1929 gleich sechsmal den Ball in die gegnerische Endzone zu tragen. Dies ist bis heute noch NFL-Rekord. Diesen hält Nevers gemeinsam mit Dub Jones von den Cleveland Browns und Gale Sayers von den Chicago Bears. Beide konnten so insgesamt 36 Punkte für ihr Team sammeln, wobei Sayers vier Lauf-, einen Fang- und einen Punt-Return-Touchdown erzielen konnte. Doch in den Anfangszeiten des Footballs war es üblich, dass ein Spieler noch mehrere Positionen besetzte. So spielte Nevers nicht nur Runningback, sondern auch Kicker. Und in dieser Funktion konnte er noch vier Extrakicks beisteuern und so insgesamt 40 Punkte für die Cardinals holen. Mehreren Quarterbacks ist es bereits gelungen, in einem Spiel sieben Touchdowns zu werfen, doch diese werden in einer eigenen Liste bewertet.

Man kann davon ausgehen, dass diesen Rekord so schnell niemand brechen wird. Denn entweder muss ein Spieler gleich sieben Touchdowns erzielen, oder zumindest sechs Touchdowns und zwei Two-Point-Conversions. Denn kein Coach würde heute noch auf die Idee kommen, seinen Runningback auch kicken zu lassen. Und ein Kicker müsste zehn Fieldgoals und zehn Extrapunkte verwandeln, um zumindest auf 40 Punkte zu kommen.

Fünf Spieler schafften fünf Lauf-Touchdowns in einem Spiel, und drei Spieler fingen fünf Touchdown-Pässe (Jerry Rice war 1990 der letzte). Doch die 40 Punkte von Ernie Nevers werden wohl ein Rekord für die Ewigkeit bleiben. Denn zum einen sind schon Spiele mit 49 Punkten für eine Mannschaft, also sieben Touchdowns, eine Seltenheit. Und dann müsste auch noch ein Spieler alle Touchdowns erzielen. Viele Mannschaften nehmen aber schon früher die Luft heraus und schonen ihre besten Spieler, wenn sie so überlegen sind. Insofern bleibt Nevers wohl für immer der Spieler mit den meisten Punkten in einem Spiel.

Der Rekord von Ernie »Big Dog« Nevers war dabei keine so große Überraschung. Denn Nevers war ein absolutes Multitalent, was den Sport angeht. Allerdings sah es lange nicht so aus, dass er gut genug war, um Profisportler werden zu können. Als Kind und Jugendlicher war er eher pummelig und war so oft Spott seiner Klassenkameraden. Auch beim Sport war er oft Zielscheibe und Opfer seiner Mitschüler. Gerade beim Football war er das auserkorene Lieblingsziel und musste viele harte Hits einstecken. Doch das hat ihn nach eigenen Angaben härter gemacht. Als er älter wurde, verlor er sein Übergewicht, und sein sportliches Talent kam zum Vorschein. So spielte er nicht nur Profifootball bei den Cardinals und zuvor bei den Duluth Eskimos, er verdiente auch Geld als Basketball- und Baseballspieler. Hier brachte er es sogar auf 18 Einsätze als Pitcher für die St. Louis Browns (sechs Siege) und warf gegen den legendären Babe Ruth, der ihm allerdings 1927 zwei Home Runs verpasste.

Doch seine wahre Liebe war der American Football. Insgesamt erzielte Nevers in 54 Spielen 38 TDs und 52 Extrapunkte. 1963 wurde er in die Hall of Fame der NFL aufgenommen. Unter anderem, weil er mit 40 Punkten den Punkterekord für die Ewigkeit aufgestellt hat.[46]

# WEIL ES NIE ZU KALT FÜR FOOTBALL IST

Footballprofis sind keine Weicheier. Sie halten und teilen nicht nur die härtesten Hits aus, ihnen kann auch das schlechteste Wetter nichts anhaben. Während sich Fußballer bei der ersten Schneeflocke am liebsten Handschuhe und lange Unterwäsche (Arjen Robben hat wohl einen eigenen Schrank für seine Unterhosensammlung) anziehen würden und die meisten Sportler ohnehin in irgendwelchen gut beheizten Hallen aktiv sind, scheint es für NFL-Profis gar nicht kalt genug sein zu können. Davon kann sich auch jeder selbst überzeugen, der schon einmal bei einem Heimspiel der Green Bay Packers im winterlichen Lambeau Field war. Zumindest sind Kälte und schlechtes Wetter kein Grund, ein NFL-Match abzusagen.

Tatsächlich gab es in der langen Geschichte der NFL kaum Spiele, die wegen schlechten Wetters oder den Auswirkungen davon abgesagt oder verlegt werden mussten. 1989 beschädigte ein Erdbeben den Candlestick Park, sodass das Spiel der 49ers gegen die Patriots umziehen musste. 1992 wurde das Spiel der Patriots gegen die Dolphins wegen Hurricane Andrew verschoben. Wegen eines Buschfeuers 2003 erklärte Governor Arnold Schwarzenegger den Notstand, sodass das Monday Night Game zwischen den San Diego Chargers und den Miami Dolphins ins Sun Devil Stadium nach Tempe, Arizona verlegt wurde.

2005 zwang Hurricane Katrina die New Orleans Saints, ihre Heimspiele in anderen Stadien auszutragen. Wegen eines Schneesturms musste das Sunday Night Game zwischen den Vikings und den Eagles auf Dienstag verschoben werden. Und 2014 war wiederum ein Schneesturm schuld, dass das Spiel der Bills gegen die Jets nach Detroit verlegt wurde. Bedenkt man dagegen, unter welchen

Bedingungen schon Football gespielt wurde, erscheint diese Bilanz geradezu lächerlich.

Es gibt einige Spiele, die in die Geschichte der NFL eingegangen sind, weil sie mit etwas Realismus unter komplett irregulären Bedingungen stattgefunden haben. Doch die NFL verschiebt Spiele nur, wenn es gar nicht anders geht. Entsprechend bleibt den Spielern nichts anderes übrig, als gute Miene zum bösen Spiel zu machen, sich Handschuhe anzuziehen, die Stiefel zu schnüren und aufs Feld zu rennen. Wobei die Trainer und Ersatzspieler am Spielfeldrand in so einem Fall noch deutlich schlimmer dran sind, da sie sich weniger bewegen können.

Berühmt geworden ist vor allem der sogenannte »Freezer Bowl«, der als kältestes Spiel der Footballgeschichte gilt. Am 10. Januar 1982 standen sich im AFC Championship Game die San Diego Chargers und die Cincinnati Bengals gegenüber. Gespielt wurde im Riverfront Stadium in Cincinnati, wobei man kaum von Spielen sprechen konnte. Denn im Stadion herrschten rund −23 Grad Celsius, was den über 46.000 Fans das Bier in den Bechern gefrieren ließ. Dazu kam ein eisiger Wind, der dank des sogenannten »Windchill-Faktors« die gefühlte Temperatur auf sportliche −51 Grad Celsius drückte.[47]

Haben Sie schon einmal versucht, bei Minusgraden einen Lederball zu werfen, zu fangen oder festzuhalten? Wenn ja, können Sie sich vorstellen, welches Niveau das Spiel hatte. Umso verwunderlicher war es, dass zumindest die heimischen Bengals mit den Temperaturen ganz gut klarkamen, und letztendlich das Match mit 27:7 für sich entscheiden konnten. Vielleicht hatten sie aber auch einfach die besseren Heizstrahler am Spielfeldrand stehen.

Zumindest waren die Teams besser vorbereitet als die Spieler beim »Ice Bowl«. Das Spiel zwischen den Green Bay Packers und den Dallas Cowboy am 31. Dezember 1967 galt lange als kältestes Spiel der NFL-Geschichte. Während des Spiels fiel das Thermometer auf frostige −26 Grad, wobei der Wind die gefühlte Temperatur auf – 44 Grad Celsius drückte. Am Ende des vierten Viertels betrug die gefühlte Temperatur sogar auf – 59 Grad Celsius. Zeitzeugen zufolge war es so kalt, dass den Schiedsrichtern die Lippen an der Metallpfeife festfroren. Und beim Versuch, die Pfeife wieder frei zu bekommen, rissen sie sich die Lippen blutig. Allerdings bildeten sich keine Tropfen, da das Blut direkt gefror. Statt zu pfeifen schrien die Referees, und CBS-Reporter Frank Gifford sagte live, er »nimmt jetzt einen Bissen von seinem Kaffee«.[48]

Auch für die Spieler war das Match kein Sommerausflug. Green Bays Jerry Kramer erzählte, dass der Boden aufgrund der Kälte so hart wie Beton war. Packers Linebacker Ray Nietzsche konnte nicht spielen, weil er Erfrierungen an sechs Zehen hatte. Und einige Spieler kamen erst kurz vor dem Kick-off ins Stadion, weil ihre Autos nicht angesprungen waren. Wenn man bedenkt, dass die Spieler aus Wisconsin an die Kälte gewöhnt waren, kann man sich kaum vorstellen, wie sich die Cowboys aus dem warmen Texas gefühlt haben dürften. Schnee lag zwar keiner, aber die Spieler fanden auf dem gefrorenen Rasen keinen Halt, sodass die Quarterbacks wieder und wieder gesackt wurden. Am Ende entschied Green Bays Quarterback Bart Starr das Spiel mit einem Lauf zugunsten der Packers (21:17), wobei er davon profitierte, dass die Verteidiger auf dem eisigen Untergrund ausrutschten. Am Ende waren alle Beteiligten froh, dass sie nach Hause durften und niemand auf dem Rasen festgefroren war.

Man stelle sich nur einmal vor, wie viele lange Unterhosen Arjen Robben an so einem Tag übereinander getragen hätte …

## WEIL ES KEIN SCHLECHTES WETTER GIBT

Gespielt wird in der NFL nicht nur bei der grimmigsten Kälte, sondern einfach immer. Da können die Bedingungen sein, wie sie wollen. Über eine Seenplatte, wie sie beim legendären Halbfinale bei der Fußball WM 1974 zwischen Deutschland und Polen herrschte, können NFL-Profis nur müde lächeln. Sie müssen sich bei ganz anderen Schwierigkeiten um das Ei prügeln. Entsprechend gibt es eine große Anzahl an legendären Spielen, die von den US-Journalisten gerne mit einer eigenen »Bowl« bezeichnet werden, obwohl es sich um kein Endspiel gehandelt hat.

Im Winter kann durchaus einmal Schnee fallen. Leider (oder zum Glück) sind nicht alle Stadien in der NFL überdacht. Ab und zu fällt dann so viel Schnee, dass auch das Geschehen auf dem Spielfeld davon beeinflusst wird. Davon können vor allem die Green Bay Packers ein Liedchen singen. Der eine oder andere Spieler ist mittlerweile vielleicht schon besser im Schneeballwerfen als im Umgang mit dem Football.

Berühmt wurde in dem Zusammenhang beispielsweise das NFC Divisional Play-off Game am 12. Januar 2008. Die Packers hatten beim 42:20 gegen die Seattle Seahawks vergleichsweise leichtes Spiel. In Erinnerung bleibt den Beteiligten das Spiel aber eher, weil dichtes Schneetreiben einsetzte. Immer wieder mussten Helfer mit Schneeschippen zumindest die wichtigsten Linien freischaufeln. Als sie mit dem Schippen nicht nachkamen, wurden motorisierte Schneepflüge eingesetzt. Während Packers' Runningback Ryan Grant mit 201 Yards und drei Touchdowns einen Sahnetag erwischte, vertrieben sich Quarterback Brett Favre und Receiver Donald Driber im vierten Viertel die Zeit, indem sie sich Schneebälle statt des Footballs zuwarfen.

Das Match zwischen Green Bay und Seattle wurde nicht zur »Snow Bowl« gekürt. Denn davon gab es schon zwei. Der erste fand am 1. Dezember 1985 natürlich in Green Bay statt. Hier schlugen die Packers die überforderten Buccaneers aus Tampa Bay mit 21:0. Schon vor dem Spiel fielen 30 Zentimeter Schnee, und während des Spiels kamen noch einmal knapp 13 Zentimeter dazu. Das führte dazu, dass wieder einmal Helfer mit Schneeschippen im Dauereinsatz waren. Und noch heute streiten sich die Experten, ob Tampa Bays weiße Trikots nun ein Vorteil oder ein Nachteil für das Team waren. Zumindest die Zuschauer hatten große Probleme, die weiß gekleideten Spieler im dichten Schneetreiben überhaupt erkennen zu können.

Der zweite Snow Bowl fand ausnahmsweise nicht in Green Bay, sondern in Philadelphia statt. Am 8. Dezember 2013 siegten die Eagles gegen die Detroit Lions mit 34:20. Die Meteorologen sagten einen leichten Schneefall in der Halbzeit voraus. Doch Frau Holle hatte andere Pläne. Denn es setzte ein massiver Schneesturm ein, der das Spielfeld in kurzer Zeit mit einer gut 15 Zentimeter dicken Schneeschicht überzog. Nachdem zur Halbzeit nur Detroit einen Touchdown erzielen konnte, legten beide Teams im dichten Schneefall plötzlich richtig los. Dabei verzichteten sie sowohl auf Field Goals wie auch auf den Extrapunkt. Denn das Spielfeld war so rutschig, dass die Kicker keinen festen Halt finden konnten.

Im Spiel mit den wenigsten Punkten der NFL-Geschichte siegten die Patriots mit 3:0 gegen die Miami Dolphins. Doch das Spiel wurde nicht als »Lowscore Bowl« bekannt, sondern als »Snowplow Bowl«. Denn auch am 12. Dezember 1982 wurde dichter Schneefall zum entscheidenden Faktor. Der Kunstrasen im Schaefer Stadium war durch überfrierenden Regen zu einer Eisfläche geworden. Zusätzlich gab es einen Schneesturm, der das Spielfeld mit einer dichten Schneedecke überzog. Die Schiedsrichter entschieden, dass eine Reihe von Schneepflügen das Spielfeld bespielbar machen sollten. New-Englands-Coach Ron Meyer schickte extra einen Schneepflug, um die Fläche für ein Field Goal freizuräumen. Diese waren eigentlich nur dafür vorgesehen, die Yard-Linien zu räumen. Doch ein verurteilter Einbrecher in einem Arbeitsprogramm tat Meyer den Gefallen, und reinigte den für den entscheidenden Kick vorgesehenen Bereich, und der Rest ist Geschichte.

Berühmt wurde das 30:13 der New York Giants gegen die Chicago Bears am 9. Dezember 1934 als »Sneakers Game«. Das Spielfeld war von einer dichten Eisschicht überzogen, und die Bears führten zur Halbzeit mit 10:3. Da hatte New Yorks Head Coach Steve Owen eine Idee. Da die Spielfläche so hart und eisig war, dass die Spieler mit ihren Stollenschuhen keinen festen Halt fanden, besorgte er in der Halbzeit in einem benachbarten Einkaufszentrum für alle Teammitglieder Sneakers. Mit diesen hatten die Spieler einen besseren Grip und erzielten im letzten Viertel 27 Punkte zum Sieg. Damit sorgten sie nicht nur für einen Durchbruch in der Schuhmode, sie beendeten auch die Serie der Bears nach 18 Siegen in Folge.

Es muss aber nicht immer Schnee sein, der das Spiel, sagen wir einmal »interessanter« macht. Das zeigt das Aufeinandertreffen der Chicago Bears und der Philadelphia Eagles im NFC Divisional Playoff Game am 31. Dezember 1988 im Soldier Field. Während das Wetter beim Kick-off noch sonnig war, setzte zu Beginn der zweiten Halbzeit dichter Nebel ein, der vom Lake Michigan her ins Stadion zog. Der Nebel war so dicht, dass weder der Stadionsprecher noch die Fans sehen konnten, was auf dem Spielfeld passierte. Auch Radiosprecher Wayne Larrivee konnte nur vermuten, was sich auf dem Rasen abspielte (»Der Ball ist intercepted, glaube ich zumindest … Ich kann es nicht erkennen«[49]). Zur Halbzeit stand es 17:9 für die Bears im Spiel, das später als »Fog Bowl« bekannt wurde. In der zweiten Hälfte konnten beide Teams nur noch jeweils ein Field Goal kicken. Zumindest sagen das die beteiligten Spieler. Gesehen hat es wohl keiner.

Das Spiel zwischen den Pittsburgh Steelers und den Miami Dolphins am 26. November 2007 endete 3:0 für die Stahlstädter. Spektakulär war es aber nicht wegen des Ergebnisses, sondern wegen der Begleitumstände. Denn es regnete den ganzen Tag wie aus Kübeln, sodass der komplette Platz eine schlimmere Seenplatte war als das Frankfurter Waldstadion an besagtem WM-Halbfinale. Nach dem Aufwärmen schickten die Refs die Spieler noch einmal für 25 Minuten in die Kabinen, bevor es endlich losging. Doch die Spieler wären besser in den Umkleideräumen geblieben. Denn an Football war auf dem Platz nicht zu denken. Höhepunkt war ein Punt, bei dem der Ball anstatt aufzuspringen einfach mit der Spitze im Matsch stecken blieb. Entsprechend wurde das Spiel später auch »Mud Bowl« genannt. Für die Entscheidung sorgte schließlich Kicker Jeff Reed 17 Sekunden vor Schluss mit einem 24-Yard-Field-Goal, der die Zuschauer wie die Spieler vor einer Verlängerung rettete.

### 55. GRUND

## WEIL EIN SPIEL ERST MIT
## DEM SCHLUSSPFIFF VORBEI IST

Ein Spiel dauert dem alten Sprichwort nach 90 Minuten. Beim Football sind es zwar nur 60, doch was der Sprücheklopfer Sepp Herberger damit ausdrücken will, ist klar. Auf der einen Seite soll man sich nie zu sicher sein und nicht schon vor dem Abpfiff feiern, auf der anderen Seite soll man auch bei einem noch so großen Rückstand nie aufhören zu kämpfen. Denn man hat zwar noch kein Pferd vor der Apotheke kotzen sehen (Pferde können sich nicht übergeben), sehr wohl ist beim Sport aber schon das eine oder andere sicher verloren geglaubte Spiel noch umgebogen worden. Und American Football ist das beste Beispiel, warum man nie aufgeben sollte.

Natürlich gehört zu einem erfolgreichen Comeback auch eine Menge Glück, und oft macht auch ein Gegner einen entscheidenden

Fehler. Das letzte Beispiel dafür ist Green Bays TE Brandon Bostick, der 2015 im NFC Championship Game gegen die Seattle Seahawks einen Onside Kick durch die Hände gleiten ließ. Seattle eroberte den Ball, glich daraufhin mit einem Field Goal aus und siegte in der Overtime, nachdem die Packers bereits 16:0 geführt hatten. Doch einige Teams und einige Quarterbacks scheinen geradezu auf Comebacks spezialisiert zu sein.

Das größte Comeback der Football-Geschichte ereignete sich am 3. Januar 1993, beim Play-off-Spiel zwischen den Buffalo Bills und den Houston Oilers. Die Oilers um Quarterback Warren Moon dominierten die erste Halbzeit. Moon brachte 19 von 22 Pässen für 220 Yards an den Mann und fand gleich viermal einen Receiver in der Endzone. Zur Halbzeit führten die Texaner mit 28:3. Trotz intensiver Halbzeit-Ansprache von Bills-Coach Marv Levy begann auch die zweite Hälfte, wie die erste aufgehört hatte. TE Keith McKeller ließ sich den Ball aus der Hand schlagen, und Houstons Bubba McDowell trug das Fumble in die Endzone. Die Oilers hatten die 30-Punkte-Vorsprung-Marke durchbrochen und führten mit 35:3. Als dann auch noch Star-Runningback Thurman Thomas ausfiel, schien die Katastrophe für Buffalo ihren Lauf zu nehmen.

Doch genau in dem Moment ging ein Ruck durch die Mannschaft. Während bei Houston nichts mehr klappte, holten die Bills Touchdown um Touchdown auf. Nach einem Lauf in die Endzone und vier erfolgreichen Pässen führte Buffalo sogar kurz vor dem Ende mit 38:35. Dabei hatten sie etwas Glück, als die Schiedsrichter bei einem Touchdown-Pass nicht gesehen hatten, dass Receiver Don Beebe vorher über die Auslinie getreten war. In so einem Fall hätte er den Pass von QB Frank Reich nicht fangen dürfen.

Zwar rettete sich Houston noch mit einem Field Goal in die Verlängerung und hatte dort sogar zunächst Ballbesitz, doch eine Interception von Warren Moon und das anschließende Field Goal besiegelten die Niederlage der Oilers und das größte Comeback der NFL-Geschichte. Bis heute sind 32 Punkte der größte Rückstand, der in der NFL jemals aufgeholt wurde. Daher wird das denk-würdige Spiel oft auch nur als »The Comeback« bezeichnet. Und während sich die Oilers in den Sommerurlaub verabschiedeten, siegten die Bills im Anschluss noch gegen die Pittsburgh Steelers und die Miami Dolphins und qualifizierten sich für den Super Bowl XXVII. Dort setzte es mit der 52:17-Niederlage gegen die Dallas Cowboys die dritte von insgesamt vier Super-Bowl-Niederlagen in Folge, und die Bills konnten sich davon überzeugen, dass man eben nicht in jedem Spiel ein Comeback feiern kann.

32 Punkte aufzuholen ist immer noch unerreicht. Zwei Mann-schaften gelang es immerhin, 28 Punkte aufzuholen. So siegten die San Francisco 49ers am 7. Dezember 1980 noch 38:35 gegen die New Orleans Saints. Das ist bis heute das größte Comeback in der Regular Season. In der Post-Season schafften es die Indianapolis Colts am 4. Januar 2014 im AFC Wild Card Game gegen die Kansas City Chiefs, ebenfalls 28 Punkte aufzuholen und am Ende mit 45:44 zu gewinnen.

Der Quarterback mit den meisten Comebacks ist im Übrigen nicht Joe Montana. Der »Comeback-Kid« hat »nur« 31 Spiele um-gebogen, wenn seine Teams mit einem Rückstand ins letzte Viertel gegangen sind, und liegt damit auf Platz 5. Führender in dieser Wertung ist Peyton Manning mit momentan 41 Comeback-Siegen (Stand: 1. März 2015) vor Dan Marino (36) und John Elway (35). Auch New Englands Tom Brady hat bereits 35 Spiele gedreht, hat aber seine Karriere noch nicht beendet. Insofern kann man davon ausgehen, dass »Tom Terrific« hier noch an Marino und Elway vorbeiziehen wird. American Football ist also das beste Beispiel, warum man nie zu früh den Kopf in den Sand stecken sollte. Oder fragen Sie mal bei der schwedischen Fußball-Nationalelf nach, die gegen Deutschland bereits mit 0:4 hinten lag. Oder eben bei den Buffalo Bills, die erst mit 32 Punkten hinten liegen müssen, bevor sie mit dem Spielen anfangen.

# WEIL MAN DEN BALL AUCH KICKEN KANN

In einem Sport, in dem körperliche Härte neben Taktik im Vordergrund steht, werden die Kicker von Fans und Mitspielern oftmals etwas belächelt. Nicht nur, dass sie von eher schmaler Statur sind, alleine vom Regelwerk sind sie vor allzu intensivem Körperkontakt besonders geschützt.

So gibt es direkt Strafen für die Verteidiger, wenn sie den Kicker angreifen, wenn dieser den Ball schon weggeschossen hat. Entsprechend nehmen die Kicker und Punter im Kader der Teams oft eine Sonderrolle ein. Aber spätestens wenn das Spiel kurz vor dem Ende knapp ist, zeigt sich, wie wichtig es ist, einen guten Kicker zu haben. Denn um mit auslaufender Uhr den Ball zum spielentscheidenden Field Goal durch die Stangen zu kicken, reicht Talent nicht aus. Dafür brauchen die Sportler Nerven aus Stahl und absolutes Vertrauen in die eigenen Fähigkeiten. Kicker mit diesen Eigenschaften werden dafür von den Fans geliebt und von den Medien gefeiert.

Einer, der das Zeug zu so einem Star-Kicker hat, ist Dan Bailey von den Dallas Cowboys, obwohl er erst seit drei Spielzeiten in der NFL aktiv ist. Ohne gedraftet zu werden, unterschrieb Bailey 2011 einen Vertrag in Texas und avancierte schnell zu einem der gefeierten Stars des Franchises. Schon jetzt gilt er als einer der besten Kicker des Sports und holte sich den Rekord für den treffsichersten Kicker der NFL-Geschichte. Von seinen ersten 100 Field-Goal-Versuchen versenkte Bailey über 90 Prozent, darunter auch einige Game Winner. Für seine ersten 100 verwandelten Field Goals benötigte er nur 110 Versuche. Aktuell ist er mit 114 Treffern bei 127 Versuchen und einer Quote von 89,8 Prozent der treffsicherste Kicker in der Geschichte der NFL.

Um aber in einem Zug mit den ganz Großen der Szene genannt zu werden, muss Bailey noch eine Weile kicken. So visierte Morten Andersen in seiner Karriere 709-mal die Stangen an und verwandelte immerhin 565 Versuche für New Orleans, Atlanta, die N.Y. Giants, Kansas City, Minnesota und Atlanta. Das sind beides Rekorde, die nicht so schnell gebrochen werden. Andersen ist es auch, der mit 35 verwandelten Kicks im vierten Viertel oder in der Verlängerung die meisten Spiele für seine Farben entschieden hat. Mit acht Game Winnern hat Bailey hier noch einiges aufzuholen.

In dieser Kategorie ist Colts-Kicker Adam Vinatieri dem Rekordhalter knapp auf den Fersen. Vinatieri konnte zwar bisher »nur« 30 Spiele entscheiden, darunter aber immerhin zweimal den Super Bowl (XXXVI, XXXVIII). Mit seinen 42 Jahren wird er aber nicht mehr allzu lange gegen das Ei treten. Mit 478 verwandelten Kicks wird er aber auch hier Andersens Rekord wohl nicht mehr brechen.

Auch andere Kicker setzten besondere Highlights. So gelang es Mike Vanderjagt (Indianapolis) zwischen 2002 und 2004, 42 Kicks hintereinander zu verwandeln. In einem Spiel traf Rob Bironas (Tennessee) acht Versuche und ist in dieser Kategorie Rekordhalter der NFL. Den Rekord für die meisten erfolgreichen Versuche in einem Viertel halten gleich acht Kicker, die jeweils viermal den Ball zwischen die Stangen kickten. Matt Stover kickte für Baltimore in 38 Spielen hintereinander ein Field Goal. Und in einer Saison war Neil Rackers (Arizona) gleich 40-mal erfolgreich.

Für ein besonderes Highlight sorgte Denvers Kicker Matt Prater am 8. Dezember 2013. Im Kampf um die Play-offs gelang es ihm, gegen die Tennessee Titans ein Field Goal aus 64 Yards zu erzielen. Es war zwar »nur« die letzte Aktion vor der Halbzeit, dennoch kickte sich Prater in die Geschichtsbücher, als er den alten Rekord von Tom Dempsey und Jason Elam um ein Yard übertreffen konnte. Und spätestens in solchen Momenten wird es keiner wagen, sich wieder einmal über den Kicker lustig zu machen.[50]

# WEIL ES SO VIELE SCHÜSSELN GIBT

In der NFL geht es um den Super Bowl, in der GFL um den German Bowl und in der NFL Europe ging es um den World Bowl. Wo immer American Football gespielt wird, streiten sich die Teams um eine der begehrten Schüsseln, was »Bowl« übersetzt wirklich heißt. Sofern es eine Liga mit einem Endspiel gibt, ist die Orientierung noch recht einfach. Etwas komplizierter, und das ist noch euphemistisch ausgedrückt, wird es im College Football. Wahrscheinlich kann auch in den USA keiner den Überblick über sämtliche College Teams behalten. Mehrere Hundert Universitäten und Hochschulen stellen eine Mannschaft, die in verschiedenen Ligen um 40 verschiedene Schüsseln spielen. Wer letztendlich in den Bowls steht, die teilweise exotische Namen haben wie die Famous Idaho Potato Bowl, die Popeyes Bahamas Bowl, die Zaxby's Heart of Dallas Bowl, die GoDaddy Bowl oder die Chick-fil-A Peach Bowl, ist unterschiedlich. Das liegt auch daran, dass die verschiedenen Ligen und Conferences unterschiedlich organisiert sind.

Zugegeben ist es bei 120 Teams der ersten Liga auch schwierig, ein vernünftiges System zu etablieren. Von den mehreren Hundert Teams in den unteren Ligen ganz zu schweigen. Daher wird nach der heute gültigen Regelung nach der regulären Saison eine Liste der besten 25 Teams der USA durch Umfragen bei Journalisten, Trainern und weiteren Experten erstellt. Wer nun glaubt, dass dieses Verfahren ungerecht ist, sollte sich die frühere Vorgehensweise besser nicht anschauen. Denn damals wurden die Teilnehmer der Bowls vom Veranstalter ausgewählt. Gefiel eine Mannschaft nicht oder kam sie einem zu stark vor, blieb diese dann zu Hause und durfte den anderen Teams bei den Bowls zuschauen.

Die Bowls finden traditionell um den Jahreswechsel statt. Hier treffen dann beispielsweise der Sieger der Big Ten Conference, die eigentlich aus elf Mannschaften besteht, auf den Sieger der Pac Ten.

Sich die Namen aller Bowls zu merken, ist nur etwas für die größten Football-Experten. Für gepflegtes Fachwissen reicht auch, dass es die vier großen Endspiele gibt, den Sugar Bowl, Rose Bowl, Fiesta Bowl, Orange Bowl, die in einer Bowl Championship Series (BCS) zusammengefasst sind. Hier spielen in der Regel auch die besten College Teams gegeneinander. Zu den Siegern der sechs wichtigsten Conferences (Pac-12, Big-12, Big-10, SEC, ACC, Big East) kommen noch zwei weitere Teams, die sich durch herausragende Leistungen hervorgetan haben. Seit 1998 wird dann unter den Siegern der vier großen Bowls die nationale College-Meisterschaft ausgespielt.

Zugegeben gibt es wohl kein komplizierteres System als College Football. Dennoch sollte man sich ein Spiel anschauen, wenn man die Gelegenheit dazu hat. Denn da die Fans in der Regel selbst noch auf dem College sind oder Absolventen desselben, ist die Stimmung oft mindestens so gut wie in der NFL und häufig emotionaler. Daher finden die großen Bowls oft auch vor über 100.000 Zuschauern statt. Wen interessiert es da noch, nach welchem System sich ein Team dafür qualifiziert hat.

## WEIL ES DAS QUARTERBACK-RATING GIBT

Amerikaner lieben Statistiken. Das gilt besonders für Sportler, Fans und Sportmedien. Gerade im American Football lässt sich alles zählen und vergleichen. Wie viele Yards ist ein Spieler gelaufen, wie viele Tackles hat er gebrochen, wie gut ist die Quote eines Kickers im vierten Viertel, und wie viele Siege fährt eine Mannschaft ein, wenn sie mit mehr als drei Punkten Führung in die Halbzeit geht. Überspitzt formuliert gibt es nichts, was die Amerikaner in ihrem Lieblingsspiel nicht zählen und messen. Nur beim Quarterback wird das etwas schwieriger.

Die Leistung eines Spielmachers lässt sich leider nicht so einfach in Yards messen. Welcher Quarterback ist besser? Der mit 40 erfolgreichen Pässen bei 50 Versuchen 160 Yards erzielt, dabei keinen Fehlpass und keinen Touchdown geworfen hat? Oder der riskante QB, der mit 20 Pässen bei 45 Versuchen 400 Yards geschafft hat, dem dafür aber eine Interception unterlaufen ist, der aber dafür auch zwei Touchdowns geschafft hat? Um diese Frage zu beantworten, haben findige Köpfe eine Formel erdacht, die genau das ausdrücken soll.

Fast jede Liga hat dabei eine eigene Formel, die das sogenannte Quarterback-Rating berechnen soll. In der NFL wird dabei die Formel von Don Smith verwendet, die dieser 1973 aufgestellt hat. Diese Rechnung gibt an, wie gut ein Quarterback letztendlich tatsächlich war.

In der Smith'schen Formel werden vier Faktoren addiert. Wer nicht gerade Mathematik studiert oder einen Zahlenfetischismus hat, darf diesen Abschnitt nun getrost überspringen und weiter unten weiterlesen. Denn wirklich nachvollziehbar ist die Formel von Don Smith wohl nur für Professoren der höheren Mathematik.

Zum Ersten wird die Anzahl der erfolgreichen Pässe durch die Anzahl der Versuche dividiert, mit 100 multipliziert. Vom Ergebnis wird 30 abgezogen und das Ganze durch 20 dividiert. Zum Zweiten wird der erzielte Raumgewinn durch die Anzahl der Versuche geteilt und vom Ergebnis drei abgezogen. Das Ergebnis wird anschließend noch durch vier geteilt. Die dritte Zahl ist die Zahl der erzielten Touchdowns durch die Zahl der Versuche. Das Ergebnis wird mit 20 multipliziert. Die letzte Ziffer ist 2,375. Davon wird die Zahl der Interceptions durch die Zahl der Wurfversuche abgezogen und mit

25 multipliziert. Die einzelnen Werte werden am Ende addiert, durch sechs geteilt und mit hundert multipliziert. So viel zur Formel. Die Rechnungen in anderen Ligen sehen recht ähnlich aus, haben nur andere Faktoren zum Multiplizieren, Addieren und Dividieren.

Jetzt können auch die Nicht-Mathematiker wieder mitlesen.

Am Ende der Rechnung gibt es einen Maximalwert. Dieser beträgt 158.3. Einen besseren Wert kann es für einen Quarterback in der NFL nicht geben. Ein Spieler erreicht diesen Wert, wenn er mindestens 77,5 Prozent seiner Pässe an den Mann bringt, dabei pro erfolgreichem Pass mindestens 12,5 Yards erzielt, bei mindestens 11,875 Prozent aller Pässe einen Touchdown erzielt und dabei keine Interception wirft. Alles klar, oder?[51]

Tatsächlich wird dieser Maximalwert auch hin und wieder von einem Spieler erreicht. Betrachtet man eine ganze Saison, hält Green Bays Quarterback Aaron Rodgers den Rekord. Er erreichte in der Saison 2011 ein durchschnittliches Rating von 122.5. Allerdings fiel er im letzten Spiel verletzungsbedingt aus. Dadurch konnte er in nur 15 Spielen auflaufen und seinen Wert nicht weiter verbessern. Allerdings konnte er auch nicht hinter die bis dahin gültige Bestmarke von Peyton Manning aus der Saison 2004 zurückfallen, der mit 121.1 die bis dahin gültige Bestmarke aufgestellt hatte.

An dieser Stelle kann man für alle nicht totalen Football-Experten anmerken, dass alleine ein durchschnittliches Rating von 100 nur selten erreicht wird und in einzelnen Spielen schon als sehr gute Leistung gilt.

Betrachtet man die gesamte Karriere, liegt auch hier Aaron Rodgers vorne. Er schaffte bisher ein unglaubliches QB-Rating von 106.0, womit er auch der einzige Spieler ist, der in seiner gesamten Karriere über der 100-Punkte-Marke liegt. Auf Platz 2 folgt hier Tony Romo mit 97.6 knapp vor Peyton Manning mit 97.5. Hier können nicht einmal die Quarterback-Legenden Tom Brady (5.) 95.9, Joe Montana (10.) 92.3, Dan Marino (18.) 86.4 oder Bret Favre (20.) 86.0 mithalten.[52]

Allerdings gibt es auch Kritik an der Formel. Denn einige wichtige Faktoren im Quarterback-Spiel werden hier nicht berücksichtigt. So spielt es keine Rolle, wie viele Yards der QB selbst mit dem Ball unter dem Arm nach vorne rennt. Das wurde aber in den letzten Jahren immer wichtiger. Auch die Zahl, wie oft er gesackt wird, spielt keine Rolle. So kann man einem Quarterback vorwerfen, dass er sich lieber zu Boden reißen lässt, statt einen Fehlpass zu werfen, um seine Statistik nicht zu verschlechtern. Hier arbeiten Mathematiker unter Hochspannung an einer neuen Formel, in die sämtliche Faktoren des Quarterbackspiels einfließen.

Im Endeffekt bleibt das Rating eine nette Spielerei, mit der die Statistik-Fetischisten etwas zum Spielen haben.

# KAPITEL 7

## Alles Super

# WEIL ES DEN SUPER BOWL GIBT

Die ganze Welt schaut zu, die größten Musikstars prügeln sich darum, in der Halbzeit auftreten zu dürfen, und in den USA steht das Leben still. Auch in Deutschland begeistern sich immer mehr Menschen für American Football und erscheinen am Montag nach dem Spiel verschlafen oder gar nicht zur Arbeit. Der Super Bowl am ersten Sonntag im Februar ist aus dem Sportkalender des Jahres nicht mehr wegzudenken und hält die komplette Sportwelt bereits Wochen zuvor in Atem. Dabei gibt es das Endspiel der NFL in dieser Form noch gar nicht so lange.

Der Super Bowl, wie wir ihn heute kennen, wird erst seit 1967 ausgetragen. Im Vorfeld gab es mehrere kleinere Ligen, die ihren eigenen Meister ausspielten. Eine davon war die American Professional Football Association, aus der später die NFL hervorgehen sollte. Erster Sieger der APFA waren die Akron Pros, die die reguläre Saison mit acht Siegen gewannen. Play-offs gab es damals noch nicht. 1922 wurde die APFA in NFL umbenannt. Seit 1932 gab es zwei Conferences, die Western und die Eastern Conference, die im NFL Championship Game ihren Sieger ausmachten. Im ersten NFL Championship Game schlugen die Chicago Bears die New York Giants mit 23:21.

American Football wurde auch dank der Entwicklung des Fernsehens immer beliebter, und viele Städte wollten ein eigenes Profiteam haben. Doch die NFL sperrte sich lange gegen eine Erweiterung. Daraufhin gründeten einige reiche Geschäftsleute in Kooperation mit dem Fernsehsender ABC im Jahr 1960 eine eigene American Football Liga mit dem innovativen Namen »American Football League« (AFL), an der zunächst acht Teams, ab 1966 zehn Teams teilnahmen.

Dank einiger Regeländerungen und der intensiven Berichterstattung durch ABC wuchs die AFL zu einer ernsthaften Konkurrenz zur NFL heran. Da die Fans wie die Verantwortlichen in zwei Lager gespalten waren, blieb der Ruf nach einem direkten Vergleich nicht aus. Zudem behaupteten beide Ligen, die bessere zu sein. 1967 fand dann der erste direkte Vergleich zwischen dem Meister der NFL, den Green Bay Packers, und dem Meister der AFL, den Kansas City Chiefs, statt. Vor den Augen der American-Football-Welt setzten sich die Packers im Spiel, das später als erster Super Bowl betrachtet wurde, mit 35:10 gegen die Kansas City Chiefs durch.

Das System mit zwei getrennten Ligen, die ihren Meister ins NFL-AFL Championship Game schickten, blieb vier Jahre bestehen. Beide Ligen konnten je zweimal den Gewinner stellen. Zweimal siegten die Packers für die NFL (67 und 68), für die AFL waren die New York Jets (1969) und die Kansas City Chiefs (1970) erfolgreich. Nach dem Finale 1970 fusionierten beide Ligen zur NFL und treten seitdem in zwei getrennten Conferences gegeneinander an. Erster Sieger der neuen NFL waren die Baltimore Colts, die im ersten echten Super Bowl die Dallas Cowboys mit 16:13 bezwingen konnten.

Den Namen Super Bowl verdankt das NFL-Endspiel angeblich einem Kinderspielzeug. Schon damals hießen die Endspiele in den verschiedenen College-Ligen »Bowls«. Für das Spiel zwischen den Siegern der NFL und der AFL musste allerdings noch ein Name her. Die Tochter von Lamar Hunt, dem Besitzer der Kansas City Chiefs, spielte mit einem Spielzeug namens Super Ball. Das inspirierte Hunt, dessen Vorschlag, das Endspiel Super Bowl zu nennen, von den NFL-Verantwortlichen angenommen wurde[53]. Seit 1969 heißt das Spiel dann auch offiziell Super Bowl, nachdem es bis dahin nur inoffiziell so genannt wurde. Im Nachhinein wurden dann auch die beiden Endspiele 67 und 68 als Super Bowl bezeichnet und die Green Bay Packers zum Sieger der ersten beiden Super Bowls erklärt.

Die Super Bowls werden aus Gründen, die wohl nur die NFL-Ver-antwortlichen der 60er-Jahre kennen, mit römischen Zahlen be-zeichnet. Das macht es nicht immer einfach, zu wissen, um welchen Super Bowl es sich handelt. Oder wer weiß auf Anhieb, was XLVII bedeutet. Insofern gewannen die Packers Super Bowl I und II. Die einzige Ausnahme bildet Super Bowl 50 im Jahr 2016, der nicht Super Bowl L, sondern eben Super Bowl 50 hieß wird. Im Anschluss ging es dann mit Super Bowl LI weiter.

In fast 50 Jahren Super Bowl ist einiges passiert. Am häufigsten durften dabei die Fans der New England Patriots hoffen, bangen und jubeln. Insgesamt standen die Pats in zehn Super Bowls und damit zweimal mehr als die Dallas Cowboys, Denver Broncos und die Pittsburgh Steelers. Im Gegensatz zu den Cowboys (5-3) und den Patriots (5-5) konnten die Steelers aber sechsmal gewinnen und sind dadurch der bisherige Rekord-Champion. Fünf Niederlagen im Super Bowl mussten die Denver Broncos verkraften. Immerhin konnten sie auch dreimal die Vince Lombardi Trophy in die Höhe stemmen. Das unterscheidet sie von den Minnesota Vikings und den Buffalo Bills, die jeden ihrer vier Super Bowls verloren haben. Vier Teams der NFL-Geschichte haben das Endspiel bisher immer verpasst. Die Detroit Lions, die Cleveland Browns und die beiden Expansion Teams Jacksonville Jaguars und Houston Texans mussten beim letzten Spiel der Saison bisher immer zuschauen. Bei den Spie-lern sind Linebacker Charles Haley und QB Tom Brady die Rekord-gewinner, die jeweils fünfmal triumphieren konnten. Haley gewann zweimal mit den San Francisco 49ers und dreimal mit den Dallas Cowboys, und Brady holte alle Titel mit den New England Patriots.

Statistiken und Geschichten rund um den Super Bowl füllen bereits eigene Bücher und würden den Rahmen hier definitiv sprengen. Im Grunde genommen warte ich sowieso noch auf das Buch *111 Gründe, den Super Bowl zu lieben*. Denn rund um das NFL Endspiel passieren so viele Dinge, dass ein Buch dafür nicht reichen würde. Ein paar Gründe gibt es auch hier im Buch.

Daher freuen wir uns einfach, dass es den Super Bowl gibt und dass auch die TV Sender in Deutschland erkannt haben, wie wichtig das Spiel für die Sportwelt ist. Der erste Sonntag im Februar ist dann der Tag, an dem man das wichtigste Spiel des Jahres in der NFL auch in Deutschland live sehen und die größte Sortshow der Welt genießen kann. Dann nimmt man auch gerne in kauf, wenn man am Montag darauf im Job ein kurzes Nickerchen halten muss.

60. GRUND

## WEIL NIEMAND, ODER DOCH JEDER, DEN SUPER BOWL AUSTRAGEN WILL

Heimspiele gewinnt man im Normalfall häufiger als Auswärtsspiele. Das gilt beim American Football ebenso wie bei allen anderen Sportarten. Schließlich fühlt man sich zu Hause am wohlsten, hat die Fans im Rücken, kennt das Stadion und hat keine Reisestrapazen in den Knochen. Entsprechend könnte man meinen, dass jeder Spieler davon träumt, einmal den Super Bowl in der heimischen Arena austragen zu können. Doch bei den heimischen Spielern dürfte die Entscheidung der NFL für ein Stadion immer für Sorgenfalten und Schweißausbrüche auf der Stirn sorgen. Denn ähnlich wie in der Fußball-Champions-League ist es noch keiner Mannschaft gelungen, im eigenen Stadion den Super Bowl zu gewinnen. Im Gegensatz zum FC Bayern beim »Finale dahoam« hat es sogar noch kein Team geschafft, das Endspiel zu erreichen, wenn es in der eigenen Arena stattfand. In den USA wird daher auch vom Super-Bowl-Fluch gesprochen.

Das Endspiel in der NFL wird in jedem Jahr in einem anderen Stadion ausgetragen. Das zuständige Komitee legt immer drei bis fünf Jahre im Voraus fest, wo genau um den wichtigsten Titel im

American Football gespielt wird. Entsprechend könnten die Spieler versuchen, bei dem jeweiligen Team unterzukommen oder vom austragenden Team wegzukommen. Schließlich spricht die Statistik ganz eindeutig gegen den Traum, im eigenen Stadion oder wenigstens in der eigenen Stadt einen Titel zu holen.

Das Endspiel im eigenen Stadion hat noch kein Team erreicht. Zwei Teams konnten immerhin den Super Bowl in der eigenen Stadt erreichen, auch wenn in der Arena eines anderen Teams gespielt wurde. So verloren die Los Angeles Rams, die mittlerweile nach St. Louis umgezogen sind, im Super Bowl XIV gegen die Philadelphia Eagles im Rose Bowl. Noch näher dran waren die San Francisco 49ers im Super Bowl XIX. Die 49ers gewannen sogar gegen die Miami Dolphins. Allerdings wurde nicht im eigenen Candlestick Park, sondern im Stanford Stadium gespielt, der Arena der Universität, in der normalerweise das College Team antritt.

Seitdem hat es keine Mannschaft mehr geschafft, zumindest in die Nähe des Finales zu kommen, wenn dieses in der heimischen Arena stattfinden sollte. Der Super Bowl im eigenen Stadion scheint sogar ein schlechtes Omen für eine erfolgreiche Saison zu sein. In der Geschichte der NFL schlossen vier Teams mit der schlechtesten Bilanz aller Mannschaften ab, wenn der Super Bowl in ihrem Stadion stattfinden sollte. Das letzte Team waren 2011 die hoch gehandelten Indianapolis Colts, zuvor versagten bereits die Houstin Oilers (1973), die New Orleans Saints (1980) und die Tampa Bay Buccaneers (1983). In 40 Jahren Super Bowl, wobei das Spiel sechsmal in einem Stadion ohne NFL-Team stattfand, hatten nur elf Gastgeber am Ende der Saison eine positive Bilanz. Viermal war die Saison ausgeglichen, und 25-mal hatten die Teams nach dem letzten Spiel mehr Niederlagen als Siege auf dem Konto.

Beim Super Bowl XLVIII, der erstmals in New York ausgetragen wurde, hatten sogar zwei Teams die Chance auf ein Endspiel im eigenen Stadion. Doch sowohl die Jets wie auch die Giants, die beide ihre Heimspiele im MetLife Stadium austragen, verpassten die

Play-offs und brachten sich so schon frühzeitig um die Chancen auf ein »Finale dahoam«.

Für die Heimmannschaft hat der Heim-Fluch aber auch etwas Gutes. Denn der (oder die) Gastgeber bekommen VIP-Tickets für den Super Bowl. Und wenn man schon selbst nicht auf dem Platz stehen kann, können die Spieler zumindest gemütlich in ihrer Loge sitzen und bei Essen und Getränken beim wichtigsten Spiel des Jahres zuschauen.

## WEIL JEDER VINCE LOMBARDI TRAGEN WILL

Jeder Wettbewerb hat seine große Trophäe. Diese muss nicht immer hübsch sein, wie die DFB-Meisterschale beweist, und auch nicht sonderlich praktisch. So kann man aus dem Fußball-WM-Pokal nicht einmal ein Glas Bier trinken. Verschiedene Sportarten haben die seltsamsten Siegespokale hervorgebracht. Da bekommt man als Sieger plötzlich eiserne Pfannen (College Football), Holzindianer (ebenfalls College Football), rosa Goldfischgläser (Tennis), dicke nackte Frauen aus Holz (Damentennis) oder kleine chinesische Tempel (Golf) in die Hand gedrückt, was die Freude vielleicht etwas trübt, wenn man sich vorstellt, so etwas zu Hause auf den Kamin stellen zu müssen. Dagegen mutet die Vince Lombardi Trophy, die es für den Sieg im Super Bowl gibt, noch ganz normal an.

Die wichtigste Trophäe im American Football wurde zum ersten Mal 1967 an den Sieger das Endspiels in der NFL verliehen. Die erste Mannschaft, die sich die Vince Lombardi Trophy in die Vitrine stellen durfte, waren die Green Bay Packers, die das AFL-NFL World Championship Game gegen die Kansas City Chiefs mit 35:10 für sich entscheiden konnten. Dieses Spiel zwischen den beiden großen Football-Ligen wurde als erster Super Bowl betrachtet.

Gestaltet wurde der Pokal, der einen Football auf einer Kicking Plate darstellt, von Oscar Riedner, dem damaligen Vizepräsidenten von Tiffany & Co. Er zeichnete die erste Skizze für die Vince Lombardi Trophy 1966 beim Mittagessen mit NFL Commissioner Pete Rozelle auf eine Papierserviette. Da der Pokal damals auch vom Schmuckhersteller gefertigt wurde, natürlich in Handarbeit, wurde die Trophäe zunächst als »Tiffany Trophy« bezeichnet. Im Gegensatz zu vielen anderen Pokalen ist die Trophäe kein Wanderpokal, sondern darf vom Sieger des Super Bowls behalten werden. Daher muss in jedem Jahr ein neuer Pokal angefertigt werden. Bis heute wird diese ehrenvolle Aufgabe von Tiffany übernommen.

1970 wurde der Pokal in Vince Lombardi Trophy umbenannt. Lombardi war Head Coach der Green Bay Packers und gewann mit den »Cheeseheads« die ersten beiden Super Bowls. Am 3. September 1970 verstarb Lombardi im Alter von 57 Jahren an Krebs. Um den ersten Meistertrainer zu ehren, wurde die Tiffany Trophy nach Lombardi benannt, wobei es für einen Pokal im American Football in jedem Fall passender ist, nach einem Trainer als nach einem Schmuckhersteller benannt zu werden. 1971, im Super Bowl V, wurde dann zum ersten Mal die Vince Lombardi Trophy verliehen. Das erste Team, das den silbernen Football in Empfang nehmen durfte, waren die Baltimore Colts, die die Dallas Cowboys mit 16:13 geschlagen hatten.

Seit Super Bowl XXX darf der Besitzer des siegreichen Teams den Pokal direkt auf dem Rasen in die Höhe stemmen. Wobei die meistens schon etwas älteren Teambesitzer nicht wirklich viel stemmen müssen. Mit 56 Zentimeter Höhe und einem Gewicht von 3,2 Kilo zählt die Vince Lombardi Trophy zumindest von den Ausmaßen her eher zu den kleineren Pokalen in der Welt des Sports. Zuvor wurde die Trophäe nach dem Spiel im Umkleideraum des Super-Bowl-Gewinners übergeben. Seit 2005 gibt es sogar eine eigene Hymne dazu, die von David Robidoux & Tom Hedden komponiert wurde. Gefertigt ist sie aus massivem Sterling-Silber. Dadurch hat der Pokal einen Materialwert von ca. 50.000 Dollar. Der Pokal wird immer noch von Hand gefertigt, was ca. 72 Arbeitsstunden benötigt. Nachdem der Pokal an den Eigentümer überreicht wurde, wird die Trophäe noch einmal zu Tiffany zurückgeschickt, wo der Name des siegreichen Teams, das Datum, der Ort und das Ergebnis eingraviert werden. Danach darf das Team den Pokal behalten. Zudem wird noch eine Miniatur für jede beteiligte Person angefertigt.

Rekordsieger sind die Pittsburgh Steelers. Sie durften sich die Vince Lombardi Trophy gleich sechsmal in die Vitrine stellen. Mit fünf Titeln folgen die Dallas Cowboys, die San Francisco 49ers und die New England Patriots.[54]

<br>

**62. GRUND**

## WEIL JEDER EINEN RING BEKOMMT

Ein Ring kann viele Bedeutungen haben. Die wichtigste ist wohl, wenn man bei der Hochzeit einen geliebten Menschen für immer an sich bindet. Gerade bei gut verdienenden NFL-Profis kann dieser Ring auch eine Last werden, da viele Groupies alles dafür tun würden, so einen Ring angesteckt zu bekommen. Daher müssen erfolgreiche Sportler vorsichtig sein, wem sie einen Ring geben oder von wem sie einen annehmen. Einen Ring beim Super Bowl will dagegen jeder haben.

Während der Teambesitzer die Vince Lombardi Trophy in Empfang nehmen kann, darf sich jeder Spieler nach dem Sieg beim Super Bowl einen Siegerring an den Finger stecken. Diese Ringe werden von der NFL speziell für die Sieger angefertigt und dürfen von diesen auch behalten werden. Insgesamt sind es 150 handgefertigte Ringe, die dem Siegerteam übergeben werden.

Im Normalfall besteht jeder Ring aus Gelb- und Weißgold, besetzt mit Diamanten. Darauf sind dann der Name des Teams, das Logo und die Nummer des Super Bowls geschrieben. Alleine an Material kostet jeder Ring, abhängig vom aktuellen Gold- und Edelsteinpreis, rund 5.000 Dollar. Ideell ist der Wert dagegen kaum in Worte zu fassen. Sammler, Liebhaber und Fans würden für einen Super-Bowl-Ring horrende Summen bezahlen. Und so hat jeder Champion immer noch eine Altersvorsorge, sollte eines der zur Exfrau gewordenen ehemaligen Groupies zu viele Alimente kosten.

Die 150 Ringe darf das Team nach eigenem Ermessen verteilen. Da der Kader einer Mannschaft beim American Football aus 53 Spielern besteht, bleiben noch viele Ringe übrig, auch nachdem alle verletzten Spieler, Trainer, Betreuer, Masseure, Busfahrer, Wäscherinnen, Wasserjungen oder Würstchenverkäufer im Stadion einen bekommen haben. In der Regel werden diese Ringe an frühere Spieler und Trainer überreicht, die eine wichtige Rolle auf dem Weg zum Super Bowl gespielt haben, auch wenn sie nicht mehr im siegreichen Kader standen. Ab und zu werden Ringe sogar bei einer Wohltätigkeitstombola an Fans verlost. Die Teams können auch mehr als 150 Ringe bekommen, müssen aber jedes weitere Exemplar aus der eigenen Tasche bezahlen. Wenn man aber bedenkt, wie viel Geld in der NFL im Spiel ist oder wie reich ein Teambesitzer sein muss, dürfte das kaum jemand spüren. Dennoch hat sich in den letzten Jahren ein Trend breitgemacht, in dem für den weiteren Kreis der Mannschaft etwas kleinere Ringe der B- und C-Kategorie mit weniger oder falschen Diamanten angefertigt werden. So bekamen die Tampa Bay Buccaneers für ihren Sieg im Super Bowl XXXVII Ringe mit einer Vince Lombardi Trophy aus Diamanten, während sich die Mitarbeiter aus dem Büro Ringe mit einem Pokal aus Metall begnügen mussten.

Die Ringe werden dann erst nach dem Super Bowl designt und angefertigt. Typische Motive sind die Vince Lombardi Trophy, ein Football oder das Teamlogo. Ab und zu kann man auch lesen, welche Super Bowls von der Mannschaft gewonnen wurden. In jedem Fall ist jedes Exemplar ein Unikat, da der Name des Spielers und die Trikotnummer darin eingraviert sind.

Obwohl jeder Spieler alles dafür geben würde, einen Super-Bowl-Ring zu bekommen, behalten nicht alle ihr Exemplar. Einige verkaufen ihren Ring aus Geldnot, andere unterstützen damit ein soziales Projekt. So brachte der Ring von Dave Megget (New York Giants) bei eBay 32.000 Dollar. Megget wird ihn aber nicht vermissen, da er momentan eine 30-jährige Haftstrafe wegen Raub und sexueller Belästigung absitzt. Je'rod Cherry, Safety bei den New England Patriots, verkaufte seinen Ring und stellte den Erlös hungernden Kindern in Afrika zur Verfügung. Der berühmteste Ring, der je zum Verkauf stand, war wohl der Ring von Lawrence Taylor. LT's Sohn verkaufte das Schmuckstück seines Vaters von Super Bowl XXV für 250.000 Dollar.

Die meisten Ringe gewann Neal Dahlen. Dieser Name sagt wahrscheinlich nur den wenigsten etwas. Dahlen war auch nicht als Spieler erfolgreich, er war fünfmal im Staff bei den San Francisco 49ers und zweimal General Manager bei den Denver Broncos. Sieben Ringe holte auch Coach Bill Belichick, der zweimal mit den New York Giants und fünfmal mit den New England Patriots erfolgreich war.

Der erfolgreichste Spieler ist »Mean Joe« Greene, der mit den Pittsburgh Steelers vier Ringe als Defensive Tackle und zwei als »Special Assistant for Player Personnel« gewinnen konnte. Gleich fünf Ringe als Spieler gewann Charles Haley. Als Defensive End und Linebacker holte er zwei Ringe mit den 49ers und drei mit den Dallas Cowboys. Auch Tom Brady hat für jeden Finger einer Hand bereits einen Ring. Beim GOAT kann man aber nicht ausschließen, dass noch der eine oder andere Ring dazukommt.

Dass man nicht nur als Spieler und Trainer Ringe gewinnen kann, zeigt das Beispiel von Monsignor Peter Armstrong. Als Kaplan bei den 49ers war er bei fünf Siegen für das Seelenheil der Spieler verantwortlich und bekam dafür jedes Mal einen Ring. Ob er dafür auch göttlichen Beistand benötigte, ist bis heute noch nicht geklärt.[55]

## 63. GRUND

## WEIL DIE GANZE WELT ZUSCHAUT

Der Super Bowl gilt als größtes Einzelsport-Event der Welt, was auch immer das genau heißen mag. Denn es ist das Finale einer Serie, ähnlich wie eine Fußball-WM, bei dem wohl etwas mehr Menschen vor der Glotze hängen werden. Auch das Finale der Champions League wird europa- und wohl auch weltweit von Hunderten Millionen Menschen gesehen. Insofern kann man sich fragen, ob der Super Bowl wirklich ein Einzelsport-Ereignis ist. Aber das soll hier nicht zur Diskussion stehen.

Immer wieder wird kolportiert, dass mehr als eine Milliarde Menschen beim NFL-Finale zuschauen. Auch das ist so nicht korrekt. Theoretisch könnten mehr als eine Milliarde Menschen in über 200 Ländern zuschauen. Aber dazu sollten neben den USA so ziemlich jeder Europäer und auch ein paar Fans in China, Indien und Afrika zuschauen. Hier ist allerdings der American Football noch etwas unterrepräsentiert. Und ob man in China und Russland nicht als Staatsfeind betrachtet wird, wenn man ausgerechnet American Football schaut, ist nicht bekannt. Insofern sollte man nicht alles glauben, was die Medien schreiben. Doch Fakt ist, dass zumindest in den USA so ziemlich jeder vor dem Fernseher sitzt, wenn am ersten Sonntag im Februar wieder der Super Bowl ausgetragen wird. In den USA findet man dann kaum eine Glotze, in der nicht der Super Bowl läuft. Am 1. Februar 2015 schalteten in den Vereinigten Staaten 114,4 Millionen Menschen den Super Bowl ein, fast drei Millionen mehr als beim bisherigen Rekord bei Super Bowl XLVIII (111,5 Millionen). Bei der Halbzeit-Show mit Katy Perry und Lenny Kravitz schauten sogar 118,5 Millionen Menschen zu, wenn sie nicht gerade auf der Toilette waren. Auch das ist ein neuer Rekord. Damit belegen Super-Bowl-Übertragungen in den USA die ersten sechs Plätze, seit Einschaltquoten gemessen werden. Zudem gab es während des Super Bowls in den sozialen Medien über 28,4 Millionen Tweets zum NFL-Finale.

Damit jeder große Sender, der Football überträgt, in den Genuss kommt, den Super Bowl zeigen zu dürfen, wird das Endspiel abwechselnd alle drei Jahre zwischen NBC, CBS und FOX getauscht. Schließlich möchte jeder Sender die zig Millionen Zuschauer haben und dadurch auch die Werbemillionen einnehmen können.

Auch in Deutschland war der Super Bowl ein Quoten-Renner, auch wenn nur rund ein Prozent im Vergleich zu den USA zuschauten. In Deutschland waren zu Spitzenzeiten 1,24 Millionen Menschen live dabei, als die New England Patriots die Seattle Seahawks bezwangen. Der Marktanteil stieg dabei auf 45 Prozent im vierten Viertel. Anders ausgedrückt lief in Deutschland die Entscheidung in der NFL auf fast jedem zweiten Fernseher, der angeschaltet war.[56]

Die eine Milliarde Menschen, die angeblich beim Super Bowl zuschauen, sind also mehr ein frommer Wunsch als eine Tatsache. So stammten beispielsweise von den 93 Millionen Zuschauern, die den Super Bowl 2005 geschaut haben, 98 Prozent aus den USA. Insofern schauten vor zehn Jahren wohl nur zwei Millionen Menschen außerhalb den Vereinigten Staaten zu. Und statt einer Milliarde waren es »nur« 100 Millionen. Davon werden wohl auch recht viele Exil-Amis dabei gewesen sein. Die Zahlen werden auch 2015 ähnlich sein, auch wenn wohl ein paar Zuschauer rund um den Globus dazugekommen sind. Das ändert aber auch nichts daran, dass der Super Bowl nach dem UEFA-Champions-League-Finale das Finalspiel einer Serie mit den zweitmeisten Zuschauern ist. Und wenn die Begeisterung für diese wunderbare Sportart anhält, werden in den kommenden Jahren noch ein paar dazukommen, auch wenn sich wohl niemals eine Milliarde Menschen vor den TV-Geräten rund um den Globus versammeln werden.[57]

64. GRUND

## WEIL SICH DIE MUSIKSTARS UM EINEN AUFTRITT STREITEN

Gerüchteweise gibt es Zuschauer beim Super Bowl, für die die Halbzeitshow wichtiger ist als das Endspiel in der NFL selbst. Schließlich sieht man nur selten so eine perfekte Organisation, bei der eine Konzertbühne aufgebaut wird, Tausende von Fans den Platz stürmen, um für ordentlich Stimmung zu sorgen, ein oder mehrere Top-Stars der internationalen Musikszene ihre größten Hits spielen und die Bühne wieder abgebaut ist. Und das alles in nicht einmal 20 Minuten. Und während jeder Football-Profi einmal davon träumt, im Super Bowl zu spielen, ist es für die Musiker eines der größten Ziele, einmal die Halbzeitshow beim größten Einzelsportereignis der Welt gestalten zu dürfen.

Entsprechend liest sich auch die Liste der Künstler und Bands, die bereits beim Super Bowl aufgetreten sind, wie die Music Hall of Fame. Große Bands wie die Rolling Stones, ZZ Top, The Who oder U2 traten ebenso auf wie große Einzelkünstler wie Paul McCartney, Prince, Sting, Justin Timberlake, Phil Collins oder Bruce Springsteen. Dazu kommen die großen Sängerinnen wie Madonna, Beyoncé, Janet Jackson, Christina Aguilera oder Tina Turner. 2014 durften sich Bruno Mars und die Red Hot Chili Peppers auf der Bühne präsentieren, und 2018 war wieder einmal Justin Timberlake der Star der Halbzeitshow, die seit einigen Jahren vom Getränkehersteller Pepsi präsentiert wird.

Dass große Künstler bei großen Shows auftreten, ist nichts Besonderes. Schließlich kann man jeden Künstler und jede Band buchen. Es ist eben alles eine Frage des Geldes. Doch der Super Bowl wäre nicht der Super Bowl, wenn auch das Booking der Künstler nicht etwas Besonderes wäre. Denn statt wie sonst üblich viel Geld für einen Auftritt zu verlangen, spielen die Künstler beim Super Bowl umsonst, also ohne einen einzigen Cent für ihre Darbietung zu bekommen. Und glaubt man einigen Aussagen, würden viele Musiker sogar selbst eine ordentliche Stange Geld auf den Tisch legen, um einmal beim Super Bowl spielen zu dürfen.

Dafür gibt es einige Gründe. Zunächst einmal hat man natürlich nicht so oft die Gelegenheit, sich einem so großen Publikum präsentieren zu können. Da wären ja nicht nur die rund 80.000 Zuschauer im immer ausverkauften Stadion. Dazu kommen die rund 110 Millionen Menschen, die in den USA vor dem Fernseher sitzen. Laut dem *Guinness Buch der Rekorde* schauten 2014 115,3 Millionen Menschen beim Auftritt von Bruno Mars zu. Weltweit können sogar über eine Milliarde Menschen theoretisch beim NFL-Endpiel vor dem Fernseher sitzen. Insofern gibt es keine bessere Möglichkeit, sich der Welt vorzustellen und neue Fans zu gewinnen, als in der Halftimeshow.

Auch wenn viele Bands und Künstler viel Geld für eine aufwendige Bühnenshow ausgeben, ist es auch für den größten Star ein einmaliges Erlebnis, die Halbzeitshow beim Super Bowl gestalten zu dürfen. Der Aufbau der Bühne in kürzester Zeit, der Aufmarsch der Fans, die Gestaltung der Show und der Abbau der kompletten Bühne, und das alles innerhalb von 20 Minuten, ist etwas, was auch die größten Stars nur einmal in ihrer Karriere erleben können, wenn sie überhaupt jemals für den Super Bowl eingeladen werden.

Zum Dritten bleibt der Auftritt beim Super Bowl vielen auch noch nach Jahren im Gedächtnis. Man erinnere sich nur einmal an das so genannte »Nippelgate«, als R'n'B-Star Justin Timberlake seiner Duett-Partnerin Janet Jackson das Oberteil vom spärlich verhüllten Busen riss. Angeblich aus Versehen (siehe auch Grund 67: Weil es Nippelgate gab).

Dass viele Musiker nur deswegen auftreten, weil sie Football-Fans sind und dank eines Auftritts in der Halbzeitshow auch ein Ticket für das Spiel bekommen, ist dagegen eher eine bösartige Unterstellung. Tatsächlich lohnt es sich für die Künstler, auf eine Gage beim Super Bowl zu verzichten. Denn sie bekommen nicht nur ein unvergessliches Erlebnis, sie profitieren auch in finanzieller Hinsicht davon. Das berichtet zumindest der Nielsen SoundScan, der in den USA die Verkaufszahlen für CDs dokumentiert. So verkaufen die Künstler, die in der Halbzeitshow auftreten, in den Wochen nach dem Super Bowl deutlich mehr Alben als gewöhnlich, und auch die Zahl der bezahlten Downloads aus dem Internet steigt signifikant an. Und auch wenn die Musiker keine Football-Fans sind, ist das doch ein guter Grund, sich, auch ohne die übliche Gage einzustreichen, um einen Auftritt bei der größten Halbzeitshow der Welt zu streiten.

### 65. GRUND

## WEIL DIE BESTE WERBUNG LÄUFT

Beim Super Bowl sitzen über 100 Millionen Menschen in den USA vor dem Fernseher. Diese geballte Masse will natürlich auch unterhalten werden. Entsprechend unternehmen nicht nur die übertragenden Sender (CBS, Fox und NBC), die sich die NFL-Rechte rund sechs Milliarden (6.000.000.000) Dollar im Jahr kosten lassen, sondern auch die werbenden Firmen alles, um die Fans vor der Glotze zu halten. Schließlich generiert man keine Einnahmen, wenn die Zuschauer bei Werbepausen durch die anderen Kanäle zappen.

Weil so viele Menschen vor dem Fernseher sitzen, steigen auch die Preise für Werbung in astronomische Höhen. Während bei Super Bowl I der 30-Sekunden-Spot noch 37.500 Dollar gekostet hat, mussten die Firmen für eine halbe Minute Werbung beim Super Bowl XLIX 4,5 Millionen Dollar auf den Tisch legen. Umgerechnet stieg damit der Preis für eine Sekunde Werbung von 1.250 Dollar auf 150.000 Dollar. Der Preis für Werbung war also 2015 120-mal höher als 1967. Das ist aber noch nicht das Ende der Fahnenstange. Experten gehen davon aus, dass schon bei Super Bowl 50 der Preis für einen 30-Sekünder auf fünf Millionen steigen wird. Hier ist aber Vorsicht geboten, die Spirale nicht zu weit nach oben zu drehen. Denn einige Firmen haben schon angekündigt, den Super Bowl werbetechnisch in Zukunft zu boykottieren.[58]

Dieser Preis gilt nur für die Ausstrahlung der Spots beim übertragenden Sender und nicht für die Produktionskosten, die noch dazu kommen. Aber gerade bei einer so großen Zuschauermenge möchten die Firmen sich in einem besonders guten Licht darstellen und produzieren häufig eigene Spots mit einem großen Aufgebot an Sportlern oder anderen Prominenten, was dann zusätzlich noch eine schöne Stange Geld kostet. Das Resultat der eigens für den Super Bowl produzierten Werbespots ist so gut, dass es dafür eigene Fangruppen gibt. Der amerikanische TV-Analyst Nielsen, der unter anderem die Einschaltquoten misst, will ermittelt haben, dass rund ein Drittel der Zuschauer den Super Bowl nur wegen der Werbung anschauen und 51 Prozent der Menschen am Fernseher während der Werbung das Gerät lauter statt leiser drehen, wie es in Deutschland bei Werbung üblich ist. Laut US News steht nur bei 47 Prozent der Zuschauer das Spiel im Vordergrund[59], während 43 Prozent einschalten, um Werbung zu schauen und dabei Zeit mit

Freunden und Familie zu verbringen. Laut SPIEGEL-Online schalten rund 36 Prozent der Zuschauer sogar nur wegen der Werbung ein[60].

Noch Wochen nach dem Super Bowl sind die Spots Thema in vielen Gesprächen. Auf Internetseiten werden die besten Beiträge gewählt und bei YouTube werden die kleinen Werbefilme millionenfach geklickt. Ein Werbespot von Volkswagen, bei dem ein kleiner Junge im Darth-Vader-Kostüm testet, ob er auch »die Macht« hat, wurde alleine am Super-Bowl-Sonntag rund 16 Millionen Mal auf YouTube angeschaut und gilt als erfolgreichster Super-Bowl-Werbespot aller Zeiten.

Zum Ärger vieler ausländischer Fans werden die Spots ausschließlich im US-Fernsehen gezeigt. Das führte vor allem im Nachbarland Kanada zu großen Protesten. Allerdings gehen auch hier die Firmen immer mehr dazu über, spezielle Spots zum Super Bowl zu drehen. Teilweise kaufen die großen US-Firmen auch Werbezeit in Kanada, um dort ihre Super-Bowl-Werbung zeigen zu können. In Deutschland wird man dagegen etwas neidisch über den großen Teich schauen müssen. Denn trotz der guten Einschaltquoten wird wohl kaum eine Firma auf die Idee kommen, einen Extra-Spot für das NFL-Finale zu drehen. Hier werden wir dann weiterhin die fürs Spätfernsehen üblichen Werbungen für Bier und Dating-Seiten über uns ergehen lassen müssen. Glücklicherweise gibt es ja noch YouTube oder andere Seiten, bei denen wir uns die Super-Bowl-Spots anschauen können.

Natürlich nutzen einige Unternehmen die große Zahl an Zuschauern auch für ihre eigenen religiösen, politischen oder sozialen Zwecke. Heftig diskutiert wurde ein Film mit Quarterback Tim Tebow, der als bekennender Christ mit der Organisation »Focus on Family« einen Spot gegen Abtreibung gedreht hatte. Die Ärzte hatten Tebows Mutter zu einer Abtreibung geraten, da sie während der Schwangerschaft kurzzeitig im Koma lag und die Ärzte nicht für Tims Gesundheit garantieren konnten. Doch die Mutter entschied sich, das Kind zu behalten, und Tebow wurde NFL-Quarterback. Im Spot beschreibt Mutter Pam Tim als »Wunderbaby«, das es fast nicht geschafft hätte. Aber wenn man als Familie zusammensteht, wird man hart und schafft alles, woraufhin sie von Tim getackelt wird. Dieser Spot wurde vor allem bei Frauengruppen stark kritisiert.

Das Unternehmen »Avid Life Media«, das verschiedene Online-Dating Seiten betreibt, stieß bei den TV-Sendern dagegen schon im Vorfeld des Super Bowls auf Widerstand. 2009 wurde ein Spot für eine Seite für Menschen, die bereits in einer Beziehung leben, abgelehnt, 2010 folgte ein Verbot für einen Spot für eine Seite für Homosexuelle. In diesem Spot sitzen zwei schwule Football-Fans auf der Couch, greifen gemeinsam in eine Chipstüte, küssen sich innig und ahmen dann voll bekleidet verschiedene Sexstellungen nach. Dem ausstrahlenden Sender war dies zu schlüpfrig, und sie lehnten den Spot ab. Dies wurde unter Homosexuellen kritisiert, da der Sender stattdessen Spots mit sich küssenden heterosexuellen Paaren und eine Werbung für Mittel gegen Erektionsstörungen zeigte.[61]

Die meisten der gezeigten Filme sind dagegen eher lustig und kunstvoll in Szene gesetzt. Für Aufsehen sorgte vor allem ein Werbefilm während Super Bowl XVIII für den Personal Computer Apple Macintosh. Der Spot wurde unter Regie von Ridley Scott gedreht und zeigt eine Frau, die im Outfit des berühmten Films *1984* mit einem großen Vorschlaghammer einen Bildschirm einschlägt. Mit Football hat der Spot zwar nichts zu tun, vom künstlerischen Aspekt zählt der Film zum Besten, was die Werbebranche jemals hervorgebracht hat.

Firmen wie Budweiser als langjähriger Partner der NFL oder Doritos überraschen die Fans in jedem Jahr mit neuen Spots und belegen häufig auch die ersten Plätze bei den Abstimmungen. Sie zeigen regelmäßig, dass Werbung nicht schlecht, platt oder langweilig sein muss, wie es im deutschen Fernsehen häufig der Fall zu sein scheint. Wer also die Möglichkeit hat, den Super Bowl auf einem US-Sender zu schauen, sollte bei der Werbung nicht wegschalten, sonst verpasst er etwas.

## WEIL NIE SO VIEL GEGESSEN WIRD WIE BEIM SUPER BOWL

Der Sonntag ist bekanntlich der Tag, an dem man es sich einmal so richtig gut gehen lassen kann. Für Amis trifft das besonders auf den ersten Sonntag im Februar zu. Das ist bekanntlich der Tag, an dem der Super Bowl ausgespielt wird. Von den knapp 320 Millionen Einwohnern der USA sitzt rund ein Drittel vor dem TV, um den beiden besten Football-Mannschaften der NFL-Saison zuzuschauen. Und wie es zum Fernsehen gehört, gibt es zu einem so spannenden Spiel auch alles, was die Knabberseele haben will. Bei rund 120 Millionen Menschen übersteigen die Mengen, die während des Super Bowls konsumiert werden, jegliche menschliche Vorstellungskraft.

Die Amis können sehr kreativ sein, wenn es ums Essen geht. So findet man vor jedem Super Bowl zahlreiche Beispiele, was man so aus Nahrungsmitteln bauen kann. Stadien aus Sandwiches, Bälle aus Hackfleisch oder Pizzateig oder Spieler aus Hähnchenschenkeln sind nur einige Beispiele, die man bei der Google-Bildersuche finden kann. Doch noch viel faszinierender als die Arrangements, zu denen es auch eigene Rezeptbücher gibt, sind die Mengen, die während jedes Endspiels verputzt werden.

Ganz vorne auf der Liste stehen die typischen fettigen Fernsehsnacks. So futtern die Fans vor dem Fernseher während des Super Bowls rund 14,5 Millionen Tonnen Chips. Umgerechnet sind das 14.500.000.000 Kilos. Diese Menge würde reichen, um 39 Boeing 747 mit Kartoffelchips zu füllen.

Weit vorne in der Gunst der Football-Fans steht auch Popcorn. Hiervon verzehren die Amis rund 1,7 Tonnen oder umgerechnet 13.571.728 große Familienbecher, wie man sie im Kino bekommt.

Die 1,13 Tonnen Erdnüsse, die bei jedem Super Bowl gegessen werden, sehen daneben schon fast kümmerlich aus.

Sehr beliebt als Dip für Chips oder andere Knabbereien ist Guacamole, die hauptsächlich aus Avocados gemacht ist. Gerüchten zufolge kann man mit der beim Super Bowl verzehrten Guacamole einen kleinen See füllen. Für die Herstellung benötigen die Amis rund 54,4 Tonnen Avocados. Wenn man rechnet, dass eine Avocado rund 700 Gramm wiegt, wären das fast 78 Millionen Früchte.

Nur von Chips und Guacamole wird natürlich niemand satt. Entsprechend gibt es auch beliebte Hauptspeisen. Ganz vorne stehen hier Hamburger, Pizzen und Chickenwings. Rund 14 Millionen Burger finden den Weg in die amerikanischen Bäuche. Zudem werden rund vier Millionen Pizzen während des Endspiels gegessen. Aufeinandergestapelt wären diese rund 910-mal so hoch wie der Schiefe Turm von Pisa. Neben Pizza stehen oft Chickenwings auf dem Speiseplan. Hiervon werden rund 1,23 Milliarden gegessen. Das bedeutet, dass jeder US-Amerikaner, egal ob er das Spiel nun schaut oder nicht, während des Super Bowls drei Chickenwings isst.

Mit irgendwas muss man das ganze salzige Zeug ja runterspülen. Der echte Football-Fan trinkt natürlich Bier. Und da es viele Fans gibt, die das Spiel schauen, kommt auch eine Menge Bier zusammen. Die US-Amerikaner trinken während des Spiels rund 120 Millionen Liter Bier.

Umgerechnet nimmt jeder Zuschauer rund 2.400 Kilokalorien zu sich. Für diese ganzen Snacks geben die Amis im Übrigen rund 644 Millionen Dollar aus. Insofern freut sich auch die Lebensmittelindustrie, im Gegensatz zu den Hausärzten, dass es den Super Bowl gibt.[623]

# WEIL ES NIPPELGATE GAB

In der Politik sorgte die Watergate-Affäre für einen der größten Skandale in der Geschichte der USA. In der TV-Geschichte der USA veränderte das (oder heißt es der) Nippelgate, das nach dem berühmten Bestechungsskandal benannt wurde, die Fernsehlandschaft. Seinen Ursprung hatte der berühmteste Busenblitzer der Fernsehgeschichte in der Halbzeitshow beim Super Bowl XXXVIII, am 1. Februar 2004 in Houston/Texas. Die Beteiligten waren die Musiker Justin Timberlake und Janet Jackson, die mit Timberlakes Song *Rock Your Body* dem Publikum einheizen sollten. Und heiß wurde es auf jeden Fall, vor allem für das Duo Timberlake/Jackson.

Denn wie es der Zufall wollte, zog Timberlake ausgerechnet bei der Textzeile »I'm gonna have you naked by the end of this song« seiner Gesangspartnerin an der Schulter. Dabei riss er der Schwester des King of Pop das Oberteil von der spärlich bedeckten Brust, wobei ein Brustwarzenpiercing und ein silbernes »Nippleshield« zum Vorschein kamen. Angeblich passierte das unabsichtlich. Dass die Diva diesen »Unfall« zu Promotion-Zwecken inszeniert hat, ist nur ein Gerücht, das sich bis heute allerdings hartnäckig hält.

Im prüden Amerika sorgte diese ungewollte Enthüllung für einen Aufschrei in der Bevölkerung. Dass sich beide Sänger vorher aneinander rieben und eindeutige Gesten miteinander vollführten, schien dagegen niemanden wirklich zu stören. Beim übertragenden TV-Sender CBS gingen auf jeden Fall nach dem Busenblitzer zahlreiche Anrufe ein, um gegen diese »unsittliche Entblößung« zu protestieren. Schließlich gilt es, die Jugend vor solch einem Schmutz zu schützen. Aufgrund der Vielzahl an besorgten Bürgern entschuldigten sich die beiden Musiker und erklärten in einer offiziellen Stellungnahme, es habe sich nur um einen Unfall gehandelt. Wie Jackson in einem Interview später zugab, war geplant gewesen, dass Timberlake der Sängerin nur einen Teil der schwarzen Korsage herunterreißen sollte. Doch Timberlake war wohl selbst schon so aufgeheizt, dass er es mit dem im Text erwähnten Ausziehen zu wörtlich nahm. So riss er auch den Büstenhalter herunter, der eigentlich alles hätte verdecken sollen.

Wie immer hat so etwas Gravierendes wie das Entblößen einer weiblichen Brust im öffentlichen Fernsehen große Auswirkungen auf den Alltag in den USA. Dass die Zahl der Brustwarzenpiercings in den USA nach dem Nippelgate sprunghaft anstieg, dürfte dabei in jedem Fall die Hersteller der Piercings und die lokalen Löcherstudios gefreut haben, auch wenn sich dies nicht unbedingt als Lokomotive für das Wirtschaftswachstum erweisen konnte.

Für die beiden Künstler endete der Eifer des Gefechts sogar vor Gericht. Denn die Bankangestellte Terri Carlin legte »im Namen aller amerikanischen Bürger, die den empörenden Auftritt gesehen haben« Klage vor einem ordentlichen US-Gericht ein. Sie warf Jackson vor, die Darbietung hätte »explizite sexuelle Handlungen beinhaltet, die ausschließlich dem Zweck gedient hätten, Aufmerksamkeit zu erregen und schließlich ihren eigenen Profit zu erhöhen«. Von Jackson und Timberlake empört, forderte Carlin maximale Bestrafung und eine Entschädigung für den Busenblitzer. Allerdings wurde die Klage zurückgezogen, was in den USA nach Meinung des Autors viel zu selten vorkommt.

Auch TV-Sender MTV, der damals die Halbzeitshow präsentierte, wurde mit einer Klage konfrontiert. So erhob die staatliche Rundfunkaufsichtsbehörde FCC gegen die Muttergesellschaft Viacom ein Bußgeld in Höhe von 550.000 Dollar. Das Verfahren gegen den übertragenden Sender CBS wurde dagegen im Jahr 2008 eingestellt. Allerdings wurden die Bußgelder für ähnliche Verfehlungen drastisch erhöht.

Um für solche »Unfälle« kein Geld bezahlen zu müssen, beschlossen die großen Fernsehsender in den USA, die Live-Übertragungen großer Events wie eben der Super Bowl, aber auch die Oscar- und Grammy-Verleihung mit einer Zeitverschiebung von fünf Sekunden auszustrahlen. Dadurch bleibt den Regisseuren genug Zeit, Werbung statt Busen einzublenden. So veränderte ein Sänger mit einem Griff die komplette Fernsehlandschaft der USA.[64]

## WEIL JEDE PARTY AUCH EINMAL ZU ENDE GEHT

Der Super Bowl ist ein rauschendes Fest sowohl im Stadion wie auch vor den Millionen von Fernsehgeräten. Doch leider folgt auf jede große Party immer auch der Morgen danach, den viele lieber im Bett als bei der Arbeit verbringen würden. So manch ein verkaterter Football-Fan wünscht sich seit Jahren, dass das Spiel an einem Samstag ausgetragen würde. Schließlich hätte man dann noch den Sonntag, um sich zu erholen. Doch den Gefallen werden die NFL-Oberen den geplagten Fans wohl nicht tun. Insofern werden sie auch in den nächsten Jahren mit den Auswirkungen des Super Bowls zu kämpfen haben. Und die sind nicht nur für jeden Einzelnen spürbar, sondern haben auch Auswirkungen auf die US-Wirtschaft.

Mit »Superbowlitis« haben die Nachwirkungen in den USA sogar einen eigenen Fachausdruck bekommen. Die Krankheit tritt üblicherweise bis zu 24 Stunden nach dem Super Bowl auf. Typische Symptome sind große Müdigkeit, Kopfschmerzen, Übelkeit, Heiserkeit, Bauchschmerzen, Völlegefühl, Sodbrennen und Schwindel. Teilweise kann es sogar zu Erbrechen und Magenkrämpfen kommen.

Das führt dazu, dass in vielen Betrieben am Super-Bowl-Montag die Schreibtische leer bleiben. Wegen der Superbowlitis kommen durchschnittlich 4,4 Millionen Amerikaner zu spät zur Arbeit. 1,5 Millionen lassen sich direkt krankschreiben. Das sind rund sechs Prozent mehr als an jedem normalen Arbeitstag. Der Verkauf von Kopfschmerztabletten steigt um rund 20 Prozent an. Und alle 1,5 Sekunden meldet sich ein neuer User beim Diätkost-Service »Nutrisystem« an. Zudem meldet MSNBC, dass rund 17 Prozent der Amerikaner am Super-Bowl-Montag bei der Arbeit fehlen und die Produktivität im Vergleich zu einem normalen Arbeitsmontag um rund 50 Prozent sinkt. Zudem steigt an diesem Montag auch die Rate der Verkehrsunfälle spürbar an.

Abgesehen davon sind glücklicherweise bisher noch keine dauerhaften Schäden bekannt. Im Normalfall sind die Betroffenen spätestens am Dienstag wieder gesund und erscheinen pünktlich zur Arbeit. Nur in einigen Extremfällen kann es sein, dass die Symptome der Superbowlitis länger als 24 Stunden anhalten. Doch auch hier sind keine Langzeitschäden zu erwarten. Problematisch ist für Arbeitgeber, dass es noch keinen Nachweis für die Superbowlitis gibt. Insofern kann er den Mitarbeitern nur unterstellen, dass es sich hierbei um keine ernste Krankheit, sondern nur um die Nachwirkungen von zu viel Alkohol und Junkfood handelt, die ihn davon abhalten, pünktlich zur Arbeit zu erscheinen. Doch das ist eine bloße Unterstellung.

Aufgrund der mangelnden Forschungslage gibt es auch noch keine Kur und keine Medikamente gegen die Auswirkungen der Krankheit, unter der jedes Jahr Millionen Amerikaner leiden. Erfahrungen haben aber gezeigt, dass viel Schlaf, viel Flüssigkeit und eine gesunde Ernährung mit Hühnersuppe und viel Gemüse die Auswirkungen der Superbowlitis lindern können.

Damit diese Probleme in Zukunft nicht mehr auftreten, gibt es bereits eine Petition, bei der gefordert wird, den Super-Bowl-Montag zu einem offiziellen Feiertag zu machen. Diese Petition wurde innerhalb kurzer Zeit von mehr als 14.000 Menschen unterschrieben. Doch es ist wahrscheinlicher, dass der Super Bowl an einem

Samstag ausgespielt wird, als dass der Montag zu einem Feiertag wird. Insofern werden die Fans wohl auch in den kommenden Jahren unter den Nachwirkungen der großen Partys zu leiden haben.[65]

## WEIL NIEMAND SCHÖNER VERLIERT
## ALS DIE BUFFALO BILLS

Es ist das oberste Ziel für jede Mannschaft, den Super Bowl zu erreichen. Und wenn man einmal das Endspiel erreicht hat, möchte man das Endspiel der NFL natürlich auch gewinnen. Sonst geht es einem wie der legendären Mannschaft der Buffalo Bills zu Beginn der 90er-Jahre. Und das möchte dann doch wirklich keiner.

Die Bills sind Gründungsmitglied der NFL. Sie brachten das Kunststück fertig, zwischen 1991 und 1994 viermal in Folge im Super Bowl zu stehen und jedes Finale zu verlieren. Die Bills sind dabei der lebende Beweis, dass man sich eine Niederlage bereits im Vorfeld einer Partie selbst herbeireden kann.

Schon 1991 gingen die Bills als leichter Favorit gegen die New York Giants um Head Coach Bill Parcells ins Rennen. Immerhin hatten sie im Conference-Finale die Los Angeles Raiders mit 51-3 deklassiert, konnten in der regulären Saison mit 428 die meisten Punkte erzielen und lagen mit nur 263 Punkten gegen sich auf Platz sechs der Liga. Das Spiel selbst wogte lange hin und her. Die Giants führten bis kurz vor Schluss mit 20:19. Die Bills konnten mit einem Field Goal wenige Sekunden vor Spielende das Match noch drehen. Doch Kicker Scott Norwood verschoss aus 47 Yards, und die Bills gingen als Verlierer vom Feld.

Im Jahr darauf standen die Bills nach einer 13-3-Saison und Siegen gegen die Kansas City Chiefs und die Denver Broncos erneut im Endspiel der NFL. Gegner waren die Washington Redskins, die den Bills aber schon früh ihre Grenzen aufzeigten. Nach einem ersten Viertel ohne Punkte und einer 17:0-Halbzeitführung konnten die Rothäute im dritten Viertel mit einem weiteren Touchdown ihren Vorsprung auf 24:0 ausbauen. Als die Bills den ersten Score verbuchen konnten, war die Partie schon lange entschieden. Am Ende hieß es 24:37 aus Sicht der wiederum enttäuschten Bills.

Aller guten Dinge sind bekanntlich drei. Doch auch in diesem Spiel konnten die Bills nicht ihre bis dato gezeigten Leistungen abrufen. Im Finale trafen die Bills auf die leicht favorisierten Dallas Cowboys, die sich im 27. Super Bowl als zu stark erwiesen. Zwar erwischten die Bills den besseren Start und fanden direkt einen Weg in die Endzone, mussten dann aber ebenfalls zwei Touchdowns hinnehmen. Dann schied auch noch Quarterback-Legende Jim Kelly aus, und das Spiel kippte zugunsten der Cowboys. Kellys Ersatzmann Frank Reich, der nichts mit unserem gleichnamigen Nachbarland zu tun hat, produzierte zwei Ballverluste, und die Bills brachen auseinander. Am Ende siegte Dallas mit 52:17. In Erinnerung blieb aufseiten der Bills einzig nur eine Aktion von Wide Receiver Don Beebe, der in einer spektakulären Aktion einen Defensiv-Touchdown von Dallas' Leon Lett verhindern konnte (s. Grund 40: Weil man nie zu früh jubeln sollte).

Beim vierten Mal sollte alles besser werden. Denn die Bills schafften das einzigartige Kunststück, gleich viermal in Folge den Super Bowl zu erreichen. Auch im vierten Versuch hieß der Gegner Dallas Cowboys. 1994 standen die Vorzeichen allerdings umgekehrt. Buffalo ging als Favorit ins Spiel und lag zur Halbzeit 13:6 in Führung. Danach ging bei den Bills aber gar nichts mehr. Böse Zungen könnten behaupten, dass sie Angst vor dem Siegen bekamen. Vielleicht erinnerte sich der eine oder andere Spieler auch daran, dass die Bills kein Finale gewinnen können, wie einige Gegner und Journalisten im Vorfeld geunkt haben. Denn in den beiden letzten Vierteln produzierten sie viele einfache Fehler, machten keinen einzigen Punkt mehr und verloren letztendlich mit 13:30. Umgekehrt feierten die Cowboys bei ihrer vierten Super-Bowl-Teilnahme den vierten Sieg. Es war gleichzeitig auch das letzte Mal, dass die Bills den Einzug ins Endspiel der NFL schafften.

Dank dieser unvergleichlichen Negativserie haftet den Bills in den USA ein ähnliches Verlierer-Image an, wie es in Deutschland höchstens noch Bayer Leverkusen im Fußball hat. Den Bills brachten die vier Niederlagen viel Hohn und Spott und die Abkürzung B.i.l.l.s (Boy I Love Losing Super Bowls) ein.[66]

# KAPITEL 8

# Der Ball ist nicht rund, und das ist gut so

## WEIL DAS SPIEL SO SCHÖN EINFACH IST

»Das ist viel zu kompliziert, und die Regeln versteht ja keiner«, ist ein ebenso oft gehörter Vorwurf, wie dass American Football »ein brutaler Sport ist, bei dem die Spieler die ganze Zeit aufeinander einprügeln« (danke an dieser Stelle an meine Familie für entsprechende Kommentare, die mich bei diesem Buch immer wieder inspiriert haben). Zumal man mit solchen vorschnellen Urteilen auch komplett danebenliegt. Denn zum einen ist American Football nicht kompliziert, zum anderen auch nicht brutal.

Wer selbst spielt und die Regeln kennt, kann den Rest dieses Grundes auch überspringen. Alle anderen, vom Neuling bis zum Football-Hasser, dürfen ruhig einmal nachlesen, dass der Sport im Prinzip sehr einfach ist und man schneller unter der Dusche steht, als man Personal Foul sagen kann, wenn man auf dem Spielfeld anfängt zu schlagen oder zu treten.

Im Prinzip geht es nur darum, mit vier Versuchen den eiförmigen Ball mindestens zehn Yards nach vorne zu bringen. Dazu kann man den Ball entweder werfen, solange man sich noch hinter dessen Startposition befindet, oder den Football nach vorne tragen. Schafft man in vier Versuchen diese zehn Yards, bekommt man vier neue Versuche. Schafft man es nicht, bekommt die andere Mannschaft den Ball. Erreicht man die andere Seite des Spielfelds, bekommt man sechs Punkte und das Recht, entweder mit einem Kick oder mit einem neuen Versuch von der 2-Yard-Linie einen oder zwei zusätzliche Punkte zu erzielen. Anschließend wird der Ball beim Kick-off zum Gegner geschossen.

Statt einen Versuch auszuspielen, kann man den Ball auch kicken. Das wird im Normalfall nur beim vierten Versuch gemacht. Ist man in der Nähe der gegnerischen Endzone, kann man versuchen, den

Ball über die Quer- und zwischen die beiden senkrechten Stangen zu kicken. Das bringt drei Punkte. Alternativ kann man auch den Ball so weit wie möglich nach vorne und weit weg von der eigenen Endzone schießen. Der Gegner darf dann den Ball fangen und selbst nach vorne tragen.

Natürlich darf die verteidigende Mannschaft versuchen, das zu verhindern. Dafür dürfen die Spieler geschoben und gedrückt, aber niemals geschlagen oder getreten werden. Beißen und an den Haaren ziehen wird durch den Helm ja ohnehin eher etwas schwierig. Auch am Trikot darf der Gegenspieler nicht gezogen werden. Eine Ausnahme bildet hier der Spieler, der den Ball hat. Er darf auch am Trikot gezogen und gehalten, aber niemals geschlagen oder getreten werden. Zudem darf man dem Gegner niemals in die Gesichtsmaske greifen, da dies schwere Verletzungen im Nacken verursachen kann.

Ein Spiel dauert viermal 15 Minuten, wobei jedes Team pro Halbzeit drei Auszeiten nehmen kann. Ansonsten wird die Uhr nur nach einem Foul, einem unvollständigen Pass oder nachdem eine Mannschaft Punkte erzielen konnte, angehalten. Steht es nach einer Stunde effektiver Spielzeit noch unentschieden, kommt es zu einer Verlängerung, die noch einmal maximal 15 Minuten dauert. Hier bekommen beide Mannschaften mindestens einmal den Ball. Es gewinnt die Mannschaft, die bei ihrem Ballbesitz mehr Punkte erzielt. Haben beide Mannschaften keinen oder gleich viele Punkte erzielt, entscheidet der nächste Score.

Bei beiden Mannschaften stehen in der NFL 53 Spieler im Kader, wobei elf Spieler immer gleichzeitig auf dem Platz stehen. In der Offensive hat man die fünf Spieler in der Line, der Center in der Mitte, daneben die beiden Guards und außen steht je ein Tackle. Dahinter steht der Quarterback, der Spielmacher. Er entscheidet (also der Trainer entscheidet über den Spielzug, aber der Quarterback führt ihn aus), ob der Ball an einen Wide Receiver geworfen, an einen Ballträger, den Runningback, übergeben wird oder ob er selbst nach vorne rennt. Sechs Spieler sind also bereits festgelegt, wobei immer sieben an der Line of Scrimmage, auf der der Ball vor dem Spielzug liegt, stehen müssen. Und nur die beiden äußersten Spieler dürfen auch den Ball fangen. Die restliche Aufstellung kann vom Trainer dann je nach Bedarf ausgewählt werden. So kann ein Team mit drei Ballträgern oder ausschließlich mit Passempfängern oder eben einer Mischung auf dem Platz stehen. Im Normalfall spielen ein oder zwei Runningbacks und dazu drei oder vier Receiver.

Ihnen gegenüber steht die Verteidigung. Sie besteht ebenfalls aus elf Spielern, der Defense Line, die aus Tackles, Guards und Ends besteht, und dem Backfield. Auf der Linie stehen je nach Aufstellung zwischen drei und sechs Linemen. Dahinter spielen die Linebacker, was der Name ja schon andeutet. Man spricht hier je nach Aufstellung beispielsweise von einer 3-4-Formation oder 4-3, also drei Linemen und vier Linebacker oder vier Linemen und drei Linebacker. Es gibt keine Regel, wie viele Spieler vor dem Spielzug an der Line stehen müssen. Dahinter spielen die Safetys und Cornerback, deren Aufgabe es ist, die Passempfänger zu decken oder durchgebrochene Runningbacks zu stoppen. Sie dürfen den Passempfänger beim Versuch, den Ball zu fangen, stören, dürfen den Angreifer aber nicht schon davor behindern.

Natürlich gibt es noch viele Feinheiten, was die Aufstellung und das Regelwerk angeht. Glücklicherweise erklärt der Schiedsrichter einem ja auch genau, was auf dem Platz passiert oder welcher Regelverstoß vorlag und welche Konsequenzen das hat. Wer aber die hier beschriebenen Grundregeln beherrscht, kann sich ein viel besseres Bild vom Spiel machen und wird schnell erkennen, wie faszinierend der Sport ist.

## WEIL DIE SCHIEDSRICHTER DIE REGELN
## SO SCHÖN ERKLÄREN

Schiedsrichter gehören zu jedem Spiel dazu. Schließlich muss einer ja den Überblick behalten. Wie viele Schiedsrichter mit der Spielleitung betraut werden, hängt vom Spiel ab. Beim Handball, Hockey und Basketball sind es zwei, beim Eishockey und beim Fußball ein Hauptschiedsrichter und zwei Assistenten. Beim American Football sind es sogar sieben Unparteiische, die für die Einhaltung der Regeln verantwortlich sind. Doch egal um welchen Sport es sich handelt, vor allem als Neuling ist es nicht immer einfach nachzuvollziehen, warum der Schiedsrichter gepfiffen hat, wer der Übeltäter war und welche Konsequenzen das Ganze haben wird.

Es gibt wohl keinen Sport, bei dem die Schiedsrichter ihre Entscheidungen besser erklären als beim American Football. Erkennt ein Schiedsrichter einen Regelverstoß, wirft er eine Flagge. Ist der Spielzug beendet, versammeln sich die Unparteiischen und derjenige, der den gelben Stofffetzen geworfen hat, erklärt dem Hauptschiedsrichter, was er gesehen hat. Dann darf jeder andere Mann im schwarz-weiß gestreiften Hemdchen seinen sprichwörtlichen Senf dazugeben, bevor es eine endgültige Entscheidung des Hauptschiedsrichters gibt. Gerade beim Football kann es nämlich durchaus vorkommen, dass bei einem Spielzug mehrere Flaggen auf dem Spielfeld liegen. Oft haben mehrere Schiedsrichter das gleiche Foul gesehen. Teilweise passieren in einem Spielzug auch mehrere Regelverstöße. Und die müssen dann erst einmal ausdiskutiert und dem Chef gemeldet werden.

Haben die Schiedsrichter ihre Entscheidung getroffen, tritt der Hauptschiedsrichter, der einzige Unparteiische mit einer weißen Mütze, nach vorne. Er schaltet sein Mikrofon an und erklärt dem ganzen Stadion, was denn eigentlich auf dem Spielfeld passiert ist. Er nennt den Regelverstoß, welcher Spieler von welcher Mannschaft diesen begangen hat und welche Folgen das für beide Teams hat. Für all jene, die bei ihrem Fernseher den Ton ausgeschaltet haben, macht er noch die entsprechenden Handzeichen dazu. Und wenn es eine außergewöhnliche Aktion war, kann es sein, dass er sogar noch die entsprechende Regel dazu erklärt.

Eine solche Durchsage könnte zum Beispiel lauten: »Holding, offense, number 53, ten yards penalty, repeat third down.« In diesem Fall hätten die Schiedsrichter ein unerlaubtes Halten der Nummer 53 der sich im Ball befindlichen Mannschaft gesehen. Als Strafe wird der Ball für die Mannschaft um zehn Yards nach hinten gelegt, allerdings wird der Spielzug wiederholt.

Freundlicher und deutlicher geht es wohl nicht, und das gibt es wohl auch in keiner anderen Sportart. Bei anderen Spielen macht der jeweilige Schiedsrichter vielleicht ein entsprechendes Handzeichen, aber wirklich erklären muss er seinen Pfiff nie. Football ist daher im Grunde genommen der ideale Sport, den man alleine durchs Zuhören lernen kann. Natürlich ist es hilfreich, zumindest die Grundregeln des Spiels zu kennen. Aber hinterher gibt es keine Ausrede, warum man einen Pfiff des Schiedsrichters nicht verstanden hat.

### 72. GRUND

## WEIL SPIELE AUCH UNENTSCHIEDEN AUSGEHEN KÖNNEN

Beim Sport, gerade bei den Profis, geht es darum, zu gewinnen. Schließlich könnte man es gleich bleiben lassen, wenn man am Ende nicht jubeln will. Gerade am Ende eines Spiels spitzt sich so eine Partie zu, wenn beide Mannschaften noch Siegeschancen haben oder sich zumindest eine Mannschaft noch in die Verlängerung retten will. In der Fußball-Bundesliga kann es am Ende einer Partie auch mal langweilig werden, wenn beide Teams mit der Punkteteilung zufrieden sind. Beim American Football dagegen bietet auch ein Unentschieden Spannung bis zur letzten Sekunde.

In den USA wachsen die meisten Menschen mit einer enorm ausgeprägten Siegermentalität auf. Daher scheint es für viele auch schwer vorstellbar, dass ein Spiel unentschieden ausgehen kann, auch wenn beide Teams gleich stark sind. Bevor man sich auf ein Remis einigt, gibt es eine Verlängerung. Das kann dann auch schon einmal länger dauern. Im Eishockey beispielsweise dauerte in der NHL das längste Spiel zwischen den Detroit Red Wings und den Montreal Maroons am 24. März 1936 116:30 Minuten und wurde erst in der sechsten Verlängerung entschieden. Es endete übrigens 1:0 für Detroit. In der Deutschen Eishockey Liga (DEL) dauerte das längste Spiel sogar 168:16 Minuten, bevor die Kölner Haie am 22./23. März 2008 das Spiel mit 5:4 gegen die Adler Mannheim entscheiden konnten. Mittlerweile gibt es ein Penaltyschießen, falls die Mannschaften partout keinen Sieger finden wollen.

In der Major League Baseball spielten die San Francisco Giants erst 2014 18 Innings und mehr als sechs Stunden gegen die Washington Nationals, ehe sie den entscheidenden Lauf zum 2:1 erzielen konnten. In der dritten großen Liga, der NBA, war das Spiel der Seattle Supersonics gegen die Minnesota Bucks erst am Ende der fünften Verlängerung beendet. Die Bucks siegten nach 73 Minuten mit 155-154. Damit war das Spiel allerdings auch nicht das längste Match der Geschichte der größten Basketballliga der Welt. Insgesamt 78 Minuten dauerte das Spiel der Indianapolis Olympians und der Rochester Royals am 6. Januar 1951, das sechsmal in die Verlängerung ging. Allerdings gab es damals noch keine Shotclock, und für den Angriff gab es keine Zeitbeschränkung. Am Ende stand es daher auch nur 75-73 für die Olympians.

Solche Mammutmatches sind in der NFL nicht möglich. American Football ist auch die einzige Sportart der »Big Four«, also Basketball, Baseball, Eishockey und American Football, bei der es zumindest in der normalen Saison ein Unentschieden gibt. Das kommt allerdings sehr selten vor. Denn auch bei Amerikas liebstem Sportkind spielen der Leistungsgedanke und der Siegeswillen eine Hauptrolle. Doch weil American Football ein so körperlich intensives Spiel ist, sollten sich die Beteiligten nicht zu lange um das Ei streiten. Entsprechend gibt es in jeder Saison zumindest ein oder zwei Unentschieden, auch wenn viele Amerikaner damit nichts anfangen können.

In der Geschichte der NFL und deren Vorgänger gab es verschiedene Regeln, wie man mit einem Unentschieden umging. In der Anfangszeit der Football-Liga war ein Spiel beendet, wenn nach dem vierten Viertel beide Teams gleich viele Punkte auf dem Konto hatten. Entsprechend gab es zu Beginn der größten American Football Liga auch vergleichsweise viele Unentschieden. Die meisten davon gab es direkt 1920, als 17 Spiele keinen Sieger hatten.

Das änderte sich in der Saison 1974. Die Verantwortlichen änderten die Regeln und führten die Verlängerung ein. Schließlich will ein Sportfan in den USA auch einen Sieger haben. In weiteren 15 Minuten wurde nach der Sudden-Death-Regel gespielt. Das heißt, die erste Mannschaft, die Punkte macht, gewinnt. Dabei ist es egal, ob man nun ein Field Goal oder einen Touchdown erzielt. Während dieser Zeit spielte sich so manches menschliche Drama ab. Vor allem die Kicker stehen hier im Mittelpunkt. Ein gutes Beispiel ist Nick Lowery von den Kansas City Chiefs, einer der besten Kicker seiner Zeit. Lowery versemmelte beim 10:10 gegen die Cleveland Browns vier Sekunden vor Ende der regulären Spielzeit einen Versuch aus 45 Yards und dann noch einmal drei Sekunden vor Ende der Verlängerung einen Versuch aus 47 Yards.

Einen ganz schlimmen Tag erwischte Neil O'Donoghue beim 20:20 zwischen den St. Louis Cardinals und den New York Giants.

Der Kicker der Cardinals schoss in der Verlängerung gleich drei Versuche aus 45, 20 und 42 Yards daneben. Die letzten beiden Versuche innerhalb von 66 Sekunden vor Ende der Verlängerung.

Einen Geschenkkorb hat möglicherweise Matt Stover, Exkicker der Baltimore Ravens an seinen Kollegen Chris Boniol von den Philadelphia Eagles nach dem 10:10 zwischen den beiden Teams geschickt. Denn nachdem Stover 2:21 vor Ende der Verlängerung einen Kick aus 53 Yards vorbeigeschossen hatte, machte es ihm Boniol im letzten Spielzug der Partie aus 40 Yards nach.

Wie selten ein Unentschieden zu dieser Zeit vorkam und wie klein die Vorstellung eines Unentschieden in den Köpfen der Spieler ist, zeigte auch Philadelphias Quarterback Donovan McNabb, der nach dem 13:13 seiner Eagles gegen die Cincinnati Bengals auf der Pressekonferenz nach dem Spiel verwundert in die Mikrofone sprach, dass er bis zum Abpfiff der Partie gar nicht wusste, dass es so etwas wie ein Unentschieden in der NFL überhaupt gibt. Man muss McNabb aber auch ein kleines bisschen in Schutz nehmen. Denn mit insgesamt 17 Spielen zwischen 1974 und 2011 kam das zugegeben auch nur sehr selten vor. Vor dem 13:13 zwischen den Eagles und den Bengals hatte es sechs Jahre lang kein Spiel mehr gegeben, das keinen Sieger hatte.

Die Sudden-Death-Regel in der Verlängerung wurde allerdings immer wieder harsch kritisiert. Denn sie gab der Mannschaft, die als Erste in Ballbesitz war, einfach einen zu großen Vorteil. Also wurden die Regeln vor der Saison 2012 wieder geändert. Heute gilt, dass beide Mannschaften einmal im Ballbesitz sein müssen, außer es gelingt dem Team, das den Münzwurf gewonnen hat, in seinem ersten Drive einen Touchdown zu erzielen. Kickt die Mannschaft dagegen ein Field Goal, hat die andere Mannschaft auch noch die Chance, mit einem eigenen Ballbesitz mit einem erfolgreichen Kick das Spiel auszugleichen oder mit einem Touchdown zu gewinnen. Kicken beide Teams ein Field Goal, gewinnt die Mannschaft, die die nächsten Punkte holt. Passiert das nicht, bleibt es eben bei einem

Unentschieden. Diese Regelung wurde übrigens in der NFL Europe getestet, bevor sie in der NFL eingeführt wurde.

Seitdem gab es in jeder Saison genau ein Spiel ohne Sieger. Das erste Spiel nach den neuen Regeln wäre auch nach alten Regeln ein Unentschieden gewesen. Nach einem Field Goal, das wegen einer Strafe aberkannt wurde, und zwei verpassten Versuchen trennten sich die St. Louis Rams und die San Francisco 49ers am 11. November 2012 mit 24:24. 2013 verwandelten sowohl die Green Bay Packers wie auch die Minnesota Vikings in der Verlängerung ein Field Goal zum Endstand von 26:26. Richtig spannend wurde es 2014, als sowohl die Cincinnati Bengals wie auch die Carolina Panthers in der Verlängerung ein Field Goal verwandelten, in der Folge Bengals Kicker Mike Nugent einen entscheidenden Kick aber neben die Stangen setzte.

Gerade in einer Verlängerung gibt es doch nichts Spannenderes, als wenn ein Spiel noch unentschieden steht. Denn taktieren oder die Zeit einfach auslaufen lassen bringt hier nichts. Die Mannschaft, die im Ballbesitz ist, muss auch punkten. Und wenn dann mit auslaufender Uhr der entscheidende Kick danebengeht, freuen sich zumindest die Verteidiger über ein Unentschieden, auch wenn nicht jeder weiß, dass es so etwas im American Football gibt.[67]

73. GRUND

## WEIL KEIN TOR MEHR IM WEG STEHT

Stellen Sie sich einmal vor, Sie rennen mit dem Ball unter dem Arm mit höchstem Tempo in Richtung gegnerische Endzone. Und als ob die gegnerischen Spieler nicht schon schlimm genug wären, hat auch noch irgendein Trottel einen Pfahl mitten auf die Goal Line gestellt. Man muss also nicht nur darauf achten, dass man vom

Gegner nicht zu Boden gebracht wird, sondern gleichzeitig auch noch, dass man nicht gegen den Pfosten rennt, an dem das Tor angebracht ist. Das gilt auch für Passempfänger, die ja zum Ball schauen müssen und nicht nach vorne gucken können. So manch ein Lauf in die Endzone wurde nicht vom gegnerischen Verteidiger, sondern vom Torpfosten beendet. Auch so mancher Quarterbacksneak ging in der Anfangszeit der NFL zu früh zu Ende, weil der Quarterback gegen den Goalpost rannte. Im Endeffekt standen so zwölf Verteidiger auf der Linie. Dies konnte die Defense schon häufig zu ihrem Vorteil nutzen.

Wie das ausgehen kann, kann man fast jedes Wochenende beim Fußball sehen, wenn die Spieler gegen die Pfosten des Tores rutschen oder springen. Das ist nicht nur schmerzhaft, sondern kann auch zu ernsthaften Verletzungen führen.

Beim American Football muss sich kein Spieler mehr diese Gedanken machen, da der Goalpost am Ende der Endzone steht und nicht mehr direkt auf der 0-Yard-Linie. Doch gerade in der Anfangszeit hat der Torpfosten hin und wieder großen Einfluss auf das Spiel genommen. Nicht nur, weil er Runningbacks und Wide Receivern im Weg stand. Es wurden zudem verhältnismäßig viele Field Goals gekickt, da der Weg zum Tor rund zehn Yards weniger betrug als im modernen Football.

Zu Anfangszeiten des Footballs standen die Tore bereits am Ende der Endzone. Doch hier beschwerten sich die Zuschauer, dass so wenige Punkte erzielt wurden, und die Pfosten wanderten 1933 nach vorne, also an die 0-Yard-Linie. Dort stand das Tor recht lange, bis man in der NFL auf die Idee kam, dass das Tor am Ende der Endzone doch besser aufgehoben wäre.

Daran hatte das NFL Championship Game 1945 zwischen den Cleveland Rams und den Washington Redskins auch seinen kleinen Anteil. Im Spiel, das eines der kältesten Matches der NFL-Geschichte war, führten die Redskins kurz vor Schluss mit 14:13 und hatten Ballbesitz kurz vor der eigenen Endzone, als Washingtons

Quarterback Sammy Baugh einen Pass aus der eigenen Endzone heraus nach vorne warf. Doch statt seines Receivers traf Baugh nur den Torpfosten, und der Ball sprang zurück in die Endzone. Daraus resultierte ein Safety, und die Rams siegten durch diese zwei Punkte letztendlich mit 15:14. Direkt nach dem Spiel wurden dann die Regeln geändert. Traf man den Torpfosten, galt das als unvollständiger Pass. Heute ist diese Baugh-Regel durch das Verschieben des Tores überflüssig geworden.

Eine Geschichte über Torpfosten in der NFL (gut, das hört sich seltsam an, aber immerhin lesen Sie diesen Grund) wäre nicht komplett ohne das Spiel der Green Bay Packers gegen die Baltimore Colts in der Saison 1965. Es ging um die Führung in der Western Conference und damit um den Einzug in das NFL Championship Game. Bei den Colts waren die beiden Starting Quarterbacks Johnny Unitas und Gary Cuozzo verletzt und Runningback Tom Matte sollte Quarterback spielen. Auch Packers' Quarterback Bart Starr verletzte sich früh im Spiel und wurde durch Backup Zeke Bratkowski ersetzt. Insofern kam auf die Kicker eine große Verantwortung zu. Spät im Spiel führten die Colts mit 10:7, und die Packers starteten einen letzten Angriffsversuch. Mit weniger als zwei Minuten auf der Uhr hatten die Packers einen Field-Goal-Versuch aus 27 Yards. Der Schuss schien sich vom Tor weg zu drehen, sei es wegen einer Windböe oder weil Kicker Don Chandler mit Effet schoss. In jedem Fall ist bis heute noch nicht klar, ob der Schuss nun zwischen den Stangen war oder nicht. Die Schiedsrichter erklärten den Kick als gültig, und die Packers behielten letztendlich in Overtime mit 13:10 die Oberhand. Im Finale siegte man noch gegen die favorisierten Cleveland Browns und gewann letztendlich dreimal in Folge den Titel. Die Torpfosten wurden allerdings direkt nach dem Spiel um 15 Fuß (rund fünf Meter) verlängert, damit die Schiedsrichter in Zukunft besser erkennen können, wo ein Kick nun tatsächlich gelandet ist. Man spricht hier auch von der Chandler-Verlängerung. Vielleicht hätte man auch beim Fußball oder Handball nachfragen können, wo Netze zwischen den Stangen schon etwas länger üblich waren.

Es dauerte dann noch bis 1974, ehe das Tor von der Goal Line ans Ende der Endzone wanderte. Im Endeffekt war die Position des Tores den Verantwortlichen zu gefährlich und der Vorteil für die Verteidiger zu groß. Heute steht das Tor am Ende der Endzone, und die Torpfosten des Y-förmigen Tores sind etwas nach vorne gebogen, um es den Kickern zu erleichtern.

Kicken ist dadurch trotzdem wieder etwas schwieriger geworden, was die NFL-Spieler aber nicht davon abhält, Kicks aus 50 Yards und mehr erfolgreich zwischen den Pfosten zu platzieren. Heute überlegt die NFL allerdings, die PAT-Regelung zu ändern, da der Extrapunkt zu einfach erscheint und viele Kicker keinen einzigen Schuss nach dem Touchdown in der Saison mehr verfehlen. Ob das die Kicker freuen würde, sei einmal dahingestellt.

Dank der Verschiebung des Tores konnte zumindest am 4. November 2007 ein neuer NFL-Rekord aufgestellt werden. Denn nachdem Minnesotas Kicker Ryan Longwell ein Field Goal zu kurz schoss, fing Antonio Cromartie den Ball in seiner eigenen Endzone kurz vor dem eigenen Torpfosten und trug ihn über 109 Yards zum längsten Touchdown in der NFL-Geschichte. Vor 1974 wäre das noch nicht möglich gewesen. Aber vielleicht wäre Cromartie auch nur bis zum gegnerischen Pfosten gekommen und dort zerschellt.

### 74. GRUND

## WEIL ES BEIM FOOTBALL UNTERBRECHUNGEN GIBT

Ein Kritikpunkt, den sich viele Football-Fans anhören müssen, ist, dass das Spiel so oft unterbrochen wird. Ein richtiger Spielfluss wie bei den in Europa weiter verbreiteten Sportarten wie Fußball,

Handball oder Basketball kommt so angeblich nicht zustande. Das ständige Warten auf den nächsten Spielzug sorgt bei vielen, die mit dem Spiel nicht so gut vertraut sind, für Langeweile und schreckt davor ab, sich einmal ein Spiel bis zum Ende anzuschauen. Noch schlimmer sind Auszeiten, von denen jedes Team in jeder Halbzeit drei hat. Den Höhepunkt der Warterei setzte die NFL Europe, als es sogar eigene zusätzliche TV-Auszeiten gab, wenn das Spiel längere Zeit nicht unterbrochen war. Auszeiten sind für viele Laien ein Ärgernis. Doch genau diese ständigen Unterbrechungen können auch ein Segen sein. Davon konnte sich auch mein Bruder ein Bild machen.

Man stelle sich einmal vor, Deutschland steht im WM-Halbfinale und trifft vor ausverkaufter Kulisse auf den Gastgeber. Nicht nur das Stadion, alle Kneipen und Sportsbars sind brechend voll. Schließlich will jeder den Höhepunkt der Weltmeisterschaft sehen und gemeinsam bejubeln, wie die DFB-Elf den Gastgeber aus dem Wettbewerb wirft. In der Gruppe macht Fußballgucken bekanntlich am meisten Spaß, und Public Viewing ist bei Großereignissen nicht mehr wegzudenken.

Das Gemeinschaftserlebnis hat aber auch einen großen Nachteil. Denn je mehr Menschen dicht gedrängt zusammenstehen, desto enger wird es im Raum. Ein Gang zur Toilette kann so schon eine ebenso große Herausforderung werden, wie sich mit einer Machete einen Weg durch den Dschungel zu kämpfen. Und dauert mindestens genauso lang. Da man beim Fußballgucken aber auch im Normalfall das eine oder andere Bierchen trinkt, bleibt es nicht aus, dass man hin und wieder dem Ruf der Natur folgen muss. Mit allen damit verbundenen Konsequenzen.

Besagter Bruder schaute sich das Spiel in einer größeren Kneipe im tiefsten Baden-Württemberg an. Die Stimmung war gut, das Bier schmeckte und Jogis Jungs gingen auch schon bald mit 1:0 in Führung. Der Jubel kannte keine Grenzen. Ballhalten war nun angesagt. Da man aus Erfahrung weiß, dass man nach der Führung hinten lieber einmal den Laden zumacht und zwei Tore statistisch gesehen nur selten direkt hintereinander fallen, wollte der Bruder die Gelegenheit nutzen, um die ersten Biere wegzubringen und Platz für neue zu schaffen.

Leider hatten auch andere Fans diese Idee, sodass der Gang zur Toilette etwas länger dauerte und wohl auch eine Machete nicht den gewünschten Effekt gehabt hätte. Das Schöne beim Rudelglotzen ist nun, dass man gemeinsam die Tore bejubelt und wildfremden Menschen in die Arme fallen kann. Das Schlechte ist, dass man alles vom Spiel mitbekommt, auch wenn man gerade einmal am eigentlich stillen Örtchen eine Auszeit nimmt. So konnte mein Bruder nur tatenlos zuhören, wie unsere Weltmeister-Elf den überforderten Brasilianern einen nach dem anderen einschenkte. Zu sehen gab es nichts. Schließlich war der Weg vom Klo zum Platz und zur Leinwand mit Hunderten feiernden Menschen zugestellt.

So bleibt meinem Bruder vom denkwürdigen Halbfinale gegen Brasilien nur die Erinnerung, beim Stand von 1:0 aufs Klo gegangen zu sein und beim Stand von 4:0 wieder am Platz zurück gewesen zu sein. Das Ganze hat nur rund drei Minuten gedauert, für die DFB-Elf genügend Zeit, sich ins Finale zu schießen, für meinen Bruder genug Zeit, sich zu erleichtern, dafür aber die wichtigsten Szenen des Spiels zu verpassen. Das 5:0 durfte mein Bruder dann wieder am Platz bejubeln, doch da das Spiel zu dem Zeitpunkt schon entschieden war und der Jubel entsprechend klein ausfiel, war das nur ein schwacher Trost.

Als er mit Pinkeln fertig war, hätte sich mein Bruder spätestens beim Blick auf den Spielstand gewünscht, beim Football gewesen zu sein. Denn so schlimm sind die Unterbrechungen nicht, wenn man dafür ohne Angst, etwas zu verpassen, in aller Ruhe aufs Klo gehen kann.

## WEIL ZWEI MINUTEN DIE WELT BEDEUTEN

Ein Footballspiel dauert bekanntlich 60 Minuten und ist in vier Viertel (Quarter) à 15 Minuten aufgeteilt. Während nach dem ersten und dritten Quarter nur die Seiten gewechselt werden, gibt es nach dem zweiten Quarter die Halbzeitpause, und nach dem vierten Quarter ist das Spiel vorbei. Ein Touchdown ist in jedem Viertel sechs Punkte und ein Field Goal drei Punkte wert. Insofern ist kein Quarter wichtiger als das andere. Aber wenn man sich öfter einmal ein Footballspiel angeschaut hat, könnte man meinen, dass eigentlich nur die letzten zwei Minuten in jeder Halbzeit wichtig wären. Das wissen auch die Verantwortlichen in der NFL. Entsprechend haben sie diesen letzten 120 Sekunden eine besondere Bedeutung zukommen lassen und die »Two-Minute Warning« eingeführt.

Das zweite und das vierte Quarter werden zwei Minuten vor dem Ende noch einmal unterbrochen. Für die Teams ist das so etwas wie eine zusätzliche Auszeit. Das ist vor allem für die Mannschaft wichtig, die einen Rückstand aufholen muss. Denn weil das Spiel nur bei einem unvollständigen Pass und wenn ein Spieler mit dem Ball ins Aus geht unterbrochen wird, kann die Two-Minute Warning im übertragenen Sinn das Leben retten. Und komischerweise scheint das Spiel rund um die Two-Minute Warning auch ein komplett anderes zu sein.

Während die Teams sich bis kurz vor der künstlichen Unterbrechung noch alle Zeit der Welt nehmen, schaut man plötzlich kurz vor dem Ende der Partie immer häufiger auf die Uhr. Und während zu Beginn noch alle Spielzüge genau durchgesprochen und geplant werden, verzichtet man kurz vor dem Spielende oft komplett auf das Huddle, also die Versammlung rund um den

Quarterback, bei der dieser den vom Trainer ausgewählten Spielzug an die Teamkameraden weitergibt. Das scheint in einem taktischen Spiel wie American Football von vornherein zum Scheitern verurteilt. Schließlich müssen sich die Spieler blind verstehen, und jeder muss genau wissen, was er zu tun hat, ansonsten hätte der Spielzug keine Chance auf Erfolg. Doch in den letzten beiden Minuten scheinen die Uhren beim Football anders zu ticken.

Mit großer Hektik sieht man den Quarterback hinter seiner Line herumrennen und kann mit eigenen Ohren hören, wie er seinen Mitspielern den Code für den nächsten Spielzug zuschreit. Schließlich muss es schnell gehen. Zwar hat jedes Team drei Auszeiten, aber die sind oft schon verbraucht, oder man möchte sich noch einen Time-out aufheben, um dem Kicker im Fall des Falles genügend Zeit für ein Field Goal zu geben. Und weil man ohnehin nur vier Versuche für ein First Down hat, möchte man den Ball auch nicht einfach auf den Boden werfen. Dieser sogenannte »Spike« kostet zwar keinen Raumverlust, allerdings verliert man einen wichtigen Versuch. Es gilt also, den Ball so schnell es geht nach vorne zu bringen.

Und das klappt seltsamerweise überraschend gut. Innerhalb der zwei Minuten funktionieren plötzlich Pässe und Spielzüge, an die man vorher nicht gedacht hat. Ein Team, das vorher sein Heil im Laufspiel gesucht hat, wird plötzlich zu den Passkönigen, und so mancher Quarterback, der ohne Schwerkraft noch nicht einmal den Boden getroffen hätte, wird zum nächsten Dan Marino. Urplötzlich sprengt man seine Pass-Statistiken und holt doppelt oder dreifach so viele Yards wie in den beiden vorherigen Vierteln zusammengenommen. Und das alles wohlgemerkt, obwohl der Gegner ja eigentlich weiß, dass man es mit einem Pass versuchen wird. Und wer schon einmal ein knappes Spiel in der NFL gesehen hat, weiß, was während der letzten zwei Minuten alles passieren kann.

Es muss aber nicht unbedingt die NFL sein. Wird ein Spiel knapp, wächst so mancher Spieler über sich hinaus. Das klappte auch schon früher bei den Gelsenkirchen Devils, auch wenn sich der Erfolg damals sehr in Grenzen hielt. Man kann den Eindruck bekommen, dass es die Spieler nur stört, wenn man vorher zusammensteht und sich ausgiebig bespricht.

Am Huddle wird es wohl nicht liegen, dass das Spiel nach der Two-Minute Warning in einigen Fällen besser funktioniert. Allerdings muss man bedenken, dass sich auch die Verteidiger nicht wirklich absprechen können, wenn die Offense ihr dafür keine Zeit gibt. Zum Zweiten spielen einige Spieler viel konzentrierter, wenn sie wissen, dass ihnen nicht mehr viel Zeit bleibt. Zum Dritten bekommen sie oft auch mehr Raum. Denn die Verteidiger sagen sich, dass ein Raumgewinn von 5-10 Yards ja noch nicht für einen Touchdown ausreicht. Also schenkt man kurze Plays her, um die Uhr herunterlaufen zu lassen und große Raumgewinne zu verhindern. Und zum Vierten muss ja auch der Coach mehr Risiko eingehen, wenn man kurz vor Ende noch zurückliegt.

Allerdings spielt immer auch das Risiko mit. Ein Fehlpass oder ein Fumble so kurz vor dem Ende hat schon so manche Partie entschieden.

Woran auch immer es liegt, dass sich das Spiel nach der Two-Minute Warning ändert, für den Zuschauer ist es immer ein guter Grund, bis zum Ende zuzuschauen.

## WEIL MAN RECHNEN KÖNNEN MUSS

Wer Football spielt, braucht ein gewisses Maß an mathematischem Talent. Zumindest viel mehr als beispielsweise beim Fußball oder Handball, bei denen jedes Tor nur einfach zählt. Einzig beim Basketball, bei dem es ja Würfe gibt, die einen, zwei oder drei Punkte wert sind, braucht man ein vergleichbares Rechenniveau, das weit über das eines Erstklässlers hinausgeht. Beim Football gibt es aber sogar fünf verschiedene Wertungen, die jeder Spieler und jeder Trainer kennen muss.

Am einfachsten ist der eine Punkt, den man nach einem Touchdown einsammeln kann. Hat eine Mannschaft die Endzone erreicht, hat sie die Chance, mit einem Kick aus rund 32 Yards einen Extrapunkt zu gewinnen. Trifft der Kicker zwischen die Stangen, bekommt sein Team einen Punkt. Daher heißt diese Variante, Punkte zu sammeln, auch Extrapunkt oder »Point after Touchdown« (PAT). Da der Extrapunkt die wohl einfachste Methode ist, Punkte zu sammeln, ist er auch nur einen Zähler wert.

Deutlich komplizierter ist es, zwei Punkte zu bekommen. Dafür gibt es auch zwei Möglichkeiten. Die erste Methode ist die sogenannte »Two Point Conversion«. Möchte ein Trainer nach einem Touchdown nicht nur einen, sondern zwei Punkte haben, kann er statt zu kicken auch einen weiteren Spielzug durchführen. Hierbei wird der Ball auf die 2-Yard-Linie gelegt. Die angreifende Mannschaft hat nun die einmalige Chance, durch einen Pass oder ein Laufspiel in die Endzone zu gelangen.

Schafft sie das, bekommt sie zwei Punkte. Glückt der Versuch nicht, gibt es auch keine Punkte und der Gegner bekommt den Ball. Gelingt es den Verteidigern, eine Interception zu fangen oder ein Fumble zu erobern, bekommt sie zumindest in der NFL keine Punkte dafür. Im Amateur-Football dagegen kann die verteidigende Mannschaft zwei Punkte erbeuten, wenn sie es schafft, bei einer Two Point Conversion den Ball zu erobern und in die andere Endzone zu tragen. Da die Erfolgsquote bei einer Conversion nur rund 42 Prozent beträgt, entscheiden sich die Trainer nur selten für diesen Spielzug. Allerdings ist es eine gute Chance auszugleichen, wenn der Gegner im Laufe eines Spiels einen Touchdown mit Extrapunkt (7 Punkte), man selber aber nur zwei Field Goals (6 Punkte) geschafft hat.

Die andere Möglichkeit, zwei Punkte auf die Anzeigetafel zu bringen, gelingt mit einem sogenannten Safety. Dies kann nur die verteidigende Mannschaft schaffen und ist die einzige Möglichkeit, ohne Ballbesitz Punkte zu erzielen. Zwei Punkte gibt es, wenn derjenige Spieler der angreifenden Mannschaft, der den Ball in der Hand hat, in der eigenen Endzone zu Boden gebracht wird. Auch wenn der Ballträger seine eigene Endzone nach hinten oder zur Seite hin verlässt, gilt das als Safety. Das zählt auch, wenn die angreifende Mannschaft in der eigenen Endzone einen Regelverstoß begeht. Auch wenn der Ball nach einem Fumble oder nach einem schlechten Snap in die eigene Endzone fliegt und von dort ins Aus rollt, gibt es zwei Punkte für den Gegner. Ein Saftey ist dabei für die angreifende Mannschaft doppelt schlimm. Nicht nur, dass der Gegner Punkte bekommt, man muss den Ball anschließend von der eigenen 20-Yard-Linie wegkicken, sodass der Gegner zusätzlich zu den zwei Punkten auch noch den Ball bekommt.

Drei Punkte gibt es für ein Field Goal. Dabei darf die angreifende Mannschaft versuchen, den Ball durch die beiden senkrechten Stangen und über die Querstange zu kicken. Schafft sie das, gibt es drei Punkte. Gelingt der Versuch nicht, bekommt der Gegner an der Line of Scrimmage den Ball. Im Normalfall entscheidet sich eine Mannschaft erst im vierten Versuch, ein Field Goal zu kicken, wenn sie schon nahe an der gegnerischen Endzone ist. Gute Kicker schaffen es, aus rund 50 Yards oder etwas darüber den Ball zu verwandeln. Dabei darf man aber nicht vergessen, dass der Goalpost zehn Yards hinter der 0-Yard-Linie steht und der Snapper den Ball noch einmal rund sieben Yards nach hinten wirft.

Vier Punkte gibt es in der NFL nicht. In der mittlerweile eingestellten NFL Europe bekam man eine Zeit lang durch ein Field Goal aus über 50 Yards vier Punkte. Doch dies hat sich nicht entscheidend durchgesetzt, sodass man in der nordamerikanischen Profiliga für einen erfolgreichen Kick immer nur drei Punkte bekommt – egal aus welcher Entfernung.

Sechs Punkte sind die größtmögliche Punktausbeute im Football. Diese bekommt man für einen Touchdown, also wenn man den Ball erfolgreich bis in die gegnerische Endzone gebracht hat. Dabei ist es egal, ob man den Ball nun in der Endzone fängt oder ihn unter dem Arm hineinträgt. Es spielt auch keine Rolle, ob man nun die angreifende oder die verteidigende Mannschaft ist.

Warum ein Touchdown nun gerade sechs und nicht fünf oder sieben Punkte wert ist, kann nicht eindeutig beantwortet werden. Zu Beginn des Spiels wurde die Wertigkeit von Kicks, Safetys und Touchdowns immer wieder verändert. So war ein Field Goal in den Anfängen fünf Punkte wert, ein Touchdown dagegen nur vier Punkte und ein Safety nur einen Punkt. Später versuchten die Funktionäre, durch eine Aufwertung des Touchdowns und eine Abwertung des Field Goals das Spiel weniger Kick-lastig zu machen. Eine Zeit lang war der Touchdown fünf Punkte und seit 1912 eben sechs Punkte wert. Da das Ziel des Spiels ist, den Ball in die Endzone zu bringen und nicht durch zwei Stangen zu kicken, ist es nachvollziehbar, warum ein Touchdown doppelt so viele Punkte bringt wie ein Field Goal, warum es aber nun genau sechs sind, wird wohl unbeantwortet bleiben.

Am Regelwerk werden die aktuellen Spieler und vor allem die Trainer nichts mehr ändern. Sie können nur versuchen, die Punkteverteilung zu ihren Gunsten auszunutzen. Einfach ist es, wenn der Gegner dank zweier Touchdowns mit verwandelten Extrapunkten 14 Punkte, man selbst nach zwei Field Goals und einem Touchdown (ohne Extrapunkt) erst zwölf Punkte hat. In so einer Situation muss man versuchen, mit einer Two-Point Conversion das Spiel auszugleichen. Mutige Trainer könnten bei einem Punkt Rückstand kurz vor Spielende das Risiko eingehen, statt mit einem Extrapunkt ein Unentschieden und eine Verlängerung zu erzwingen, das Spiel mit zwei Punkten zu gewinnen. Allerdings ist das Risiko sehr groß, dass die Conversion scheitert. Liegt man dagegen kurz vor Schluss bereits vier Punkte zurück, muss man auch bei einem vierten Versuch auf ein Field Goal verzichten und stattdessen auf den Touchdown gehen. Gelingt das, bleibt die Frage, ob man mit einem Extrapunkt die Führung auf drei Punkte ausbauen will, was dem Gegner noch die Chance auf den Ausgleich ermöglicht, wenn dieser ein erfolgreiches Field Goal kickt, oder den Gegner ebenfalls zu einem Touchdown zwingt, indem man eine Two-Point Conversion versucht. Hier bleibt das Risiko, dass bei einem Scheitern der Gegner mit einem Field Goal zu seinen Gunsten entscheiden oder mit einem Saftey ein Unentschieden erreichen kann. Teilweise kann es sogar Sinn haben, ein Safety in Kauf zu nehmen und den Gegner so davon abzuhalten, ein Field Goal zu kicken.

Sie sehen, Football-Spieler sollten also immer einen Rechenschieber am Spielfeldrand stehen haben.[68]

## WEIL ES ONSIDE KICKS GIBT

Liegt ein Team kurz vor dem Ende mit zwei Scores zurück, wird es schwierig, das Spiel noch umzudrehen. Schließlich kann man einmal Punkte erzielen, muss den Ball aber zum Gegner kicken. Der hat dann tief in der eigenen Hälfte viel Zeit, um mit Laufspielen die Uhr herunterlaufen zu lassen, während man selbst nur mehr oder weniger untätig an der Sideline zuschauen kann, wie eine Sekunde nach der anderen wie Butter in der Sauna schmilzt. Es gibt aber eine Variante, wie man nach dem Kick verhältnismäßig einfach wieder in Ballbesitz kommen kann: den Onside Kick.

Dabei wird das Ei nicht so weit wie möglich weggeschossen. Stattdessen hofft man, mit einem kurzen Kick den Gegner aus dem Konzept zu bringen. Statt hoch in die Luft schießt der Kicker den

Ball direkt auf den Boden und hofft, dass dieser unkontrolliert nach vorne und zur Seite springt. Der Ball muss mindestens zehn Yards zurücklegen oder von einem Gegenspieler berührt werden. Dann kann er auch vom Kicking Team erobert werden.

Normalerweise kann sich ein Trainer denken, wann der Gegner einen Onside Kick versuchen wird, und stellt daher die sichersten Fänger in die erste Reihe seines Return-Teams. Zudem kann man durch die Aufstellung des Gegners meist gut erkennen, auf welche Seite der Kick erfolgen wird. Schließlich versuchen die Mitspieler des Kickers, das Ei für ihr Team zu sichern, und das geht besser, wenn man sich auf seine Seite des Spielfelds konzentriert. Insofern kommt es auch recht schnell zum großen Knall, wenn der Onside Kick erfolgt ist.

Da der Gegner also meistens weiß, wohin gekickt wird, und dort auch seine besten Ballfänger postieren kann, ist die Wahrscheinlichkeit, dass ein Onside Kick funktioniert, relativ gering. Natürlich kann man wie immer beim American Football die Aufstellung als Fake nutzen, auf die andere Seite kicken und so hoffen, dass der Gegner dadurch getäuscht wird und man so leichteres Spiel hat.

Gelingt es dem Kicking Team, den Ball zu erobern, dürfen sie aber nicht mehr weiter nach vorne stürmen. Hier muss es reichen, in Ballbesitz zu kommen. Dann wird die Uhr angehalten, und die Offense kann auf dem Feld versuchen, die fehlenden Punkte noch zu sammeln.

Im Normalfall versucht man erst gegen Spielende, mit einem Onside Kick ein Spiel noch herumzureißen. Es gibt aber keine Regel, die es verbietet, diesen speziellen Kick auch schon früher im Spiel zu versuchen. Er muss auch weder beim Schiedsrichter noch beim Gegner angekündigt werden. Daher sind die meisten Teams überrascht, wenn eine Mannschaft das ohne triftigen Grund macht. Schließlich birgt der Onside Kick auch das Risiko, dass der Gegner in guter Feldposition in Ballbesitz kommt. Das war den Indianapolis Colts in der Saison 2014 egal. In den ersten sechs Saisonspielen versuchten sie dreimal bei ihrem ersten Kick-off der Partie einen Onside Kick. Funktioniert hat es jedes Mal. Richtig mutig waren die New Orleans Saints in Super Bowl XLVI gegen die Indianapolis Colts, die den Kick-off zur zweiten Halbzeit als Onside Kick ausführten. Auch hier war der Gegner überrascht, der Ball prallte gegen die Facemask von Colts-Spieler Hank Baskett, und die Saint konnte sich den Ballbesitz sichern. Im folgenden Drive schafften die Saints einen Touchdown und gingen erstmals in der Partie in Führung. Diese gaben sie nicht mehr her. Nach einem 6:10-Rückstand zur Halbzeit siegten die Saints noch mit 31:17. Mitverantwortlich hierfür war auch der Mut von Saints' Head Coach Sean Payton. Es war der erste Onside Kick im Super Bowl vor dem vierten Quarter.

Auch wenn der Onside Kick immer wieder funktioniert, ist die Wahrscheinlichkeit relativ gering. 2014 konnten von den 56 Versuchen nur neun vom eigenen Team gesichert werden. Das entspricht einer Quote von gerade einmal rund 16 Prozent. Generell funktioniert der Kick in rund 26 Prozent der Fälle. Das liegt vor allem daran, dass die Teams es nur dann mit einem kurzen Kick versuchen, wenn sie schon recht verzweifelt sind und der Gegner sich ausrechnen kann, was passieren wird. Allerdings gibt es auch hier immer wieder erfolgreiche Versuche.

Das musste vor allem Brandon Bostick von den Green Bay Packers am eigenen Leib erfahren. Im NFC Championship Game gegen die Seattle Seahawks führten die Packers drei Minuten vor Ende komfortabel mit 19:7. Nach einem TD von QB Russell Wilson lagen die Packers immerhin noch mit 19:14 in Front, und die Seahawks mussten einen Onside Kick versuchen. Nun schlug Bosticks schwärzeste Stunde seiner Karriere. Statt zu blocken, was eigentlich seine Aufgabe gewesen wäre, versuchte er, den Ball zu fangen. Doch der Ball rutschte ihm aus den Händen und wurde von den Seahawks gesichert. Nach einem weiteren Touchdown mit TwoPoint Conversion und einem Field Goal von den Packers ging es schließlich in die Overtime, wo Seattle das bessere Ende für sich hatte. So erreichten die Seahawks dank des Onside Kicks noch den Super Bowl. Bostick wurde dagegen von den Packers entlassen.[69]

Auch wenn die Quote bei den Onside Kicks so gering ist, lohnt sich ein Versuch immer. Für die Zuschauer ist die Spannung enorm, wenn sich 22 Spieler auf den kurzen Kick werfen und man oft erst dann weiß, wer den Ball hat, wenn die Schiedsrichter ihre Entscheidung bekannt gegeben haben.

78. GRUND

## WEIL ES FÜR JEDEN DIE PASSENDE POSITION GIBT

Erinnern Sie sich noch an den Sportunterricht? Damals war es für einige Klassenkameraden nicht immer einfach. Denn je nachdem, welches Spiel gespielt wurde und welche Mannschaften gewählt wurden, stand man lange in der Reihe, bis man gewählt wurde. Im schlimmsten Falle stand man am Ende noch alleine da. Für den Betroffenen war das eine Demütigung. Für die Mannschaft, die den letzten Spieler nehmen musste, oft eine Benachteiligung, die bei den Mitspielern zu großer Unzufriedenheit führte. Schließlich musste man das unsportlichste Kind in der eigenen Mannschaft mitspielen lassen.

Je nachdem, welche Sportart auf dem Stundenplan stand, wurde entsprechend gewählt. Beim Fußball hatten die schnellen Techniker Vorrang. Beim Basketball wählte man zuerst die größten Kinder aus und beim Handball die körperlich robusten. Dadurch gab es zwar zumindest etwas Abwechslung, doch die kleinen, dicken Kinder konnten sicher sein, dass sie immer bis zum Ende noch in der Reihe stehen würden.

Das Schöne am American Football ist dagegen, dass es für jeden Spieler die perfekte Position gibt. Bist du groß und dünn, spielst du

Wide Receiver. Bist du groß und dick, stehst du in der Offensive Line. Bist du klein und kompakt, stellt man dich als Fullback oder Runningback hinter den Quarterback. Wenn du dich gerne prügelst, spiele am besten als Linebacker, wo die Action am größten ist. Für die etwas kleineren Spieler gibt es als Safety oder als Kicker immer noch einen Platz im Team. Auch wenn man keinen Ball fangen kann, kann man noch als Cornerback auflaufen, dessen Hauptaufgabe es ist, den Passempfänger zu decken und zu verhindern, dass dieser einen Pass fängt. Im Handball oder Basketball hätte man so jemand bestimmt nicht gerne in seinem Team. Im Football spielt jeder eine wichtige Rolle, während man beim Fußball in der Schule entweder ins Tor oder auf eine Außenverteidiger-Position abgeschoben wird.

Allerdings ist es dann auch schwierig, sich ein Team zu wählen. Schließlich kann man es sich nicht leisten, auf eine Art von Spieler zu verzichten. Das kann man auch jedes Jahr beim NFL-Draft feststellen, bei dem die Teams abwechselnd die besten Spieler vom College auswählen dürfen. Hier kann es dann auch mal sein, dass der große Dicke als Erster ausgewählt wird, der beim Klassenkick mit Sicherheit bis zum Schluss in der Reihe gestanden hätte. Und während die Jumbo-Kinder beim Fußball deprimiert nach Hause gegangen wären, streiten sich die Mannschaften beim American Football dagegen um sie.

Die meisten angehenden Football-Spieler wissen ebenfalls noch nicht, auf welcher Position sie eigentlich spielen wollen und spielen werden. Das liegt dann in den Händen der Coaches. Zwar kann man aufgrund der körperlichen Voraussetzungen schon die eine oder andere Position ausschließen, doch für den durchschnittlichen Sportler gibt es dann immer noch mehrere Optionen, ob man nun beispielsweise als Runningback, Wide Receiver oder doch im Backfield aufgestellt wird.

Gerade in den unteren Ligen hierzulande wird eher geschaut, auf welcher Position man noch einen Spieler brauchen kann. Das hat den Vorteil, dass man im Normalfall schon in seiner ersten Saison auf einige Einsatzminuten kommt. Und da die wenigsten schon Football-Erfahrung haben, wenn sie das erste Mal beim Training sind, sind sie noch formbar und noch nicht auf eine Position festgespielt. Daher ist es deutlich einfacher, die Position zu lernen, als später sich an eine neue Rolle gewöhnen zu müssen.

Bei den Gelsenkirchen Devils beispielsweise herrschte bei meinem ersten Training ein Mangel an (guten) Wide Receivern. Nun war ich damals mit großzügig geschätzten 1,80 Meter und nicht den ganz großen Sprinterqualitäten nicht unbedingt als Passempfänger prädestiniert. Dafür hatte ich recht sichere Hände und konnte ganz gut Bälle fangen. Unser damaliger Coach Greg warf mir testweise einen Ball zu, den ich recht leicht fangen konnte. »Du kannst 'nen Ball fangen, du wirst Receiver«, lautete direkt sein fachkundiges Urteil. Im Nachhinein bin ich nur froh, dass damals ausreichend Linemen im Kader standen. Denn diese Position wäre dann doch nichts für mich gewesen.

# KAPITEL 9

# Alles eine Frage der Technik

# WEIL DER BALL EIN EI IST

Wer auch immer auf die Idee kam, beim Football einen eiförmigen Ball zu verwenden, demjenigen sollte ein Denkmal verliehen werden. Denn ein eiförmiges Spielgerät verleiht einem Sport so viele besondere Momente, dass man sich eigentlich überlegen könnte, auch beim Handball oder beim Fußball zukünftig mit einem Ei zu spielen.

Zum einen lässt sich der Ball viel schöner, genauer und härter werfen als ein Hand- oder ein Basketball. Es ist schon ein besonders ästhetischer Anblick, wenn der Ball sich in Superzeitlupe um die eigene Achse dreht und zielgerecht in den Händen des Passempfängers landet. Dank der Rotation bekommt der Ball eine viel exaktere Flugkurve, als es ein runder Ball jemals kriegen könnte. Die richtige Wurftechnik vorausgesetzt. Oder fragen Sie mal einen aktuellen Fußballtorwart, was er von den Flatterbällen hält, die teilweise mit über 100 km/h auf ihn zufliegen. Kein Receiver könnte so einen Ball fangen und kein Quarterback so genau werfen, dass man das Flattern mit einrechnen könnte.

Auch beim Handball könnte man mit einem eiförmigen Spielgerät ganz andere Spielzüge kreieren als mit einem runden Ball. Die Pässe könnten viel schneller und genauer geworfen werden, und dank der spitz zulaufenden Form kann man den Ball viel besser fangen als den üblichen Handball. Vom Basketball, bei dem man zum Fangen immer zwei Hände braucht, einmal ganz zu schweigen. Wie gut man das Ei auch mit einer Hand fangen und festhalten kann, zeigen die Receiver der NFL Woche für Woche.

Weiter kann man den Ball dank seiner Form besser fangen und besser festhalten. Man bildet mit den Händen eine Art Trichter, in die der Ball nur noch hineinfliegen muss. Mit einem runden Ball geht das nicht. Beim Tragen klemmt man sich ein Ende unter den Arm und hält das Leder mit der Hand an der anderen Spitze fest. Das macht es dem Gegenspieler beinahe unmöglich, einem den Ball aus den Armen zu reißen. Versuchen Sie das einmal mit einem runden Ball.

Die wahren Vorteile des eiförmigen Spielgeräts sieht man aber, wenn einer der Spieler den Ball verliert, dem also ein sogenanntes Fumble unterläuft. Den freien Ball darf der Spieler für seine Mannschaft erobern, dem es als Erstem gelingt, ihn festzuhalten. Meistens werfen sich viele Spieler gleichzeitig auf den Ball, und es obliegt den Schiedsrichtern zu erkennen, wem das als Erstem gelungen ist.

Für den Zuschauer ist es aber viel schöner, wenn der Ball über das freie Feld hoppelt und sich mehrere Spieler darum bemühen, ihn aufzusammeln und damit loszurennen. Das erinnert oft an eine Slapstick-Einlage aus dem Zirkus, bei dem der Clown seinen Hut einzufangen versucht, eine Schwarz-Weiß-Komödie aus den 20er-Jahren oder eine alte Folge von *Tom & Jerry*. Jedes Mal, wenn ein Spieler den Ball sicher in seinen Händen glaubt, springt dieser in eine andere Richtung, und der Spieler, steht mit leeren Händen da. Sofort versucht ein anderer Spieler sich den Ball zu schnappen, muss aber ebenfalls damit rechnen, dass das Ei plötzlich einen komplett anderen Weg einschlägt, als man geglaubt hat. Und während der dritte Spieler das versucht, rennen sich die ersten beiden über den Haufen im verzweifelten Versuch, als Erster die Hände ans Leder zu bekommen. So kann es oft viele Versuche und mehrere Sekunden dauern, bis endlich ein Spieler das Spielgerät unter Kontrolle hat.

Beim Fußball mag das ja nicht jedem gefallen, und das Spiel könnte langfristig an Attraktivität verlieren. Aber beim American Football ist jede dieser ungewollten Slapstick-Einlagen es wert, dass der Erfinder des Ledereis einen Orden verdient hätte.

# WEIL ES TRICKSPIELZÜGE GIBT

Als ob Football mit den ganzen Lauf- und Passspielzügen nicht bereits kompliziert genug wäre, gibt es auch noch eine unendliche Anzahl an Trickspielzügen, bei denen man versucht, den Gegner aufs Glatteis zu führen, ins Leere zu locken oder ganz einfach zu überrumpeln. Schließlich kann man sich als verteidigende Mannschaft nicht auf jeden Spielzug vorbereiten. In den letzten Jahren wurden die Trainer immer kreativer, was die Entwicklung von Trickspielzügen angeht. Das Problem dabei ist, dass auch die eigene Mannschaft bei so einem ungewohnten Spielzug nicht immer perfekt funktioniert. Solange der Trickspielzug erfolgreich ist, hat der Trainer alles richtig gemacht. Gelingt der Spielzug aber nicht, ist man zumindest bis zum nächsten Spieltag das Hauptgesprächsthema jeder Sportsendung in den USA.

Die einfachste Art, den Gegner und häufig auch den Zuschauer reinzulegen, ist, einen Spielzug vorzutäuschen und einen anderen auszuführen. Da der Gegner sich hierbei auf einen anderen Spielzug eingestellt hat und die Aufstellung entsprechend gewählt hat, gelingt es immer wieder, die entscheidenden Yards für ein neues First Down oder einen Touchdown herauszuholen. Einige Trickspielzüge gehören dabei zum festen Repertoire jeder Mannschaft, einige werden speziell für bestimmte Situationen eingeübt und können nur einmal durchgeführt werden.

Die einfachsten Trickspielzüge gehören dagegen zum festen Bestandteil jeder Offense. Dazu zählen beispielsweise der Play Action Pass oder der Draw. Beim Play Action täuscht der Quarterback eine Ballübergabe an den Runningback an. Dieser tut so, als hätte er den Ball fest in seinen Armen, und rennt mit tief gesenktem Kopf in die Verteidiger hinein. Allerdings hat der Spielmacher den

Ball immer noch fest in den Händen und wenn die Verteidiger auf die Täuschung hereinfallen genug Zeit, sich einen Pass-Empfänger zu suchen. Genau das Gegenteil passiert beim Draw. Hier täuscht der Quarterback einen Pass an, übergibt den Ball aber an einen Runningback, der darauf hofft, dass nicht mehr so viele Verteidiger an der Line of Scrimmage stehen und er so genug Platz für einen größeren Raumgewinn hat.

Zu den »normalen« Trickspielzügen gehört auch der Fake. Zu diesen gehören der Fake Kick oder Fake Punt. Während der Gegner glaubt, dass man den Ball treten will, nimmt der Kicker oder Punter den Ball nach dem Snap in die Hand und wirft einen Pass oder rennt selbst nach vorne. So will er den Gegner überraschen, doch weil die wenigsten Kicker überragende Werfer sind, geht so ein Fake nicht selten schief. Ähnlich funktioniert auch der Halfback Pass. Hier versucht ein Runningback, nach der Ballübergabe einen Pass zu werfen. Der Quarterback dient bei diesem Spielzug als zusätzlicher Blocker oder kann bei einer Variante sogar als Passempfänger eingesetzt werden. Das sieht man allerdings nur selten, da die meisten Trainer Angst vor einem erhöhten Verletzungsrisiko ihres Spielmachers haben. Auch hier ist das Risiko groß, dass der Spielzug misslingt. Eine große Ausnahme ist LaDainian Tomlinson. In seiner aktiven Karriere warf der Runningback der Detroit Lions sieben Touchdowns. Gar nicht schlecht für einen Ballträger …

Immer wieder sieht man auch den sogenannten Fleaflicker. Hier übergibt der Quarterback den Ball an einen Runningback. Doch statt nach vorne zu rennen, dreht er sich herum, wirft den Ball zurück zum Quarterback, der dann (hoffentlich) genug Zeit für den eigentlich geplanten Pass hat.

Auch der End-Around und der Reverse gehören zu den weiter verbreiteten Trickspielzügen. Beim End-Around rennt ein Wide Receiver statt nach vorne zu seinem Quarterback und bekommt das Ei in die Hand gedrückt. Da der Receiver meistens nach vorne rennt, hofft man, ihn von seinem Gegenspieler wegzulocken. Eine

Variante davon ist der Reverse. Hier bekommt der Receiver den Ball und rennt weiter. Allerdings kommt auch von der Gegenseite ein Passempfänger angelaufen. Der Ballträger kann dann das Ei an den anderen Spieler übergeben (Reverse), der dann in die andere Richtung läuft, oder die Ballübergabe nur vortäuschen (Fake Reverse). Zudem kann er auch stehen bleiben und einen Pass werfen. Diese Spielzüge brauchen aber relativ viel Zeit und enden nicht selten in einem Raumverlust, wenn die Verteidiger aufgepasst haben.

Etwas außergewöhnlich sind Double Passes. Hier passt der Quarterback den Pass nach außen. Hat er den Ball dabei leicht nach hinten gepasst und steht der Passempfänger immer noch hinter der Line of Scrimmage, kann er den Ball erneut passen. Weiter kann der Center den Ball direkt zum Runningback snappen, der dann direkt und ohne den Umweg über den Quarterback zu gehen losläuft (Direct Snap). Da man den Ball beim Football ähnlich wie beim Rugby noch jederzeit nach hinten werfen kann, bietet auch diese Variante eine große Bandbreite an Trickspielzügen.

Die beschriebenen Trickspielzüge könnte man theoretisch jederzeit erleben. Es gibt aber auch außergewöhnliche Tricks, die in der Regel nur einmal funktionieren. Das jüngste Beispiel dafür lieferten die St. Louis Rams im Spiel gegen die Seattle Seahawks am 19. Oktober 2014. Bei einem Punt der Seahawks orientierten sich alle Verteidiger nach links, um dem Punt Returner den Weg frei zu blocken. Entsprechend liefen auch die Verteidiger der Seahawks auf diese Seite, um den Returner möglichst schnell zu Fall zu bringen. Was die Seattle-Spieler nicht wussten, ist, dass der Ball nicht nach links, sondern aus Sicht von St. Louis nach rechts flog, wo ein weiterer Punt Returner der Rams stand, um den Ball unbehelligt über 88 Yards in die Endzone der Seahawks zu tragen. Dabei nutzten sie aus, dass man sich als Verteidiger meistens nach dem Gegner richtet und nicht dem Ball hinterherschaut. Der Trickspielzug war so unerwartet, dass sogar der Kameramann die eigentliche Flugkurve des Balls aus dem Blick verlor und sich nach den Spielern der Rams richtete.

Auch Johnny »Football« Manziel, Quarterback der Cleveland Browns, hatte für den Gegner eine Überraschung parat. Nachdem sich seine Mannschaft aufgestellt hatte, ging Manziel scheinbar verwirrt an die Seitenlinie und ließ sich von seinem Trainer etwas erklären. Während er dort stand, erfolgte der Snap auf den Runningback, Manziel rannte nach vorne und fing dessen Pass für einen großen Raumgewinn. Leider hatte sich einer seiner Mannschaftskameraden zu früh bewegt, und die Browns bekamen eine 5-Yard Strafe. Doch der Spielzug schaffte es in jeden Saisonrückblick.

Die Trickspielzüge kommen selten vor und werden von den Mannschaften oft wochenlang hinter verschlossenen Toren trainiert. Kreative Trainer bereiten immer wieder außergewöhnliche Spielzüge vor, die nicht selten auch die Schiedsrichter vor eine große Herausforderung stellen. Und für den Zuschauer bieten sie immer wieder willkommene Überraschungen, die nur ein Grund sind, diesen Sport zu lieben.

## 81. GRUND

## WEIL MAN NICHT UNBEDINGT BALLGEFÜHL BRAUCHT

Nicht jeder von uns blickt auf eine glückliche Schulzeit zurück. Vor allem der Sportunterricht war für viele Kinder und Jugendliche ein Grund, morgens mit Bauchschmerzen in die Schule zu gehen. Das gilt besonders für Kinder, die mit einem Ball nichts anfangen konnten. Die hätten sich wohl am liebsten vom Sportunterricht abgemeldet. Denn zum einen wurden sie immer als Letzte beim Mannschaftenbilden ausgewählt, zum anderen konnten sie sicher sein, dass sie auf dem Spielfeld kaum einen Ball bekamen. Außer man stellte sie ins Tor, wo sie dann von der Idee des Teamkapitäns her am wenigsten Schaden anrichten konnten. Aber wer lässt sich schon gerne stundenlang mit Bällen beschießen oder bewerfen, wenn man die runden, harten Dinger ohnehin nicht besonders gut leiden kann.

Insofern geriet man in einen Teufelskreis aus Bällen, Schmerzen und Schweiß, aus dem einen nur die Pausenklingel und am Ende die bestandene Abschlussprüfung erlösen konnten. Und am Ende der Schulzeit war man sich über zwei Aspekte sicher. Zum einen würde man nie wieder die Schulbank drücken und zum anderen mit Sicherheit jedem Ball aus dem Weg gehen, der in der Zukunft den Weg kreuzt.

Wer diese Überzeugung hat, kann es einmal mit Football versuchen. Denn der Sport hat gerade für Menschen ohne Ballgefühl eine Möglichkeit, aktiv zu werden, ohne jemals einen Ball in die Hand nehmen zu müssen. Genauer gesagt ist es einigen Spielern sogar verboten, den Ball zu berühren. Und es gab so manchen NFL-Profi, der in seiner aktiven Karriere niemals das Ei in Händen hatte.

Was für ein Ballspiel recht außergewöhnlich klingt, ist wohl auch einmalig in der Welt des Sports. Man stelle sich einmal einen Fußballspieler vor, der den Ball nicht kicken darf, oder einen Basketballer, der im letzten Moment noch die Hände wegzieht, um das Spielgerät ja nicht zu berühren. In diesen Sportarten ist das undenkbar. Beim Football ist es den verschiedenen Positionen geschuldet.

Zugegeben gilt diese Regel nur für ganz bestimmte Positionen, genauer gesagt für die Spieler der Offensive Line. In der Verteidigung darf jeder Spieler den Ball fangen, abklatschen, aufnehmen oder seinem Gegner aus der Hand reißen, wie es ihm beliebt. Für die Spieler der Defense ist alles erlaubt, was sich im Rahmen der Regeln bewegt. In der Offensive Line stehen dagegen die großen und dicken Spieler, die, etwas überspitzt formuliert, schon außer Atem kommen, wenn sie vom Kühlschrank zum Fernseher gehen müssen. Ihre Aufgabe ist es zum einen, den Quarterback vor den Verteidigern zu beschützen und ihm so genug Zeit für den angesagten Spielzug zu geben, und zum anderen Lücken für die Runningbacks zu reißen, durch die sie einen möglichst großen Raumgewinn erzielen können. Aufgabe des Centers, der in der Mitte der Line steht, ist es außerdem, dem Quarterback den Ball zu übergeben, damit dieser etwas möglichst Schlaues damit anfangen kann.

Das hört sich einfacher an, als man denkt. Denn zum einen müssen die O-Line-Spieler sämtliche Spielzüge im Kopf haben. Ansonsten könnte es passieren, dass der Runningback gegen eine Wand aus eigenen Spielern läuft. Zum anderen darf sich die O-Line bei einem Passspielzug nicht nach vorne bewegen. Bei einem Gewicht von rund 120–140 Kilo müssen die Spieler dabei enorm kräftig und explosiv sein. Schließlich gilt es, nach dem Snap möglichst schnell in eine stabile Position zu kommen und so den Gegner aufzuhalten. Gleichzeitig müssen sie heranstürmende Verteidiger aus dem Backfield abblocken, die ebenfalls oft 120 Kilo und mehr auf die Waage bringen. Das dürfte ausreichen, um die Konzentration der »Big Men« komplett in Anspruch zu nehmen. Zudem wäre es wenig sinnvoll und sogar gefährlich, wenn sich einer der O-Line-Spieler direkt umdrehen würde, um den Ball in Empfang zu nehmen. Dann würde er mit dem Rücken zum Gegner stehen und wäre jedem Hit schutzlos ausgesetzt. Dass es schlicht sinnlos wäre, aus der O-Line zurückzugehen und so jeden Gegner zu einem Durchbruch einladen würde, ist noch das Tüpfelchen auf dem i.

Also macht man es sich in der NFL einfach und verbietet es den fünf Spielern der O-Line, als Erste den Ball zu berühren. Der Quarterback darf auch nicht einen seiner Linemen anwerfen, um sich vor einem heranstürmenden Verteidiger zu retten. Das zieht eine 5-Yard-Strafe nach sich. Ist der Ball dagegen durch ein Fumble frei, darf sich auch einer der Line-Spieler darauf werfen oder das Ei aufnehmen und nach vorne stürmen. Dies kommt allerdings nur selten vor, und so fallen die Athleten der Offensive Line nur auf, wenn ein Quarterback gesackt wurde oder sie ein Foul begangen haben. Dennoch sind sie das Herz der Mannschaft. Denn der beste Quarterback der Liga hätte keine Chance, wenn seine Line ihm nicht genügend Zeit einräumte.

Man kann also zu einem gefeierten Footballspieler werden, ohne auch nur einmal einen Ball berührt zu haben. Das heißt aber nicht, dass die Line-Spieler keine überragenden Athleten sind. Der schwerste Spieler der NFL-Geschichte, Aaron Gibson, brachte maximal 186 Kilo auf die Waage, wobei er zu Highschool-Zeiten noch beinahe 200 Kilo gewogen hatte. Dennoch konnte er die 40 Yards (ca. 36,5 Meter) in 5,35 Sekunden sprinten. Gleichzeitig schaffte er 31 Wiederholungen beim Bankdrücken mit einer 102-kg-Hantel[70]. Wer nun noch bezweifelt, dass O-Line-Spieler Athleten sind, darf das bestimmt gerne in einem Vieraugengespräch mit einem Offensive Lineman ausdiskutieren.

**82. GRUND**

## WEIL SICH TRAINER AUCH MAL IRREN KÖNNEN

★

Trainer sind nicht unfehlbar. Das gilt vor allem für eine so komplexe Sportart wie American Football, bei der jeder Spielzug gut überlegt sein will. Nicht umsonst spricht man auch von Schach auf dem Rasen. Beim Football geht es auch darum, einen Spielzug auszusuchen, mit dem der Gegner nicht unbedingt rechnet.

Eine typische Situation ist ein dritter Versuch und nur ein oder zwei Yards, die man noch überwinden muss. Im Normalfall kommt nun ein Laufspiel, da man davon ausgehen kann, dass man am Boden immer ein oder zwei Yards schafft. Könnte man meinen. Denn das weiß natürlich auch der Gegner, der – wenn er damit rechnet – seine beste Laufverteidigung mit den großen, schweren

Jungs aufs Feld schickt. Wenn nun der Trainer davon ausgeht, dass der Gegner seine großen Jungs aufs Feld schickt, könnte er einen Pass ansagen, um den Gegner zu überraschen und statt ein paar Yards auf dem Boden einen großen Raumgewinn durch einen Wurf zu erzielen. Schließlich rechnet der Gegner nicht mit einem Pass, und die Receiver sind deutlich schneller.

Man muss als Trainer im American Football also immer auch überlegen, was der gegnerische Trainer denkt, und ihm einen Schritt voraus sein. Täuschen, tarnen und dann etwas komplett anderes machen ist ein Schlüssel zum Erfolg. So hofft man, den Gegner auf dem falschen Fuß zu erwischen. Das kann aber hin und wieder ganz schön ins Auge gehen.

Das jüngste Beispiel hat die Seattle Seahawks möglicherweise sogar den Titel gekostet. Im Super Bowl XLIX gegen die New England Patriots führte das Team aus Boston kurz vor Schluss mit 28:24. Dank eines unglaublichen Catchs von Jermaine Kearse und eines Laufs von Star-Runningback Marshawn Lynch standen die Seahawks an der 1-Yard-Linie der Patriots. Jeder rechnete nun mit einem Lauf von Lynch, der im Spiel in seinen berühmten »Beast-Mode« geschaltet hatte und die Verteidigung der Pats teilweise in Grund und Boden lief. Ein Yard bis zum Super-Bowl-Titel schien für Lynch so leicht, wie sich durch eine Gruppe gehbehinderter Kindergartenkinder zu kämpfen. Entsprechend floss wahrscheinlich nicht nur bei New Englands Head Coach Bill Belichick der Angstschweiß in Litern von der Stirn, und so mancher Spieler hat sich mental vom Super-Bowl-Ring verabschiedet.

Dann hatte allerdings Seattles Head Coach Pete Carroll eine Idee. Statt dem heißgelaufenen Lynch den Ball zu geben, was wohl mehr als 99,9 Prozent aller Football-Fans getan hätten und womit mit Sicherheit auch Belichick und sein Trainerteam rechneten, ließ er Quarterback Russell Wilson einen Pass auf Ricardo Lockette werfen. Vielleicht hat er mit diesem Spielzug sogar seine eigenen Spieler überrascht. Denn alles sprach dafür, dass Lynch mit den

Pats leichtes Spiel haben würde. Von 24 Läufen hat er bei 22 Versuchen mindestens ein Yard Raumgewinn erzielt, während die Verteidigung der Pats ligaweit nur auf Rang 28 lag, wenn es darum ging, gegnerische Läufer ohne Raumgewinn zu Boden zu bringen.

Carroll fand seine Idee aber gut, und so warf Russell den Ball zu Lockette. Allerdings hatte der Coach New Englands Malcolm Butler nicht getäuscht. Der machte einen Schritt nach vorne und riss Lockette den Ball aus den fangbereiten Händen. Dank der Interception gewann New England den Super Bowl, und Carroll wird sich wohl noch viele Jahre überlegen, ob er in dieser Situation die richtige Entscheidung getroffen hat.

Für die Fans ist es jedoch schon gut zu wissen, dass auch die Trainer einmal falsch liegen können und so das Spiel bei jedem Spielzug unberechenbar bleibt.

## 83. GRUND

## WEIL MAN DIE ABSICHT HAT, EINE MAUER ZU BAUEN

Steht eine Mannschaft kurz vor der Endzone oder wenigstens kurz vor einem First Down, versucht der Gegner natürlich alles, um zu verhindern, dass die gegnerische Angriffsreihe die letzten benötigten Yards schafft. Im Normalfall versucht man, mit einem Laufspiel durch die Mitte die letzten Zentimeter zu überwinden. Das weiß natürlich auch der Gegner und stellt seine größten und schwersten Spieler aufs Feld, um die Mitte zuzumachen. Sind es nur noch wenige Zentimeter, kommt es zum großen Knall, wenn der schwerste Runningback der Angreifer den Ball bekommt, den Kopf nach unten nimmt und mit möglichst viel Schwung Richtung gegnerische Line stürmt.

In dem Moment halten nicht nur die Mitspieler und Zuschauer den Atem an. Es ist letztendlich der eine entscheidende Moment, in dem der Ballträger versucht, durch die gegnerische Abwehrreihe zu brechen, während die Verteidiger im wahrsten Sinn des Wortes versuchen, eine Mauer zu bauen, an der der Spieler abprallen soll. Schließlich zählt jeder Zentimeter, um den First Down oder gar den Touchdown zu verhindern.

Besonders spektakulär wird es, wenn die Angreifer kurz vor der Endzone stehen und das am besten auch noch kurz vor Spielende bei Gleichstand oder knappem Rückstand. Die Linie vor der Endzone wird auch Goal Line genannt. Entsprechend heißt der Versuch, diese Linie zu halten, auch Goal Line Stand. Beim Versuch, die Goal Line zu halten, gab es die spektakulärsten Szenen in der NFL.

Unvergessen ist hier das Spiel der Arizona Cardinals bei den Philadelphia Eagles am 25. Oktober 1992, das auch der »One Yard War« also der Ein-Yard-Krieg genannt wird. Das Spiel war eigentlich eine komplette Katastrophe. Kurz vor Ende führten die Eagles gegen die Cardinals mit 7:3, und die Fans brauchten viel Liebe für den Sport, um nicht schon nach dem ersten Viertel nach Hause zu gehen. Philadelphias QB Randall Cunningham komplettierte nur neun Pässe. Die Eagles hatten mehr Strafen (13) als First Downs (11), beide Teams verpassten gemeinsam insgesamt drei Field Goals und verbuchten gemeinsam fünf Turnover. Kurz gesagt, es war ein Spiel zum Vergessen.

Doch wer schon früh nach Hause gegangen ist, sollte das bitter bereuen. Zumindest wenn er Fan der Eagles war. Kurz vor Ende der ersten Halbzeit standen die Cardinals beim Stand von 7:0 für die Eagles mit einem First Down an der 3-Yard-Linie des Gegners. Der Touchdown schien unvermeidlich. Doch so einfach wollte es Philadelphia den Cardinals nicht machen. Ein ums andere Mal stoppten sie die Laufversuche der Männer in Rot. Aufgrund von mehreren Strafen hatten die Cardinals sieben Anläufe, um in die Endzone der Eagles zu kommen, sechs davon innerhalb der 1-Yard Linie, doch jedes Mal scheiterten sie an der Mauer in Grün und Weiß.

Später sagte Tackle Mike Golic: »Woran ich mich erinnere, ist, dass sie einfach nicht in unsere Endzone kommen würden. Dabei spielte es keine Rolle, wie viele Versuche sie unternahmen, sie würden es nicht hinein schaffen.«[71] Schaut man sich das entsprechende YouTube-Video an, ist es schon beinahe mitleiderregend, wie die roten Spieler Spielzug für Spielzug an der grünen Mauer zerschellen. Dabei war es egal, ob der QB den Ball an seinen Runningback übergab oder selbst versuchte, mit einem Sneak in die Endzone zu kommen. Am Ende versuchten die Cardinals sieben Spielzüge durch die Mitte und scheiterten jedes Mal an der Mauer aus Philadelphia. So wurde der One Yard War von den Eagles gewonnen.

Unvergesslich ist auch der Stand der Baltimore Ravens gegen die San Francisco 49ers in Super Bowl XLVII. Die Ravens gingen mit einer 22-Punkte-Führung in die zweite Hälfte und mussten einen Touchdown nach dem anderen hinnehmen. Bei 2:39 Minuten auf der Uhr führten sie noch mit 34:29 und die San Francisco 49ers standen an der 7-Yard-Linie der Ravens. Doch die Verteidigung hielt. Nach einem Laufspiel an die 5-Yard-Linie und drei unvollständigen Pässen mussten die Kalifornier alle Super-Bowl-Träume begraben. Und Ravens LB-Legende Ray Lewis schwärmte später vom besten Goal Line Stand in seiner Karriere. Es war zumindest der wichtigste.

Mit dem Kopf durch die Wand zu rennen kann im American Football funktionieren. Vor allem wenn man bei jedem Spielzug vier Versuche zur Verfügung hat. Aber Vorsicht, wenn der Gegner eine Mauer gebaut hat. An dieser hat sich schon so manch ein Angreifer eine blutige Nase geholt.

# WEIL BEIM FOOTBALL
# BETEN NOCH HILFT

Nicht alle Sportler sind nicht religiöse Menschen. Viele sind abergläubisch, aber an ein höheres Wesen glauben nur wenige. Entsprechend gleicht das Gebet, das in einigen Kabinen vor dem Kick-off gesprochen wird, eher einem Ritual, bei dem man vor dem Spiel noch einmal zur Ruhe kommt und sich auf die anstehenden 60 Minuten konzentriert. Anders ist es kurz vor Spielende. Da kann auch der größte Atheist im Football-Trikot plötzlich zum gläubigen Katholiken werden und hilfesuchend das Ave Maria beten.

Man stelle sich einmal vor, es sind nur noch wenige Sekunden zu spielen, die eigene Mannschaft liegt mit vier Punkten zurück, und es sind noch etliche Yards bis zur Endzone. Es muss also ein Touchdown her. Und zwar einer, bei dem der Ball geworfen wird, weil man erfahrungsgemäß mit einem Laufspielzug den Weg in die Endzone nicht mehr findet. Der Trainer stellt alle Spieler auf, die nur ansatzweise einen Ball fangen können, und legt die Verantwortung in die Hände des Quarterbacks.

Der Snap erfolgt, der Quarterback geht ein paar Schritte zurück, holt weit aus und wirft den Ball mit aller Kraft in hohem Bogen in Richtung Endzone. Sofort laufen alle Receiver auf direktem Weg, ohne den Verteidiger täuschen zu wollen, bis in das gelobte Land, um den Ball zu fangen und so zum Helden zu werden. Dort haben sich im Normalfall auch schon alle Verteidiger versammelt, um ebendies zu verhindern. Es kommt zum Massenauflauf in der Endzone, wo sich Angreifer und Verteidiger um den Ball streiten. Das Ganze erinnert irgendwie an die versammelten Junggesellinnen bei einer Hochzeit auf der Jagd nach dem Brautstrauß. Schließlich weiß jeder, dass ein Pass folgen muss, denn nur die verzweifeltsten Trainer überhaupt würden in diesem Moment versuchen, die gegnerische Mannschaft mit einem Laufspiel zu überraschen.

Bei Pässen teilweise über 50, 60 oder 70 Yards ist der Ball so lange unterwegs, dass der Fan fast genug Zeit hätte, zum Kühlschrank zu gehen und sich ein neues Bier zu holen, bevor der Kampf um den Ball losgeht. An ein neues Bier denkt der Quarterback wohl eher selten. Aber die Zeit reicht in jedem Fall für ein kurzes Gebet. Also dreht sich der QB um oder kniet sich hin und fleht alle Heiligen an, die er kennt, dass doch ein Spieler seiner eigenen Mannschaft den Ball fangen möge. Auch die Trainer und Auswechselspieler beten oder heben die Arme Richtung Himmel, um göttlichen Beistand zu erbitten. Beim American Football wurde die heilige Maria eine Art Schutzpatronin des geworfenen Balles. Deswegen bezeichnet man diesen Notwurf in den letzten Sekunden eines Spiels auch als »Hail Mary«, der englische Name für das Ave Maria.

Das Ganze soll auf den früheren Quarterback der Dallas Cowboys, Roger Staubach, und seinen Receiver Drew Pearson zurückgehen. Staubach warf im Spiel gegen die Minnesota Vikings den Ball zum eigentlich gedeckten Passempfänger. Dieser fing den Ball trotz enger Coverage und erzielte den entscheidenden Touchdown. Im Interview nach dem Spiel bezeichnete Staubach den Pass als Hail Mary Pass, als »very, very lucky play«. Und weiter beschrieb er die Szene: »I closed my eyes and said a Hail Mary.« Er schloss also die Augen und betete ein Ave Maria. Pearson fing den Ball, und die Cowboys gingen als Sieger vom Platz.

Eine Statistik, wie oft die Hail Mary zu einem erfolgreichen Touchdown geführt hat, gibt es nicht. Da die Verteidigung bei diesem Spielzug große Vorteile hat, ist es auch recht unwahrscheinlich, dass das Gebet zu einem Erfolg führt. Und doch geschieht es immer wieder, dass die langen Bälle, die teilweise über 70 Yards geworfen werden, von den eigenen Receivern gefangen werden. Ob das nun dank göttlichem Beistand passiert oder einfach nur Glück ist, darf jeder für sich selbst entscheiden. In den wenigen Fällen, in denen eine Hail Mary zum Erfolg führt, weiß zumindest der Quarterback, dass Beten in seinem Sport doch helfen kann.

## WEIL MAN GROSSE JUNGS RENNEN SIEHT

»Das Lustige daran, wenn man einen schweren Mann rennen sieht, ist, dass man einen schweren Mann rennen sieht.« Diese vielleicht nicht ganz nette Aussage trifft beim Football durchaus zu. Denn in welchem anderen Sport sieht man 150 Kilo schwere Jungs mit einem Ball unter dem Arm, so schnell sie ihre baumstammgleichen Beine tragen, nach vorne stürmen. Das mag vielleicht etwas ungewohnt und teilweise auch etwas unbeholfen aussehen, aber wehe dem Verteidiger, der es wagt, sich ihnen in den Weg zu stellen. Wahrscheinlich werden sie hinterher denken, sie wären von einem Stier überrannt, einem Bus überfahren oder schlicht von einer Mauer zerquetscht worden.

Oft sieht man es nicht, dass einer der wirklichen schweren Jungs aus der Line den Ball bekommt. Wobei wir die Runningbacks und Linebacker, die durchaus auch mal 120 Kilo auf die Waage bringen können, nicht als schwere Jungs bezeichnen wollen. Denn wie bei Grund Nr. 81 (Ballgefühl) schon beschrieben, dürfen die Line-Spieler den Ball nicht als Erste berühren. Insofern kommt es selten vor, dass einer der im Normalfall mindestens 1,90 Meter großen und 130 Kilo schweren Jungs den Ball in die Hände bekommt. Dafür müssen sie erst als Pass-Empfänger beim Schiedsrichter angemeldet werden oder ein Fumble erobern. Aber wehe wenn sie losgelassen werden. Dann gibt es kein Halten mehr. Und sie walzen über alles, was mutig (oder leichtsinnig) genug ist, sich in den Weg zu stellen.

Der schönste Moment ist dann, wenn es einem der Big Men dann tatsächlich gelingt, den Weg in die Endzone zu finden.

Der schwerste Spieler, dem je ein Touchdown in der NFL aus einem regulären Spielzug heraus gelang, ist William Perry. Perry spielte Defensive End bei den Chicago Bears, den Philadelphia Eagles und noch eine Saison bei den London Monarchs in der WLAF. Teilweise wurde er sogar als Runningback eingesetzt. Zu Spitzenzeiten brachte Perry bei einer Körpergröße von 1,88 Meter stolze 173 Kilo auf die Waage, was ihm den Spitznamen »The Fridge«, also der Kühlschrank, einbrachte. Das könnte auch an einem Halsumfang von 22 Inches, also knapp 56 Zentimeter, und einer Hemdgröße von XXXXXXL (also sechs XL) gelegen haben. Sein Highlight hatte der Kühlschrank auf zwei Beinen im Spiel gegen die Green Bay Packers, als er zwei Touchdowns in einem Spiel erzielte und einen weiteren vorbereitete. Zu diesem Zeitpunkt wog er allerdings »nur« noch 152 Kilo. The Fridge war seinem »nur« 101 Kilo schweren Gegner dennoch so überlegen, dass dieser nach dem Spiel zugab, keine Ahnung gehabt zu haben, wie er Perry hätte stoppen sollen. Die Presse feierte Perry anschließend als »die beste Verwendung von Fett seit der Erfindung des Bacons«[72].

Den Rekord für den schwersten Mann, der je einen Touchdown in den Play-offs der NFL erzielt hat, ist Perry seit der Saison 2011 los. Denn BJ Raji von den Green Bay Packers wog bei seinem Touchdown mit 337 Pfund genau zwei Pfund mehr als Perry bei seinem Touchdown im Super Bowl XX. Allerdings spielte Raji in der Verteidigung, sodass sein Interception-Return Touchdown sozusagen ein Versehen war.

Den Rekord für den schwersten Mann überhaupt in der gegnerischen Endzone halten gemeinsam die beiden Defensive Linemen Shaun Rogers und Sam Adams. Beide wogen bei ihrem Touchdown 350 amerikanische Pfund, also umgerechnet 158,75 Kilo. Rogers fing 2007 im Trikot der Detroit Lions eine Interception von Denver Broncos Quarterback Patrick Ramsey und trug den Ball 66 Yards bis in die gegnerische Endzone. Adams spielte 2003 für die Buffalo Bills, als er einen Pass von New Englands Tom Brady abfing und über 37 Yards zum Touchdown trug. Dies war ihm bereits 1998 im Trikot der Seattle Seahawks gelungen. Wenn man einmal einen schweren Mann rennen sehen will, in diesen Spielen hätte man die Gelegenheit dazu gehabt.

## 86. GRUND

## WEIL PANCAKES NICHT NUR ETWAS ZUM ESSEN SIND

Wer beim Begriff »Pancake« an dicke amerikanische Pfannkuchen mit Ahornsirup denkt, liegt vielleicht nicht unbedingt falsch. Doch in der NFL bedeuten Pancakes noch etwas anderes als ein kräftiges, kalorienreiches Frühstück.

Als Offensive Lineman hat man nicht unbedingt viel Grund, sich zu freuen. Während man als D-Liner wenigstens hin und wieder einen Runningback tackeln darf, ein Fumble verursachen oder gar erobern, einen Quarterback sacken oder sogar eine Interception fangen kann, gibt es für einen O-Liner, bösartig gesagt, nichts zu tun, außer dem Gegner im Weg zu stehen, um den Quarterback zu schützen oder Löcher für den Runningback frei zu schieben. Entsprechend hat man als Center oder Guard auch nur wenig Grund, sich feiern zu lassen.

Macht man seine Arbeit gut, freut sich der Quarterback, dass er Zeit zum Passen hat oder selbst laufen kann. Macht man als O-Liner seine Arbeit aber schlecht und lässt den Gegner laufen, werden die Fehler in der späteren Analyse gnadenlos aufgedeckt, und man wird zur Zielscheibe der Kritik. Direkte spektakuläre Aktionen gibt es dagegen kaum welche. Und während man für die Defense Spieler wenigstens noch eine Statistik für Tackles, Sacks und Fumbles hat, bleiben die Zahlen für die meisten Offensive Linemen während ihrer gesamten Karriere bei null stehen. Und so manch ein erfolgreicher Guard hat seine Laufbahn beendet, ohne auch nur einmal in der Statistik aufgetaucht zu sein.

Es gibt aber eine Sache, über die sich auch ein O-Liner direkt freuen kann, auch wenn es dafür (noch) keine offizielle Statistik gibt. Und zwar über Pancakes. Damit sind dann tatsächlich nicht die Pfannkuchen gemeint, auch wenn man sich darüber natürlich auch freuen kann.

Als Pancake bezeichnet man einen Block, der so kräftig ist, dass man den Gegner dabei nach hinten auf den Hosenboden schubst. Woher der Name stammt, ist nicht ganz klar. Ob man nun den Gegner platt wie einen Pfannkuchen gemacht hat oder der Gegner mit seinem Hintern alles zu einem Pfannkuchen zerquetschen würde, was das Pech hat, darunter zu liegen, ist unbekannt. Aber das ist auch nicht so wichtig.

Da man als Line-Spieler ja seine komplette Kraft und das gesamte Körpergewicht nach vorne wirft, benötigt man als Lineman für so eine Aktion eine Menge Kraft, aber auch Explosivität und eine perfekte Technik, da man schön tief unter den Gegner kommen muss, um eine entsprechende Hebelwirkung zu haben. Für den Verteidiger ist so ein Pancake eine Demütigung, da niemand gerne während des Spiels tatenlos auf dem Boden sitzen will, während das Spielgeschehen um einen herum tobt. Wenn sich dann noch der O-Liner grinsend über einen beugt, ist der Spielzug dann auch richtig versaut.

Aus Sicht der Center, Guards und Tackles gibt es leider noch keine offizielle Statistik, in der die Pancakes gezählt und dokumentiert werden. So kann man nur anhand von zugelassenen Sacks oder geschafften Running Yards ermitteln, wie gut eine O-Line funktioniert. Allerdings bleibt für die Spieler das gute Gefühl, einen Gegner auf den Hintern gesetzt zu haben. Natürlich können auch D-Liner oder Linebacker einen Pancake-Block machen, und es ist immer schön, den Gegner auf den Hintern zu setzen. Besonders wenn ein Runningback mit dem Ball angerannt kommt und dann an einem zerschellt wie an einer Mauer und danach nach hinten fällt.

Als König der Pancakes gilt übrigens Orlando Pace, der als Left Tackle mit den St. Louis Rams Super Bowl XXXIV holen konnte. Als Blocker für QB Kurt Warner und Runningback Marshall Faulk spielte er eine Schlüsselrolle für die »Greatest Show on Turf«. Schon am College war er die Lebensversicherung für seinen Quarterback. In seinen letzten zwei Jahren ließ er keinen einzigen Sack zu, was ihm beinahe die Heisman Trophy eingebracht hätte. Pace war an der Linie so dominant, dass man ihn bereits am College den »Pancake Man« nannte. Und dies lag nicht an seinen 147 Kilo Körpergewicht.

87. GRUND

## WEIL MAN TOTE ENTEN FLIEGEN SIEHT

Im Fernsehen sieht immer alles so einfach aus. Das gilt natürlich auch für American Football. Der Quarterback bekommt den Ball, geht ein paar Schritte zurück und wirft einen Pass, der wie an der Schnur gezogen auf seinen Receiver zusaust, der nur noch zupacken muss. Und wenn man genau hinhört, kann man vom Ball, der in der Luft keinen Millimeter zur Seite wackelt, ein leises Pfeifen hören.

Doch jeder, der schon einmal selbst einen Football in der Hand hatte, weiß, wie schwierig es ist, dieses verdammte Ei kontrolliert zu werfen. Es ist am Anfang beinahe unmöglich, den Football so in die Luft zu legen, dass er stabil fliegt und in der Luft nicht unkontrolliert herumzappelt wie ein Fußball, aus dem die Luft entweicht und durch den gleichzeitig eine Ladung Starkstrom fließt. Bei den meisten fliegt das Ei so unkontrolliert durch die Gegend, dass man lieber in Deckung gehen möchte, statt das Ei aufzufangen. Schließlich weiß man nicht, an welchem Ende man zugreifen soll.

Der Trick ist, den Ball um die Längsachse rotieren zu lassen. Dies schafft man, indem man dem Ei kurz vor Verlassen der Hand mit den Fingern einen kleinen Schubs mitgibt. Zu Beginn ist es einfacher, wenn man dafür mit den zwei oder drei letzten Fingern, also dem Ring- und dem kleinen Finger, eventuell auch noch mit dem Mittelfinger in die Naht greift. Hier hat man einen besseren Halt und kann das Ei leichter in Drehung versetzen. Später und mit etwas mehr Erfahrung geht es auch so, wobei viele Profi-Quarterbacks nach dem Snap den Ball immer noch so drehen, dass sie mit den Fingern in die Naht greifen können.

Beim korrekten Wurf stabilisiert die andere Hand den Ball. Man stellt sich seitlich hin, dass die Schulter zu dem Receiver zeigt, dem man den Ball zuwerfen will. Man holt aus und wirft den Ball, dabei muss man eben darauf aufpassen, dass die Spitze des Eis in die Wurfrichtung zeigt. Zuallerletzt kommt noch der eben schon beschriebene Tick mit den Fingerspitzen, die dem Ball die wichtige Drehung verleihen. Wer fleißig übt, kann schon selbst bald den Ball so werfen, dass er stabil in der Luft liegt, ohne sich um andere Achsen zu drehen.

Dass das nicht so einfach ist, zeigen auch immer wieder die Quarterbacks in der NFL. Immer wieder passiert es, dass ihnen der Ball aus der Hand rutscht und zum Ufo (unkontrollierbarem Flugobjekt) wird. Die Amerikaner haben für diesen missglückten Wurf einen eigenen Namen. Sie nennen ihn »duck«, »wounded duck« oder sogar »shot duck«, weil sie der Flug des Balles an den etwas holprigen Flug eine Ente erinnert, die an- oder sogar erschossen wurde.

Beim Football schießt niemand auf den Ball. Dennoch sieht man gerade in unteren Ligen und bei Spielen von Kindern immer wieder solche »ducks«. Auch in den unterklassigen Ligen in Deutschland sollen angeblich mehr Enten als Bälle über das Spielfeld segeln. Und spätestens, wenn man selbst einen Football in die Hand nimmt und man merkt, wie schwierig die Wurftechnik zu erlernen ist, wird man lange warten, bevor unter den ganzen flatterigen Enten mal ein stolz dahingleitender Adler auftaucht. In jedem Fall ist American Football wohl der einzige Sport, bei dem man tote Enten noch fliegen sieht.

## WEIL MAN DEN BALL AUCH FUMBELN KANN

Es gibt so Momente, in denen man am liebsten im Boden versinken würde. Besonders wenn zig Kameras auf einen gerichtet sind und Millionen Menschen am Fernseher zuschauen. Mark Sanchez, Quarterback im Trikot der New York Jets, erlebte so einen Moment am 22. November 2012 im Spiel gegen die New England Patriots, der von seinem Mitspieler im wahrsten Sinne des Wortes verarscht wurde.

Die Jets lagen schon mit 0:14 zurück, als Sanchez eine Ballübergabe an Fullback Lex Hilliard antäuschte, den Ball selbst unter den Arm klemmte und nach vorne stürmte. Doch die Offensive Line konnte für ihren Quarterback keine Lücke frei sperren, und Sanchez entschloss sich dazu, mit den Füßen nach vorne zu rutschen und so einem Tackle aus dem Weg zu gehen. Leider übersah er dabei seinen 138 Kilo schweren und 1,91 Meter großen Guard Brandon Moore. Und während Sanchez zu Boden ging, prallte er mit dem Ball gegen Moores Hintern. Dabei verlor Sanchez das Ei aus den Händen, das von Pats Verteidiger Steve Gregory aufgenommen und zum Touchdown getragen wurde. Der missglückte Spielzug ging dann später als »Butt-Fumble«, also Hintern-Fumble, in die NFL-Geschichte ein.

Sanchez' Ballverlust war nicht der erste dieser Art, wenngleich dieses Fumble eines der spektakulärsten ist. Den Ball zu fumbeln, also fallen zu lassen, kann in jedem Spielzug vorkommen. Neben einem verpassten vierten Versuch und einer Interception ist ein Fumble zu erobern eine weitere Möglichkeit für die Defense, in Ballbesitz zu gelangen. Daher haben sich einige Verteidiger darauf spezialisiert, dem Ballträger das Ei aus den Händen zu schlagen. Denn solange dieser beim Ballverlust nicht mit mindestens einem Knie auf dem Boden ist, wird der Ball zum freien Ball und darf von jedem Spieler aufgenommen werden.

Anderen Spielern werden sogenannte Butterfinger vorgeworfen, also weiche Finger, die den Ball nicht richtig festhalten können. Daher lernt man bereits in seinem ersten Football-Training, dass man nach Möglichkeit immer beide Hände am Ball haben sollte, damit man ihn nicht so leicht verliert. Richtig peinlich wird es, wenn man beim Lauf in die Endzone den Ball beim Jubeln nach oben streckt und ihn vor der Goalline fallen lässt. Das hört sich unrealistisch an, kam aber wie in Grund 44 (»Weil man nie zu früh jubeln sollte«) auch in der NFL durchaus schon vor.

Sanchez mag vielleicht das peinlichste Fumble verursacht haben, in der Rangliste der meisten Fumbles taucht er dagegen sehr weit hinten auf. Hier führt einer, der normalerweise in anderen Rekordlisten ganz weit oben steht. Mit 166 Fumbles hat keiner öfter den Ball fallen lassen als Brett Favre. Da Favre aber auch 302 Spiele in der NFL absolviert hat, relativiert sich diese Statistik etwas, wobei in mehr als jedem zweiten Spiel ein Fumble zu verursachen nicht unbedingt für seine sicheren Hände steht.

Das gilt auch für die Quarterbacks Daunte Culpepper und Kerry Collins. Beide halten mit 23 Fumbles gemeinsam den Rekord für die meisten fallen gelassenen Bälle in einer Saison. Einen ganz schwarzen Tag erwischte Len Dawson am 15. November 1964. Im Trikot der Kansas City Chiefs verlor der Quarterback im Spiel gegen die San Diego Chargers und ließ gleich siebenmal den Ball aus seinen Händen. Das war für ihn aber eine Ausnahme, denn nach seiner Karriere wurde Dawson in die Hall of Fame aufgenommen. Mit sieben Fumbles in einem Spiel hält er einen Rekord bis heute noch, auf den er aber wohl gerne verzichtet hätte.

Der Vorteil, wenn ein Quarterback fumbelt, ist, dass der Ball direkt in seiner Nähe bleibt und er in der Regel noch viele Mitspieler zum Schutz um sich herum stehen hat. Daher kann er den Ball häufig selbst noch sichern. Entsprechend hält auch ein Quarterback den Rekord für die meisten aufgenommenen Fumbles. Gleich 56-mal schaffte es Warren Moon, einen freien Ball für sein Team zu sichern. Allerdings waren es alles Bälle, die er selbst fallen gelassen hatte. Das gilt auch für David Carr, der mit zwölf gesicherten Fumbles in einer Saison in dieser Kategorie den Rekord hält. Der Rekord in einem Spiel sind vier gesicherte Fumbles, was von acht Spielern bislang geschafft wurde. Der einzige Nicht-Quarterback darunter ist Patrick Peterson, der als Cornerback im Trikot der Arizona Cardinals drei eigene Fumbles und einen fallen gelassenen Ball des Gegners aufnehmen konnte. Allerdings wurde keiner dieser Ballverluste vom Hintern eines Mitspielers verursacht.[73]

## WEIL MAN AUCH AUF KNIEN GEWINNT

Auf den Knien gewinnt man im Normalfall gar nichts. Wir knien höchstens in der Kirche oder wenn wir unserer Angebeteten einen Heiratsantrag machen. Früher knieten Männer, um sich zum Ritter schlagen zu lassen. Im Krieg kniete man nieder, um sich dem Sieger zu ergeben. Doch wahrscheinlich kommt niemand auf die Idee, auf den Knien etwas gewinnen zu können. Bei einem so männlich dominierten Sport wie American Football sieht man dagegen nicht selten, wie sich die Härtesten der Harten gegen Ende des Spiels hinknien, ohne dass sich auch nur irgendjemand darüber wundert.

Der Grund ist einfach. Wenn die in Führung liegende Mannschaft gegen Ende des Spiels den Ball hat, muss sie versuchen, die Uhr herunterlaufen zu lassen. Allerdings ist es relativ riskant, einen normalen Spielzug auszuführen. Schließlich besteht immer das Risiko, eine Interception zu werfen oder den Ball durch ein Fumble zu verlieren. Zudem möchte man als Trainer ja auch nicht, dass sich ein Spieler bei einem Spielzug verletzt. Beim Football muss man aber innerhalb von 35 Sekunden einen Spielzug ausführen, da man sonst eine Strafe für Spielverzögerung riskiert und die Uhr ohnehin angehalten wird. Also braucht man eine Möglichkeit, einen Spielzug auszuführen, ohne dabei ein Risiko einzugehen, den Ball zu verlieren.

Dieser Spielzug nennt sich Kneel Down, Quarterback Kneel oder einfach nur Kneel (Engl. kneel = knien, hinknien). Dabei übergibt der Center den Ball an den Quarterback, und dieser kniet sich direkt hin. Rein von den Regeln her zählt das Hinknien wie ein Laufspielzug. Im Gegenzug zu einem unvollständigen Pass oder einem Spike, bei dem der Quarterback den Ball sofort auf den Boden wirft, läuft nach einem Laufspielzug die Uhr weiter, und man kann so weitere wertvolle Sekunden bis zum Schlusspfiff verstreichen lassen. Um das Risiko zu minimieren, dass der Quarterback den Snap fallen lässt, bekommt er im Normalfall Unterstützung durch drei Runningbacks. Zudem stehen zwei Tight Ends direkt an der Line, um keinem Gegenspieler eine Chance zu geben, zum Quarterback durchzukommen.

Früher war diese Art, Zeit zu schinden, verpönt. Heute kniet sich jeder Quarterback hin, wenn seine Mannschaft kurz vor Schluss führt. Da der Gegner die ausweglose Situation erkannt hat, startet normalerweise auch kein Spieler den Versuch, zum Quarterback durchzukommen. Der Kneel wird ausnahmslos akzeptiert und wird auch nicht mehr als Zeitschinden empfunden.

Für den Zuschauer ist es vielleicht nicht so attraktiv, wenn die Spieler auf einen offensiven Spielzug verzichten, doch der Zweck heiligt bekanntlich die Mittel. So ist Football wohl das einzige Spiel, bei dem man auf den Knien nicht um Gnade bettelt, sondern im sicheren Gefühl des Sieges die Gratulation des Gegners entgegennehmen kann.

# KAPITEL 10

# Jeder schaut zu — American Football in den Medien

## WEIL ES FOOTBALL-FILME GIBT

Beinahe jeder Hollywood-Schauspieler, der etwas auf sich hält, hat schon einmal in einem Football-Film mitgespielt. Die Reihe der Darsteller liest sich dabei wie das Who is Who der internationalen Filmszene. Von Bud Spencer reicht die Liste über Tom Cruise, Keanu Reeves, Adam Sandler, Al Pacino, Jamie Foxx, Ryan Gosling, Mark Wahlberg bis zu Kurt Russell, Matthew McConaughey oder Cuba Gooding Jr. Gar nicht erwähnt sind hier die Filme wie *Forrest Gump* mit Tom Hanks oder *Last Boy Scout* mit Bruce Willis, bei denen American Football nur eine Nebenrolle spielt. Sonst würde die Liste jeden Rahmen dieses Buches sprengen.

Die Handlung der Football-Filme ähnelt sich dabei frappierend und erzählt immer wieder auf eine andere Art und Weise den American Dream. Ein junger, alter oder bis dato schlechter Spieler, eine untalentierte Mannschaft oder ein erfolgloser Trainer bekommt die Chance, sich zu beweisen. Die meisten Hauptdarsteller müssen auf dem Weg zum Erfolg ihre Vergangenheit bewältigen oder bestehende Vorurteile überwinden. Und weil jeder gute Football-Film eine Moral hat, helfen Werte wie Zusammenhalt, Freundschaft, Ehrlichkeit und Treue den meisten Filmsportlern auf ihrem Weg zum Ruhm, während der Gegner mit seiner Unsportlichkeit, Arroganz und Überheblichkeit am Ende das Nachsehen hat.

Da wäre zum Beispiel das *Spiel ohne Regeln* mit Adam Sandler. Sandler spielt dabei den ehemaligen Profi-Quarterback Paul »Wrecking« Crewe, der zu seiner aktiven Zeit Spiele manipuliert hat. Aufgrund eines Verkehrsdelikts muss Crewe für drei Jahre ins Gefängnis. Dort trainiert er eine Auswahl von Knackis, die gegen ein Team aus Wärtern antreten darf, die die Insassen der Haftanstalt terrorisieren. Crewe rekrutiert für das große Match Spieler aus unterschiedlichen ethnischen Gruppen, die sich aus einem zerstrittenen Haufen zu einem Team formen. Am Ende bekommt Crewe vom Gefängnisdirektor Hazel (James Cromwell) das Angebot, vorzeitig begnadigt zu werden, wenn er das Spiel absichtlich verliert. Natürlich lehnt Crewe ab und gewinnt das Spiel, während Direktor Hazel sich für sein Verhalten den Knackis gegenüber rechtfertigen muss.

*Jerry Maguire – Spiel des Lebens* mit Tom Cruise in der Hauptrolle wurde vor allem für den Ausspruch »führ mich zum Schotter« berühmt. Cruise spielt dabei den Sportagenten Jerry Maguire, der von seiner Firma entlassen wird, nachdem er das unmoralische Verhalten der Branche kritisiert hat. Am Ende bleibt ihm nur ein Klient, der Wide Receiver Rod Tidwell (gespielt von Cuba Gooding Jr.), der aufgrund von Verletzungen vor seinem Karriereende steht. Dank der freundschaftlichen Betreuung und der Unterstützung von Maguire gelingt Tidwell ein entscheidender Touchdown, bei dem er jedoch hart getackelt wird und minutenlang bewusstlos liegen bleibt. Natürlich verletzt er sich nicht schwer und feiert mit seinem Manager und Freund den sportlichen Erfolg und dient als Vorbild für viele andere Athleten. Dies hat wohl auch die Jury im Oscar-Komitee berührt, die das *Spiel des Lebens* gleich in fünf Kategorien nominiert hat. Gooding Jr. bekam für seine Rolle den Golden Globe und sogar den Oscar als bester Nebendarsteller.

In *Helden aus der zweiten Reihe* spielt *Matrix*-Star Keanu Reeves den alternden Quarterback Shane Falco, der von Coach Jimmy McGinty (Gene Hackman) eine zweite Chance bekommt. McGinty hat den Auftrag, für die Washington Sentinels eine neue Mannschaft aus Ersatzspielern und Exprofis aufzubauen, nachdem die eigentlichen Spieler in den Streik getreten waren. Falco hatte aufgrund seiner Nervenschwäche die Karriere eigentlich schon beendet. Es ist beinahe schon unnötig zu erwähnen, dass Falco sein Team noch in die Play-offs führt und dabei seine Nervenschwäche überwindet. Gleichzeitig geht er eine glückliche Beziehung mit einer Cheerleaderin ein, was im Football eigentlich verboten ist.

Eine richtige Starbesetzung bekommen die Zuschauer von *An jedem verdammten Sonntag* von Regisseur Oliver Stone zu sehen. Trainer Tony D'Amato (Al Pacino) muss die nicht gerade vom Erfolg verwöhnten Miami Sharks in die Play-offs führen. Ansonsten droht die Tochter (Cameron Diaz) des verstorbenen Clubbesitzers, den Club zu verkaufen. Das sportliche Ziel scheint unerreichbar, als sich die beiden ersten Quarterbacks verletzen und die eigentliche Nummer drei, Willie Beamon (Jamie Foxx), übernehmen muss. Nachdem er sich vor Aufregung zunächst noch auf dem Platz übergeben hatte, entwickelt sich Beamon zu einem Superstar mit entsprechenden Allüren. Diese werden ihm von seinem Team ausgetrieben, und dank Teamwork und Vertrauen zu den Entscheidungen seines Trainers qualifizieren sich die Sharks für die Play-offs. Doch statt die Sharks weiter zu trainieren, verkündet D'Amato nach dem letzten Spiel, bei einem neuen Team als Trainer und Manager anzufangen, für das er Beamon gleich mitverpflichtet hat. Der Film sorgte in den USA für seine sehr kritische Darstellung der Football-Branche für Aufsehen.

Noch mehr Moral bekommen die Zuschauer im *Spiel auf Bewährung* zu sehen. Schauspieler und Wrestler Dwayne »The Rock« Johnson spielt hier den Trainer Sean Porter, der als Bewährungshelfer in einer Jugendstrafanstalt arbeitet. Innerhalb von vier Wochen muss Porter aus den zerstrittenen jugendlichen Straftätern eine Mannschaft formen, die gegen ein reguläres College-Team antreten soll. Auf diesem Weg muss er gegen die üblichen Probleme wie Gangrivalitäten, Drogenmissbrauch, Perspektivlosigkeit und fehlende Selbstachtung kämpfen. Trotz der Niederlage zeigt er seinen Schützlingen eine neue Perspektive, sich in die Gesellschaft zu integrieren, während die jugendlichen Knackis lernen, wozu man es mit Ehrgeiz, Disziplin und Teamgeist bringen kann.

Eine große Problematik spricht auch *Gegen jede Regel* an. Aus politischen Gründen werden in Virginia zwei Highschools zusammengelegt. Als Folge müssen sich die beiden Footballmannschaften arrangieren. Das erweist sich als schwierig, weil ein Team aus weißen, das andere aus schwarzen Spielern besteht. Doch die Spieler finden sich zu einer erfolgreichen Einheit zusammen und gewinnen ihre Spiele. Auf dem Weg zum Erfolg werden die Spieler immer wieder mit Rassismusproblemen konfrontiert. Trotz der Siege bleibt die Problematik vor allem außerhalb des Spielfelds erhalten. Am Ende raufen sich die Teams zusammen und finden den Weg zum Erfolg.

Diese Liste könnte man noch beliebig fortführen. Bei Wikipedia sind beispielsweise in der Kategorie »Footballfilm« 34 Filme gelistet. Im Vergleich dazu gibt es 29 Baseball-, 18 Basketball- und zehn Eishockeyfilme. Und dabei fehlt *Sie nannten ihn Mücke* noch bei dieser Aufzählung. Es gibt kaum eine Produktion, die sich von diesem Schema unterscheidet, obwohl natürlich jeder Film etwas variiert. Doch gerade in der footballfreien Zeit bekommt man dank Hollywood immer wieder die Gelegenheit, sich dank der vielen Filme eine Dosis seines Lieblingssports zu verschaffen.

91. GRUND

## WEIL AUCH MÜCKE MITSPIELT

Zu einem gemütlichen Sonntagnachmittag gehört auch immer ein Film mit Bud Spencer, bei dem man es sich auf der Couch bequem gemacht hat. Neben unvergesslichen Klassikern wie *Vier Fäuste für ein Halleluja*, *Zwei Himmelhunde auf dem Weg zur Hölle* oder der *Plattfuß*-Reihe ist mir dabei ein Film besonders in Erinnerung geblieben, der auch heute noch regelmäßig über die Mattscheibe flimmert. Und mit Sicherheit hat Bud Spencer auch einen großen Anteil daran, dass schon in den 80er-Jahren zumindest eine Art von American Football im deutschen Fernsehen zu sehen war.

Die Rede ist natürlich vom Klassiker *Sie nannten ihn Mücke* (orig: *Lo chiamavano Bulldozer*) aus dem Jahr 1978, bei dem der Italo-Schauspieler einen Fischer und ehemaligen Football-Spieler verkörperte, der eine Ansammlung italienischer Tagediebe und Kleinkrimineller für ein Spiel gegen US-Soldaten trainieren sollte. Ihm gegenüber steht der US-Sergeant Kempfer (Raimund Harmstorf), der nicht nur Trainer des US-Teams ist, sondern auch privat noch eine Rechnung mit Mücke offen hat. Denn Mücke hat sich seiner Meinung nach zu früh aus dem Sportgeschehen verabschiedet.

Nach den für Bud-Spencer-Filme typischen Witzen und Schlägereien treffen sich die beiden Haudegen schließlich mit ihren Teams auf dem Spielfeld wieder. Da die Amerikaner die besseren Spieler und mehr Erfahrung haben, reicht den Italienern ein Touchdown zum Sieg, unabhängig davon, wie viele Punkte der Gegner macht. Es kommt zum Match, das bei so manch einem Regel-Fanatiker für graue Haare gesorgt haben dürfte. Nachdem seine Spieler der Reihe nach der harten Gangart der US-Soldaten zum Opfer fallen, beschließt Mücke, selber doch noch einmal zuzustechen. Es ist beinahe unnötig zu schreiben, dass er das Spiel zugunsten der Italiener herumreißt und der arrogante US-Sergeant seine gerechte Bestrafung erhält.

Dass im finalen Aufeinandertreffen der beiden Teams Regeln großzügig modifiziert werden und die gezeigten Spielzüge nur mit sehr viel Fantasie erahnen lassen, was für ein Spiel gerade gespielt wird, ist wohl ebenso der Rücksicht auf die Zuschauer geschuldet wie der Reporter des Spiels, der nicht gerade mit Fachwissen glänzt. Aber er hatte es schwer. Schließlich wusste gegen Ende der 70er-Jahre in Deutschland wohl kaum jemand, wie das Lieblingsspiel der Amis funktioniert. Während in den USA schon Millionen Menschen die Spiele verfolgten, kannte in Deutschland außerhalb der US-Kasernen noch niemand den Sport. Der erste Club in Deutschland, die Frankfurt Lions, wurde beispielsweise erst

1977 gegründet. Entsprechend schwer war es für den Regisseur, einen spannenden Film rund um einen unbekannten Sport zu inszenieren.

Heute muss man zum Glück deutlich weniger Menschen erklären, warum die US-Mannschaft keine 30 Spieler auf dem Feld haben darf oder warum es kein Foul ist, wenn man seinem Gegner in die Beine springt. Warum Mücke für einen klaren Faustschlag gegen seinen Gegner keine 15-Yard-Strafe für ein persönliches Foul bekommt und als Konsequenz vom Rest des Spiels ausgeschlossen wird, übersehen wir hier einmal großzügig. Schließlich hätte der Film sonst kein Happy End und wir würden uns an einem verregneten Sonntagnachmittag auf der Couch nur halb so gut über den Filmklassiker amüsieren.

## 92. GRUND

## WEIL NIEMAND HEIDI SEHEN WILL

In den Anfangszeiten der NFL hatte American Football noch lange nicht den Stellenwert, den er heute genießt. Das spiegelte sich auch im Fernsehprogramm wider. Heute muss man nicht darüber reden, ob die Übertragung unterbrochen wird, wenn ein Spiel länger dauert oder gar in die Verlängerung geht. Es ist klar, dass alle anschließenden Sendungen sich verzögern oder ganz ausfallen. Das war aber nicht immer so. Zumindest nicht am 17. November 1968.

An diesem Tag spielten die New York Jets bei den Oakland Raiders. Das Spiel wurde von NBC übertragen. Im Anschluss durften sich die Freunde des Heimatfilms über eine Ausstrahlung des Klassikers *Heidi* freuen. Gut … der Film kam ebenfalls 1968 heraus, war zu diesem Zeitpunkt also noch kein Klassiker. Ob man zudem

Football-Fans am Bildschirm halten konnte, wenn man danach einen Heimatfilm zeigt, sei auch einmal dahingestellt. In jedem Fall zwangen die Verantwortlichen die Zuschauer, sich *Heidi* statt der letzten Minuten des Spiels anzuschauen.

Laut Fernsehprogramm sollte die Geschichte von Heidi, dem Geißenpeter und dem Großvater mit dem großen Maximilian Schell in der Hauptrolle ab 19 Uhr über die Mattscheibe laufen. Etwas problematisch war, dass zu diesem Zeitpunkt das Duell der alten Rivalen von Ost- und Westküste noch nicht beendet war.

Normalerweise dauerten die Spiele zu diesem Zeitpunkt rund zweieinhalb Stunden. Die Übertragung der Partie war auf drei Stunden angesetzt. Aufgrund vieler Unterbrechungen wegen Strafen, Verletzungen und Touchdowns, die in einem emotionsgeladenen Spiel natürlich besonders gefeiert werden, war schon früh klar, dass das Spiel die Sendezeit überschreiten würde. Die Verantwortlichen entschlossen sich dazu, den Film zu verschieben und das Spiel bis zum Ende zu zeigen. Doch sie hatten die Rechnung ohne die damalige Telefontechnik gemacht. Denn kurz vor Ende der offiziellen Übertragung riefen unzählige Football-Fans beim Sender an, um sich zu erkundigen, ob das Spiel bis zum Ende gezeigt werden würde. Andere Zuschauer freuten sich auf den Film und wollten sichergehen, ob dieser auch pünktlich starten würde. In jedem Fall waren es so viele Anrufer, dass die Leitungen überquollen und die TV-Chefs nicht ins Studio durchkamen. Entsprechend drang die Entscheidung, die Live-Übertragung nicht zu unterbrechen, nicht bis zum Sendeleiter durch und *Heidi* begann wie angekündigt um 19 Uhr.

Zu diesem Zeitpunkt führten die Jets mit 32:29 und sahen wie der sichere Sieger aus. Insofern hielt sich wohl vor allem bei den Fans der Raider der Zorn über die unterbrochene Übertragung in Grenzen. Entsprechend überrascht waren die Fans, als sie am nächsten Tag in der Zeitung lesen mussten (oder durften – je nachdem, ob sie Anhänger der Jets oder der Raiders waren), dass die

Raiders das Spiel mit zwei Touchdowns in den letzten Minute noch umbiegen und letztendlich mit 43:32 gewinnen konnten.

Die Reaktionen, die dieses Ergebnis bei den Fans auslösten, muss sich jeder selbst vorstellen. In jedem Fall bekamen die NBC-Chefs am nächsten Tag nur wenige nette Worte zu hören. Außer von den *Heidi*-Fans natürlich, die allerdings gegenüber den Football-Fans deutlich in der Unterzahl waren. So schrieb auch Komiker Art Buchwald: »Männer, die noch nicht einmal bei einem Erdbeben aus ihren Stühlen aufgestanden wären, rannten zum Telefon, um Obszönitäten hineinzuschreien.« Als das Spiel gegen 19:07 Uhr zu Ende war, riefen Tausende Fans bei Radio, Zeitungen, sogar bei der New Yorker Polizei an, um nach dem Ergebnis zu fragen. Um die Fans zu informieren, blendete NBC nach dem Schlusspfiff das Endergebnis ein, just in dem Moment als Heidis gelähmte Cousine Clara ihre ersten Gehversuche unternahm. Das wiederum brachte die *Heidi*-Fans auf, die es als pietätlos betrachteten, dass diese herzergreifende Szene mit so etwas Profanem wie einem Football-ergebnis kaputt gemacht wurde. Und am Ende des Tages hatte es NBC geschafft, alle Zuschauer gegen sich aufzubringen.

Neben Tausenden wütenden Fans hatte das Spiel, das später als »Heidi Game« oder »Heidi Bowl« in die Geschichte eingehen würde, noch mehrere Konsequenzen. Zum einen war ab diesem Zeitpunkt klar, dass jedes Spiel bis zum bitteren Ende übertragen wird. Egal wie viele aufgebrachte *Heidi*-Fans beim Sender anrufen würden. Zum anderen wurden spezielle Telefone, die auch Heidi-Phones genannt wurden, eingeführt. Diese waren der direkte Draht von den Verantwortlichen der Sender zum Programmleiter, unabhängig von den eigentlichen Leitungen. So konnten diese sicher sein, dass die Leitungen nicht von Zuschauern verstopft werden würden. 1997 wurde das Spiel schließlich zum bemerkenswertesten Spiel der regulären Saison der US-Sportgeschichte gewählt.[74]

# WEIL JEDER AUCH MAL NFL SPIELEN DARF

Für viele Football-Spieler ist es ein Traum, einmal in der NFL spielen zu dürfen. Bis auf wenige Ausnahmen bleibt dies auch ein Traum. Und um ehrlich zu sein, ist es auch meistens besser für die Gesundheit, wenn sie nicht wirklich Helm und Trikot anziehen. Schließlich sind die NFL-Profis knallharte Athleten, die in ihrem Leben kaum etwas anderes machen, als zu trainieren, wie man anderen Menschen am besten wehtut. Da es mit der aktiven Karriere also nicht klappt, bleibt einem nur die Simulation auf dem Computer. Diese steht dem echten Spiel mittlerweile in kaum etwas nach.

Die beste, berühmteste und am meisten verkaufte Football-Simulation für den PC oder die Konsole ist *Madden*. Benannt wurde das Spiel nach dem früheren Spieler, Trainer, Autor und Kommentator John Madden, der als Trainer 1976 mit den Oakland Raiders den Super Bowl gewinnen konnte. Seit 1989 können Fans nun selbst am PC dem Lederei hinterherjagen. Schon 1990 folgte die erste Version für den Sega Mega Drive. Ein Jahr später folgte eine Version für den Super Nintendo. Seit 1993 besitzt der Herausgeber des Spiels, Electronic Arts (EA), auch die NFL-Lizenz, sodass mit den offiziellen Teams und Spielern gezockt werden kann. Madden selbst kommentierte die Simulation noch bis zum zehnten Teil, danach übernahm Cris Collinsworth, der gemeinsam mit Tom Hammond und seit *Madden 11* mit Gus Johnson das Spiel verbal begleitet. Seit 2000 erscheint auch in jedem Jahr eine neue und aktualisierte Version mit den entsprechenden Spielern.

Während die Spieler zu Beginn noch eher kastenförmig waren, besticht *Madden* heute wie die anderen großen Sportspiele auch mit überragender Grafik und Motion Capturing, sodass man beim Spiel jedem NFL-Profi sozusagen ins Gesicht schauen könnte, wenn er keinen Helm aufhätte. Bewegungen und Mimik nähern sich immer mehr der Perfektion und können teilweise vom echten American Football kaum noch unterschieden werden. Im Gegensatz zu anderen Spielen kann man bei der Football-Simulation wählen, ob man nun als Spieler am aktiven Geschehen teilhaben möchte oder als Trainer nur die Spielzüge ansagen will. Beides hat seinen Reiz und wird von den Fans auch gerne angenommen.

Da das Spiel auch online gezockt werden kann, gibt es mittlerweile unzählige Ligen mit verschiedenen Modi, in denen sich die Zocker untereinander messen können. Je nach Liga spielt man nur als Trainer oder eben als aktiver Quarterback oder Linebacker, je nachdem, was die Spielsituation verlangt. Dies braucht aber viel Übung, da man sonst eher den Mitspielern als dem Gegner im Weg steht. Doch Spaß macht es auch schon, nur als Trainer am Spielfeldrand die entsprechenden Spielzüge anzusagen und so einmal im Leben Tom Brady und Peyton Manning zu sagen, wo es langgeht.

Wo immer Menschen sich im sportlichen Wettstreit messen, gibt es auch Turniere. Das gilt natürlich auch für *Madden*. Und wie immer beim American Football gibt es auch eine entsprechend dazu passende Schüssel, in diesem Fall den Madden Bowl. Der Madden Bowl wird seit 1995 im Rahmen des Super Bowls ausgetragen und, wie es sich gehört, mit einer entsprechenden Show drum herum. Zu Beginn nahmen Musiker, Prominente und NFL-Spieler am Simulationsturnier teil, das seit 2006 sogar im TV übertragen wird. Heute spielen nur noch Profis um die Schüssel. Titelverteidiger ist Patrick Peterson, Cornerback der Arizona Cardinals. Vor ihm holte Richard Sherman den Titel bei den NFL-Stars.

Wer auf den Sieger beim Super Bowl wetten will, sollte vorher *Madden* befragen. Seit 2004 lassen die Macher von EA eine Simulation des Finales laufen. Von den zwölf Spielen seitdem sagte die Simulation neunmal den richtigen Sieger voraus. Nur dreimal (2008, 2011 und 2014) lag das Spiel mit seiner Prognose daneben. Wie realistisch das Spiel geworden ist, zeigt die aktuelle Version.

Denn 2015 sagte *Madden 15* nicht nur den richtigen Sieger, sondern auch das exakt richtige Ergebnis (28:24 für die New England Patriots gegen die Seattle Seahawks) voraus. Sogar beim Zwischenstand nach dem dritten Viertel (24:14 für Seattle) lag *Madden* richtig.

Ganz perfekt ist die Simulation dann aber auch nicht. Im Netz sorgte der Auftritt von Christian Kirksey, Linebacker bei den Cleveland Browns, für großen Spaß bei den Fans. Nicht nur dass Kirksey im Trikot der Tennessee Titans spielt, aufgrund eines Programmierfehlers ist die Kirksey-Simulation nur ein Foot zwei Inches groß statt sechs.Feet zwei Inches. Die kleine Kirksey misst im Spiel also nur rund 36 Zentimeter statt 1,88 Meter und ist daher nur etwas größer als der Ball. Das Ganze erinnert dann ein wenig an eine Figur aus *Liebling, ich habe die Kinder geschrumpft*. Besonders wenn der Computer Kirksey versucht, einen Ball zu fangen oder einen Gegner zu tackeln. Während sich die Internet-Community über EA und Kirksey lustig macht, nimmt es dieser mit Humor. Auf seinem Twitter-Account schrieb er unter anderem »No matter how small you are, have big dreams, and live big!«[75] [76]

## 94. GRUND

## WEIL ES DEN MADDEN-FLUCH GIBT

Erinnern Sie sich noch an die Nutella-Boys, also eine Gruppe junger Fußballspieler, die das Potenzial hatten, einmal in der Nationalmannschaft zu spielen? Leider blieb es bei Spielern wie Andreas Hinkel, Benny Lauth, Tobias Weis, Jermaine Jones oder Kevin Kuranyi bei wenigen Länderspielen, und nach den ersten Berufungen warteten sie vergeblich auf eine erneute Nominierung. Erst die letzte Generation der Nutella-Boys mit Spielern wie Benedikt Höwedes, Mats Hummels und Manuel Neuer schaffte den ganz großen Durchbruch. Davor scheiterten so viele der Werbefiguren, dass man in Fußballerkreisen vom »Nutella-Fluch« sprach. Mit anderen Worten war jede Karriere zum Scheitern verurteilt, wenn der Spieler Werbung für den schokoladigen Brotaufstrich machte. Doch bei allem verschenkten Talent ist der Nutella-Fluch nichts gegen den *Madden*-Fluch.

*Madden* ist die bekannteste Footballsimulation für Computer oder Konsole. Es ist benannt nach dem ehemaligen Spieler und Coach John Madden, der als einer der besten Footballtrainer aller Zeiten gilt. Eigentlich ist es eine große Ehre für jeden Spieler, auf dem Cover des erfolgreichsten Computerfootballspiels abgebildet zu werden. Doch wenn man sich die Historie der bisher ausgewählten Spieler anschaut, wird schnell klar, warum jeder Profi sich am liebsten hinter dem Goalpost verstecken würde, wenn die Macher des Spiels das nächste »Opfer« für das Titelbild suchen. Im Vergleich zum *Madden*-Fluch ist der Nutella-Fluch wie ein abgebrochener Fingernagel.

Bis 1998 wurde stets das Konterfei von Madden auf das Cover gedruckt. Seit 1999 tauchen immer ein oder zwei Spieler auf, die sich in der vorherigen Saison durch ihre Leistung besonders hervorgetan haben. Und man kann mit Sicherheit sagen, dass diese Spieler in der anstehenden Saison lieber eine Auszeit nehmen sollten. Ansonsten könnte es böse für sie ausgehen. Beispiele gefällig?

1999 war Garrison Hearst von den San Francisco 49ers auf dem Titel zu sehen. Leider zog sich Hearst einen Wadenbeinbruch zu und musste knapp zwei Jahre aussetzen.

2000 zierten Barry Sanders von den Detroit Lions und Dorsey Levens von den Green Bay Packers das Titelbild. Levens verletzte sich in der darauffolgenden Saison schwer am Knie, und Sanders beendete völlig überraschend seine Karriere. Ob er Angst vor dem *Madden*-Fluch hatte, bleibt sein Geheimnis.

2001 wurde Eddie George von den Tennessee Titans die Ehre zuteil. George kam vergleichsweise glimpflich davon. Er ließ nach einer überragenden regulären Saison seiner Titans im Play-off-Spiel gegen Baltimore einen Ball fallen, den Gegenspieler Ray Lewis aufnahm und zum vorentscheidenden Touchdown in die Endzone trug.

2002 war Quarterback Daunte Culpepper von den Minnesota Vikings Coverathlet bei *Madden*. Unmittelbar nach Erscheinen des Spiels erlitt Culpepper einen Leistungseinbruch, er warf mehr Interceptions als Touchdowns und legte sich intern mit Star-Receiver Randy Moss an. Erst im Folgejahr konnte er wieder an seine alte Leistungsstärke anknüpfen.

2003 war St. Louis Rams' Runningback Marshall Faulk auf dem Cover zu sehen, der in der abgelaufenen Saison die Gegner in Grund und Boden lief. Nach seinem Erscheinen auf dem *Madden*-Titel verletzte er sich schwer an der Ferse und wurde nie wieder der alte.

2004 war Atlanta Falcons Quarterback Michael Vick der Auserwählte. Vick brach sich in der Vorbereitung das Bein. Zwar konnte er die Saison spielen, verpasste aber die Play-offs. Später wurde er wegen Beteiligung an illegalen Hundekämpfen zu einer Gefängnisstrafe verurteilt.

2005 war Ray Lewis der Coverathlet. Lewis brach sich die Hand und spielte die schlechteste Saison seiner Karriere.

2006 war Philadelphia Eagles' Quarterback Donovan McNabb das Titelmodel. McNabb hatte die komplette Saison mit kleineren Fußverletzungen zu kämpfen und legte sich mit seinem Mannschaftskollegen Terell Owens an, einem der besten Wide Receiver dieser Zeit.

2007 konnte sich Shaun Alexander von den Seattle Seahawks nicht rechtzeitig verstecken und kam auf das Cover. Alexander brach sich den Fuß und fand nie wieder zu alter Form zurück.

2008 war Vince Young von den Tennessee Titans auf dem Cover zu sehen. Young verletzte sich zunächst am Oberschenkel und später am Knie und erreichte nie wieder seine alte Klasse. Gleichzeitig gab es eine spanischsprachige Ausgabe von *Madden*, auf dessen Cover Luis Castillo von den San Diego Chargers zu sehen war. Aber der *Madden*-Fluch verschonte auch den Defensive End nicht. Castillo verpasste aufgrund von Verletzungen sechs der 16 Matches und spielte in den anderen zehn Partien deutlich unter seinen Möglichkeiten.

2009 fand Quarterback-Legende Brett Favre von den New York Jets einen Weg auf den Titel. Favre spielte bis kurz vor Saisonende gut. Dann wurde aber auch er vom Fluch heimgesucht. Favre warf drei Touchdowns und neun Interceptions und verspielte so die bereits sicher geglaubte Teilnahme an den Play-offs.

2010 waren wieder zwei Spieler auf dem Titel zu sehen, Troy Polamalu von den Pittsburgh Steelers und Larry Fitzgerald von den Arizona Cardinals. Pulamalu zog sich einen Innenbandriss im Knie und später noch einen Kreuzbandriss zu. Fitzgerald spielte eine ordentliche Saison, erlitt aber kurz vor den Play-offs eine Rippenprellung und verpasste so die K.-o.-Runde.

2011 war Quarterback Drew Brees von den New Orleans Saints das Opfer des Fluchs. Zwar verletzte sich Brees nicht, warf aber doppelt so viele Interceptions wie im Vorjahr. Zudem schrieb er mit seinen Saints negative NFL-Geschichte, indem sie das erste Team waren, dass in den Play-offs gegen eine Mannschaft verlor, die sich trotz einer Bilanz von sieben Siegen und neun Niederlagen für die K.-o.-Runde qualifiziert hatte.

2012 war Peyton Hillis von den Cleveland Browns auf *Madden* zu sehen. Hillis war kein herausragender Spieler, sondern wurde von den Fans zum Coverathleten gewählt. Hillis war durch Vertragsstreitigkeiten mit seinem Verein und durch mehrere kleine Verletzungen abgelenkt. Dadurch verpasste er sechs Spiele. In den anderen erzielte er nur noch halb so viele Yards wie in der Vorsaison.

2013 war Calvin Johnson an der Reihe. Johnson war der erste Spieler, der persönlich vom *Madden*-Fluch verschont blieb. Er brach in der darauffolgenden Saison sogar den NFL-Rekord für gefangene Yards. Seine Detroit Lions gewannen trotzdem nur vier Saisonspiele und verpassten die Play-offs mehr als deutlich.

2014 war das Jahr von Adrian Peterson von den Vikings. Peterson startete ordentlich in die Saison und erzielte im ersten Spiel einen 78-Yard-Touchdown. In der Folge wurde er von Verletzungen geplagt und verpasste zwei Spiele. Seine Vikings qualifizierten sich nicht für die Play-offs. Peterson ist der vielleicht tragischste Fall aller Fluchopfer. Denn in einer persönlichen Tragödie wurde sein Sohn vom neuen Freund der Mutter erschlagen. Zudem gab es in diesem Jahr eine eigene Version für die Playstation3 und Xbox 360. Hier war wieder Barry Sanders der Coverathlet. Sanders war inzwischen zurückgetreten und konnte so dem *Madden*-Fluch entgehen. Seine Erfahrung, was mit einem *Madden*-Model passieren kann, hatte er aber ja bereits im Jahr 2000 gemacht.

2015 ist Seattle Seahawks Richard Sherman auf dem Titel zu sehen. Die Seahawks erreichten zwar den Super Bowl, unterlagen hier den New England Patriots denkbar knapp mit 24:28. Sherman spielte eine ordentliche Saison, musste aber nach der Saison am Arm operiert werden. Diese Verletzung behinderte ihn möglicherweise in den letzten Saisonspielen.

Danach wurde es etwas ruhiger mit dem Fluch, aber ganz beenden lässt er sich wohl nie.

2016 war Odell Beckham Jr. der Mann auf dem Cover. OBJ spielte zwar keine schlechte Saison und blieb von Verletzungen verschont, seine New York Giants waren aber weit davon entfernt, die Playoffs zu erreichen.

2017 war »Gronk«, also TE Rob Gronkowski von den New England Patriots, an der Reihe. Gronk ging in die Geschichte ein als erster Coverathlet, der die Saison als Super-Bowl-Sieger beenden sollte. Allerdings wäre der Madden-Fluch nicht der Madden-Fluch, wenn der Titel nicht einen negativen Beigeschmack hätte. Denn Gronkowski bestritt nur acht Spiele und fiel wegen

Lungen- und Rückenproblemen für die gesamten Playoffs inkl. Super Bowl aus.

2018 war endlich der GOAT an der Reihe. Und beinahe wäre es Tom Brady gelungen, den Madden-Fluch auf GOAT-Art zu beenden. Mit einer unglaublichen Leistung führte der 39-Jährige seine Patriots in den Super Bowl, den er allerdings gegen die Philadelphia Eagles verlor. Brady war mit einem Fumble im vorletzten Drive und dem daraus resultierenden Ballverlust nicht ganz unschuldig.

Hersteller EA Sports möchte einen Film über den Madden-Fluch drehen. Ob das hilft, den Fluch zu beenden, bleibt abzuwarten. Bis dahin werden sich die Spieler aber wohl weiterhin im Keller verstecken, wenn bei EA Sports die Wahl zum nächsten Coverathleten ansteht.

## WEIL NUR DIE BESTEN VIER TOUCHDOWNS IN EINEM SPIEL MACHEN

Es war Ende der 80er-Jahre, als American Football in Deutschland anfing, populär zu werden. Verantwortlich dafür war nicht unbedingt die Gründung der GFL 1979 und wahrscheinlich auch nicht Bud Spencer als Mücke im gleichnamigen Film, die den Siegeszug des Spiels in Europa starteten. Geschafft hat es ein mittelalter Schuhverkäufer mit schütter werdendem Haar, der keine Gelegenheit ausgelassen hat, allen zu erzählen, wie er zu seiner Schulzeit einmal vier Touchdowns in einem Spiel geschafft hat.

Zu diesem Zeitpunkt wusste auf dem alten Kontinent wohl noch kaum jemand, was American Football überhaupt für ein Spiel ist, geschweige denn wie es gespielt wird. Dank Al Bundy wusste man nur, dass man es mit einem eiförmigen Ball spielt, man einen Helm und Shoulderpads dabei trägt und man den Arm mit dem Ball in der Hand hinter den Kopf nehmen muss und dabei mit dem anderen Arm wie später Supersprinter Usain Bolt nach vorne zeigt. Außerdem hat man von Al erfahren, dass vier Touchdowns in einem Spiel zu erzielen wohl ziemlich gut sein muss, auch wenn man vielleicht nicht wusste, was ein Touchdown überhaupt ist.

Aber dafür gab es ja Al und die Serie, in der sich, wie im nächsten Grund etwas näher beschrieben, die größten Stars der NFL regelmäßig mit Al anlegten. Bundy ließ keine Gelegenheit aus, sich über seine vergangenen Heldentaten auf dem Spielfeld auszulassen und dass er eine College-Karriere nur wegen einer Verletzung und einer Rothaarigen aufgeben musste. Ironischerweise stand Hauptdarsteller Ed O'Neill tatsächlich kurz vor einer Verpflichtung in der NFL, fiel aber dem Cut zum Opfer. Insofern blieb ihm auch nichts anderes übrig, als seine Leidenschaft vor der Kamera auszuleben, was er auch ausgiebig getan hat.

Für jeden Fan sind die Folgen mit Bezug zum Football die liebsten. Und falls in der Off-Season der Football-Entzug zu stark wird, kann man sich immer wieder die entsprechenden Folgen anschauen. Dabei ist es egal, ob Al seine alte Mannschaft wieder auf den Platz schickt, um sich mit einem alten Widersacher zu messen, einen Werbespot dreht oder sich mit »Ersatzreifen« Dixon um seinen alten Schulpokal duelliert. Hauptsache, der Ball ist ein Ei und Al kann die Geschichte von seinen vier Touchdowns in einem Spiel immer wieder zum Besten geben. Anscheinend hat er das allerdings nicht oft genug getan, sonst hätte Tochter Kelly im Sportquiz (Staffel 8, Episode 26 *Kelly Knows Something*) gewusst, welcher Spieler im Highschool-Football für Polk High vier Touchdowns in einem Spiel gemacht hat.

Wie es sich für einen US-Amerikaner der unteren Mittelschicht gehört, spielt American Football im Leben eines Mannes die wichtigste Rolle, noch weit vor der Familie oder gar dem Job. Und die

Erinnerung an Erfolge im Schulsport und dass man einmal im Leben ein erfolgreicher Athlet war und im Rampenlicht gestanden hat, können einen über einen sonst so tristen Tag voller Schuhe und übergewichtiger Frauen retten.

Natürlich ist es ein wenig traurig, dass der Höhepunkt des Lebens im Abschlussjahr der Highschool stattgefunden hat, und man muss sich Al auch nicht unbedingt als Vorbild nehmen, wenn es um die Lebensplanung geht. Dankbar darf man dem Schuhverkäufer aus Chicago trotzdem sein. Einerseits für viele lustige Stunden vor dem Fernseher und andererseits, dass er American Football nach Deutschland gebracht hat.

## WEIL AL NUR MIT DEN BESTEN SPIELT

Al Bundy war nicht nur selbst ein grandioser American-Football-Spieler (bis zu seiner Verletzung natürlich), er war auch später immer wieder aktiv, obwohl er eigentlich schon ins Schuhgeschäft eingestiegen war. Immer wieder hatten Stars der NFL kleinere oder größere Auftritte, um an Al's Ruhm teilhaben zu können. So gehörte es beinahe schon zum guten Ton, dass während der Dreharbeiten zu *Eine schrecklich nette Familie* regelmäßig die besten Spieler der NFL eine Gastrolle in der Serie übernahmen.

Unvergessen ist der Auftritt von Bubba Smith als »Ersatzreifen« Dixon in Season 5, Episode 16 (*Der Nachtwächter*). Hier arbeitet Al als Nachtwache in seiner alten Schule. Als Al während seiner Schicht auf dem Klo war, wird der Pokal für die Schulmeisterschaft gestohlen, den Al dank seiner vier Touchdowns gewonnen hat. Als Dieb stellt sich Dixon heraus, der damals mit seiner Highschool gegen Al's Schule verloren hat. Dixon wirft Bundy vor, vor der

Überquerung der Goal Line mit dem Knie am Boden gewesen zu sein, was Al natürlich bestreitet. Es kommt zum Showdown auf dem Flur der Highschool. Wenn Al es schafft, mit dem Ball an Dixon vorbeizukommen, bekommt er den Pokal zurück. Am Ende gelingt es Al mit allen Mitteln (Beißen, Sockenausziehen, das Foto seiner Schwiegermutter), an Ersatzreifen vorbeizukommen. Diese Folge ist im Übrigen auch die Lieblingsepisode von Ed O'Neill, dem Darsteller von Al Bundy.

Eine richtige Ansammlung von NFL-Stars gab es in Season 9, Episode 10 (*Sportlerstolz*). Auf der Beerdigung eines alten Teamkollegen taucht auch Al's alter Rivale Jack Franklin auf, der behauptet, sein Team hätte die Stadtmeisterschaft gewonnen, wenn es nicht vorzeitig disqualifiziert geworden wäre. Um seine Ehre zu retten, tritt Al mit seiner alten Mannschaft gegen das Team von Franklin an. Der hat aber einige seiner alten Mitspieler gegen NFL-Profis wie Bubba Smith, Lawrence Taylor, Kenny Stabler und John »Hacksaw« Reynolds ausgetauscht. Am Ende vereinbart Al mit Jack, dass Al's Team nur einen Punkt zum Sieg braucht. Während Al's Teamkameraden die Gegner am Boden halten, fängt Al einen Pass vom Quarterback, weicht allen Tackles aus und stürmt Richtung Endzone. Leider wirft er den Ball schon an der 5-Yard-Linie auf den Boden, wird von der kompletten gegnerischen Mannschaft getackelt und muss seinen Wetteinsatz einlösen und nackt in der Sportsbar tanzen.

In der sechsten Staffel darf Al in Folge 15, die im Original den Titel *Just Shoe It* trägt, im Rahmen des Super Bowls in einem Werbespot für Zeus-Schuhe auftreten. Dabei trifft er nicht nur auf Boxer »Sugar« Ray Leonard und MLB-Pitcher Steve Carlton, sondern auch auf Ed »Too Tall« Jones, der damals als Defensive End bei den Dallas Cowboys unter Vertrag stand. Al sollte den Ball an Jones, der seinen Spitznamen seiner Körpergröße von 2,06 Meter verdankt, vorbeibringen, wird aber mit einem harten Hit zu Boden gebracht. Gut, dass Jones von Al vorgewarnt wurde, der ja bekanntlich Highschoolfootball gespielt hat.

Beinahe Stammgast bei der »schrecklich netten Familie« ist Quarterback-Legende Terry Bradshaw, der mit den Pittsburgh Steelers vier Super Bowls gewonnen hat. Al steht ihm zwar auf dem Spielfeld nie gegenüber, aber Bradshaw taucht regelmäßig in verschiedenen Bundy-Folgen auf. Beispielsweise in Staffel 10, Episode 10 (*Dud Bowl II*). Hier soll die neue Anzeigentafel im Stadion von Polk High zu Ehren von Al auf seinen Namen getauft werden. Nachbarin Marcy D'Arcy möchte das verhindern und sucht in den Archiven nach anderen Football-Spielern, die schon ihre Stiefel für Polk High geschnürt haben. Tatsächlich findet sie heraus, dass Bradshaw zwei Monate auf der Polk High gewesen ist. Am Ende spielt das aber keine Rolle, da Al Wind von der Sache bekommt und das Stadion sprengt, obwohl die Tafel auf seinen Namen getauft worden wäre. In Staffel 11, Episode 6 (*A Bundy Thanksgiving*) möchte Al den letzten Schlammbeerenkuchen seiner verstorbenen Bäckerin unbedingt haben und stiehlt ihn auf deren Beerdigung. Der Lauf, bei dem Al mehreren Tackleversuchen durch die Beerdigungsgesellschaft ausweicht, wird später von Bradshaw und anderen Football-Kommentatoren wie Jimmy Johnson, James Brown und Howie Long analysiert.

Für jemanden, der nur Highschool Football gespielt hat, stand Al Bundy mit recht vielen NFL-Stars auf dem Feld. Zumindest vor der Kamera. Beinahe hätte es auch für eine echte Football-Karriere bei Al-Bundy-Darsteller Ed O'Neill gereicht. Doch der Defensive Lineman fiel vor der Saison 1969 im Trainingscamp der Pittsburgh Steelers dem Cut zum Opfer. So blieb es bei O'Neill bei der Filmkarriere und eben den kurzen, aber eindrucksvollen Aufeinandertreffen mit den Stars der NFL.

# WEIL KEIN SUPER BOWL OHNE HOMER STATTFINDET

Wahrscheinlich will niemand sein wie Homer Simpson und mit 40 Jahren, Glatze und Bierbauch in einem schlecht bezahlten Job im Atomkraftwerk arbeiten, während die Familie einem auf der Nase herumtanzt. In einer Sache kann man aber durchaus neidisch auf den Sicherheitsinspektor aus Sektor 7G sein. Denn beim American Football ist er ganz weit vorne.

Wer von uns kann schon sagen, dass er schon einmal beim Super Bowl war. Wahrscheinlich kann das niemand, auch wenn das wohl von so ziemlich jedem hier ein lang gehegter Traum ist. Homer war nicht nur mit einer Reisegruppe beim Super Bowl (Staffel 10, Episode 12 – *Sunday, Cruddy Sunday*), er feiert sogar mit dem Team, lässt sich am Telefon von Präsident Clinton beglückwünschen und nimmt die Vince Lombardi Trophy mit nach Hause. In dieser Episode haben auch NFL-Stars wie John Madden, Troy Aikman und Dan Marino einen Gastauftritt.

In Staffel 8, Episode 2 (*You Only Move Twice*) bekommt Homer sogar sein eigenes American Football Team. In dieser Episode wird er von Superschurke Hank Scorpio für dessen Firma Globex abgeworben. Beim finalen Showdown hilft Homer dem Bösewicht, einen in Anlehnung an James Bond dargestellten Agenten der Guten zu töten. Als Dank will Scorpio Homer eine Football-Mannschaft schenken. Doch statt der Dallas Cowboys, die er sich gewünscht hat, bekommt Homer nur die Denver Broncos. In der bereits erwähnten Episode *Sunday, Cruddy Sunday* gibt Homer zu, die Broncos benutzt zu haben, um damit die Schulden bei Moe zu begleichen. Ob das so eine gute Idee war, darf bezweifelt werden, denn die echten Broncos gewannen im Jahr der Erstausstrahlung der Episode den Super Bowl.

In Staffel 16, Episode 8 (*Homer and Ned's Hail Mary Pass*) darf Homer sogar die Super Bowl Halftime Show inszenieren, nachdem die NFL ein Video von Homer beim Feiern gesehen hat. Inspiriert von Nachbarn Ned Flanders, lässt er einige Bibelszenen nachstellen, was beim Publikum allerdings nicht gut ankommt. In einer Zeit vor Tim Tebow, der die Inszenierung mit Sicherheit gut gefunden hätte, hatten hier dafür Tom Brady und Warren Sapp einen Gastauftritt.

In der sechsten Episode aus Staffel neun trainiert Homer dann das American-Football-Team, in dem auch Sohn Bart spielt. Homer will Bart zum Quarterback machen, obwohl das Team mit Nelson Muntz sehr erfolgreich spielt. Als im letzten Spiel Nelson verhaftet wird, führt Bart das Team zum Sieg und versucht erfolglos, Homer vom Platz zu tragen. Gastauftritte haben hier Joe Namath und Sportkommentator Roy Firestone.

Wie es für jeden guten Amerikaner Brauch ist, spielt American Football im alltäglichen Leben eine wichtige Rolle. Hier bildet Homer Simpson keine Ausnahme. So vergeht kaum eine Episode, in der Homer kein Spiel sieht oder ein NFL-Spieler einen Gastauftritt hat. Sei es, dass Homer sich ein Video mit den schwersten Verletzungen beim American Football ansieht, das übrigens eine Anspielung auf die Verletzung von Joe Theismann von den Washington Redskins ist (Theisman zog sich im Monday Night Game 1985 im Spiel gegen die New York Giants einen offenen Schien- und Wadenbeinbruch zu), oder dass im Hintergrund in Moes Taverne ein Spiel läuft. Für Aufregung sorgte auch der Fernseher in Episode 1, Staffel 17 (*Bonfire of the Manatees*) aus dem Jahr 2005. Hier schaut sich Homer den Super Bowl an, in dem die Seattle Seahawks die Denver Broncos mit 19:14 schlugen. Tatsächlich wäre es in dem Jahr auch beinahe zum Aufeinandertreffen der beiden Teams gekommen, doch Denver unterlag den Pittsburgh Steelers im Championship Game. Acht Jahre später kam es dann tatsächlich zum Super Bowl zwischen den Seahawks und den Steelers.

Doch Seattle machte kurzen Prozess und siegte letztendlich deutlich mit 43:8.

Von den 32 Teams der NFL wurden zumindest 22 bereits in einer oder mehreren *Simpsons*-Folgen erwähnt. Immer wieder tauchen die Broncos in keinem guten Licht auf. Angeblich mag *Simpsons*-Erfinder Matt Groening das Team aus Denver nicht, weil sie einmal zu oft gegen sein Lieblingsteam gewonnen haben.

Ob nun Joe Montana, Peyton Manning, Eli Manning, Joe Namath, Terry Bradshaw oder noch viele andere, jeder hatte seinen Gastauftritt bei den *Simpsons* und es werden noch viele weitere dazukommen, sofern die Serie weitergeführt wird. Auch das zeigt, dass ein Leben ohne American Football in den USA nicht möglich ist.

# KAPITEL 11

# Unter dem schwarz-rot-goldenen Helm – American Football in Deutschland

## WEIL DEUTSCHLAND
## DEN SUPER BOWL GEWONNEN HAT

49 Jahre hat es gedauert, bevor Deutschland endlich den Super Bowl gewonnen hat. Na gut … Deutschland hat den Super Bowl nicht gewonnen. Genauer gesagt war es nur ein Deutscher, der sich als erster Bundesbürger den begehrtesten Ring über den Finger streifen durfte. Doch damit hat nach Uwe Krupp in der NHL und Dirk Nowitzki in der NBA Sebastian Vollmer die NFL für Deutschland erobert.

Bevor Vollmer mit den New England Patriots Super Bowl XLIX gewinnen konnte, mussten die Football-Fans hierzulande schon einen US-Amerikaner mental einbürgern, um sich als Super-Bowl-Sieger feiern lassen zu können. Der in Toledo, Ohio, geborene Tom Nütten (ab und zu liest man auch Nutten, was im Deutschen aus verständlichen Gründen aber nur selten gemacht wird) spielte zunächst für die Amsterdam Admirals in der NFL Europe und später für die St. Louis Rams in der NFL. Gemeinsam mit Quarterback Kurt Warner gewann der Sohn einer deutschen Mutter Super Bowl XXXVI. Allerdings ist Nütten amerikanischer Staatsbürger. Da er ganz passabel deutsch spricht, wurde er vor allem von den Medien ins Zentrum der Berichterstattung gerückt und als eine Art Local Hero für die deutschen Fans aufgebaut. Noch heute arbeitet Nütten als Experte fürs Fernsehen bei vielen Football-Übertragungen.

Ein deutschsprachiger Super-Bowl-Gewinner ist zwar ganz schön, doch den deutschen Fans fehlte noch etwas, um sich wirklich als NFL-Champion fühlen zu können. Diese Lücke schloss Sebastian Vollmer am 1. Februar 2015 mit dem Sieg gegen Titelverteidiger Seattle Seahawks.

Schon drei Jahre vorher hatte Vollmer die große Chance, als erster Deutscher den Super Bowl zu gewinnen. Doch er scheiterte mit den New England Patriots im Finale XLVI mit 17:21 knapp an den New York Giants. Damals gehörte Vollmer, von Rückenproblemen geplagt, allerdings nicht immer zur Startaufstellung der Patriots.

Drei Jahre später wollten die Pats um Star-Quarterback Tom Brady diese Scharte auswetzen. Im Finale trafen sie auf die Seattle Seahawks, die leicht favorisiert ins Spiel gingen. Vollmer hatte sich in der Zwischenzeit zum absoluten Stammspieler gemausert und gilt aktuell als einer der besten Spieler der NFL auf der Position des Offensive Tackles. Vollmers Aufgabe ist es, den Quarterback zu schützen. Das gelang ihm im Super Bowl XLIX besonders gut. Brady wurde nur einmal zu Boden gebracht und brachte 37 von 50 Pässen an den Mann. Am Ende siegten die Patriots mit 28:24, wobei sie bis zum letzten Drive der Seahawks warten mussten, ehe der Sieg feststand. Und Deutschland hatte endlich seinen ersten richtigen Super-Bowl-Champion.

Vollmer selbst ist die Nationalität dabei eher egal. Er sagte nach dem Spiel gegenüber Sat1: »Im Moment habe ich da keine Wörter für. Aber Deutscher oder Amerikaner, das macht für mich keinen Unterschied. Mir geht's einfach nur darum, das Ding als Sportler zu gewinnen.«[77] Dennoch wird der »Sea Bass« (Wolfsbarsch), wie der in Kaarst geborene Profi in den USA genannt wird, in die Geschichtsbücher eingehen als erster Deutscher, der sich den Super-Bowl-Ring anstecken durfte.

Beinahe hätte sich ein anderer Spieler diese Ehre verdient. Denn Kicker Uwe von Schamann hatte mit den Miami Dolphins 1983 und 1985 gleich zweimal die Chance, Champion in der größten Football-Liga der Welt zu werden. Doch er unterlag erst den Washington Redskins und zwei Jahre später den San Francisco 49ers. Und so dauerte es noch 30 Jahre, ehe sich die Fans in Deutschland endlich als echte Super-Bowl-Gewinner fühlen konnten.

# WEIL DEUTSCHLAND
# AUCH TOUCHDOWN KANN

Wir schreiben Sonntag, den 7. Dezember 2014. Im Spiel zwischen den New York Giants und den Tennessee Titans ging es eigentlich um nichts mehr. Am 14. Spieltag der NFL-Saison hatten sowohl die Giants (4-9) wie auch die Titans (2-11) längst alle Chancen auf das Erreichen der Play-offs verspielt. Der kalte Sonntag Anfang Dezember war dennoch ein Tag, der in die Football-Geschichtsbücher eingehen sollte. Zumindest, wenn man die Chronik mit einer schwarz-rot-goldenen Brille liest.

Im ersten Quarter waren noch 1:18 zu spielen. New York führte bereits 10:0, als Tennessees Quarterback Zach Mettenberger an der eigenen 31-Yard-Linie zu einem Pass ansetzte. Doch New Yorks Verteidiger Devon Kennard hatte etwas dagegen und warf sich auf den Spielmacher der Titans. Dieser ging zu Boden und verlor dabei den Ball. Nun schlug die große Stunde von Verteidigerkollege Markus Kuhn.

Eigentlich gehörte die Verhinderung von gegnerischen Punkten zu Kuhns Aufgaben. Aber der 1,93-m-Hühne aus Weinheim sah eine einmalige Chance, schnappte sich das Ei und stürmte mit seinen fast 140 Kilo Lebendgewicht die restlichen 26 Yards unaufhaltsam bis in die Endzone. Die sechs Punkte, die Kuhn für das Erreichen der Endzone sammelte, waren dabei nicht nur eine Vorentscheidung in dem belanglosen Spiel, das die Giants am Ende mit 36:7 für sich entscheiden konnten, es war der erste Touchdown eines deutschen Spielers in der Geschichte der NFL.

Daran, dass sich Kuhn in die Geschichtsbücher des Footballs eintragen würde, war lange Zeit nicht zu denken. Denn vor seinem Triumph stand sogar die Karriere des Vorzeigeprofis auf der Kippe.

Und lange sah es so aus, als würde er den Sprung vom Kollege in den Profi-Football nicht schaffen.

Im Draft 2012 wurde er erst in der siebten Runde von einem Team ausgewählt, genauer gesagt an Position 239. Spieler, die erst zu einem so späten Zeitpunkt gedraftet werden, bekommen in der Regel in ihrer aktiven Karriere nur wenig Spielanteile. Oft werden sie im Trainingslager aussortiert und werden höchstens in unteren Ligen eingesetzt. Doch Kuhn sah die kleine Chance als Ansporn, trainierte hart und schaffte direkt den Sprung in den Kader der Giants. Doch nach zehn Spielen, von denen er einmal sogar als Starter auflief, riss sein Kreuzband. Dadurch verpasste der Defensive Tackle den Rest der Saison sowie die ersten zehn Spiele der darauffolgenden Spielzeit.

Er kämpfte sich wieder zurück und zählte auch 2014 wieder zum festen Stamm der Giganten aus dem Big Apple. Diese Leistung schätzte Kuhn für sich sogar höher ein als den Touchdown gegen die Titans, obwohl er sich mit dem Erreichen der Endzone in den Geschichtsbüchern des Sports unsterblich gemacht hat. Zudem hat er bewiesen, dass deutsche Spieler nicht nur kicken können (s. Grund 100: Weil die Deutschen kicken können), sondern auch wissen, wie man den Weg in die Endzone findet.

## 100. GRUND

## WEIL DIE DEUTSCHEN KICKEN KÖNNEN

Man muss sich nichts vormachen. Auch wenn es viele gute Gründe gibt, American Football zu lieben, ist hierzulande der Fußball mit Abstand die Sportart Nummer eins. Entsprechend spielen die meisten Kinder auch Fußball und lernen schon in frühen Jahren, wie man gegen einen Ball tritt. Beim Football kann das auch ein

Vorteil sein. Schließlich gibt es in jedem Spiel genug Gelegenheiten, zu kicken. Und wenn wir Deutschen eines können, dann eben Bälle treten. So haben Deutsche Kicker auch in der NFL ihre Spuren hinterlassen.

Noch lange bevor Markus Kuhn den ersten Touchdown in der NFL erzielt hat, noch lange bevor mit Kuhn, Sebastian Vollmer, Kasim Edebali und Björn Werner gleich vier Deutsche zum festen Stamm verschiedener Teams in der nordamerikanischen Profiliga zählten und lange bevor der deutschstämmige Tom Nutten (oder Nütten) mit den St. Louis Rams den Super Bowl holte, wurden die NFL Scouts darauf aufmerksam, dass man in Deutschland sehr talentierte Kicker hat, die einen Ball nicht nur weit, sondern auch gezielt schießen konnten, und holten zumindest zwei davon über den großen Teich.

Den Anfang machte Horst Herbert Erich Mühlmann, der erste deutsche Spieler in der NFL. Der 1940 in Dortmund geborene Fußballspieler war Torhüter und zählte sogar zum Kader des FC Schalke 04, als die Bundesliga 1963 ins Leben gerufen wurde. 1966 schloss er sich dem Bonner SC an, der damals in der Regionalliga West kickte, was zu der Zeit die zweithöchste Spielklasse war. 1968 wurde Mühlmann von den Kansas City Spurs, die in der North American Soccer League kickten, in die USA geholt. Dort schien er mehr durch seine Abstöße als durch seine Paraden überzeugt zu haben, denn schon ein Jahr später wurde Mühlmann von den Cincinnati Bengals als Kicker unter Vertrag genommen. Dort wurde er durch seine weiten und genauen Kicks zu einem Star des Teams. Er war beispielsweise der erste Spieler, der in drei Spielen hintereinander jeweils ein Field Goal aus über 50 Yards Entfernung schaffte. Das gelang seitdem nur noch drei weiteren Spielern. Mühlmann blieb bis 1974 bei den Bengals und schnürte anschließend noch drei Jahre seine Schuhe für die Philadelphia Eagles. 1977 beendete er seine Karriere, in der er insgesamt 154 Field Goals und 245 PATs (Point after Touchdown) erzielen konnte.

Horst Mühlmann war nur einer von zwei deutschsprachigen Fußballprofis, die den Sprung in die NFL schafften. Noch erfolgreicher war Toni Fritsch, der allerdings aus Österreich kam. Fritsch schnürte zwischen 1964 und 1971 in 123 Meisterschaftsspielen die Schuhe für Rapid Wien und wurde dabei dreimal Österreichischer Meister sowie zweimal Pokalsieger. Zudem absolvierte er neun Länderspiele für Österreich und erzielte zwei Tore beim sensationellen 3:2-Sieg gegen England im Londoner Wembley-Stadion.

1971 suchte Tom Landry, der legendäre Trainer der Dallas Cowboys, in Europa einen Kicker für seine Mannschaft. Es hatte sich wohl bis nach Texas herumgesprochen, dass man in Europa Erfahrung im Bälletreten hat. Landry überzeugte Fritsch vom Football und holte ihn nach Dallas, wo der Österreicher 1972 den Super Bowl holte und 1976 noch einmal das Endspiel erreichte. Nach mehreren Stationen in San Diego, Houston, wo er in den Pro Bowl gewählt wurde, und New Orleans beendete er nach elf Saisons in der NFL und drei in der Konkurrenzliga United States Football League (USFL) endgültig seine Karriere. In der NFL erzielte Fritsch bei 231 Versuchen 157 Field Goals und war bei 300 Extrapunktversuchen 287-mal erfolgreich.

Noch etwas erfolgreicher als Mühlmann, aber nicht ganz so erfolgreich wie Fritsch, war der Berliner Uwe Detlef Walter von Schamann. Schamann war allerdings kein Fußballprofi, der den Sprung in die USA wagte, er zog mit seinen Eltern von Berlin in die USA, spielte schon in der Highschool Football und studierte später an der Universität von Oklahoma, wo er dank seines Footballtalents sogar ein Stipendium bekommen hatte. Schon in der Universität sorgte von Schamann für Aufsehen, gewann die National Championship und wurde zum besten Kicker aller Zeiten der Big 8 Conference und zum Kicker des Jahrhunderts an seiner Universität gewählt. Nach seiner College-Zeit wurde von Schamann 1979 in die NFL gedraftet und zum Rookie of the Year gewählt. Der Kicker erreichte mit den Miami Dolphins 1983 und 1985 sogar zweimal den Super Bowl, wo er allerdings den Washington Redskins und den San Francisco 49ers unterlag.

Am deutschen Kicker lag das allerdings nicht. Der Kicker traf die meisten seiner Kicks und hielt lange Zeit die Rekorde für die meisten Extrapunktversuche in einer Saison (70) und die meisten verwandelten Extrapunkte in einer Saison (66). Erst 2007 wurden diese beiden Rekorde von Stephen Gostkowski gebrochen. Insgesamt erzielte der Berliner in sechs Spielzeiten 101 Field Goals und 237 Extrapunkte. Bestimmt haben Sie von Schamann auch schon gesehen. Denn Bilder vom Kicker wurden 1994 im Film *Ace Ventura – ein tierischer Detektiv* mit Jim Carrey in der Hauptrolle verwendet.

Das letzte Kapitel der deutschen Kicker schrieben die Teilnehmer in der NFL World League, später NFL Europe. Hier mussten in jedem Team mindestens sechs Spieler im Kader stehen, die nicht aus den USA stammten. Da man sich auch in den USA erinnerte, dass man in Europa besser kicken als werfen und fangen kann, verpflichtete man lieber heimische Kicker. In Deutschland erinnert man sich wohl besonders an den Kölner Ralf Kleinmann, der für Frankfurt Galaxy gegen den Ball trat. Kleinmann tat dies so erfolgreich, dass er 2003 sogar ins Trainingscamp der Tampa Bay Buccaneers eingeladen wurde, wo er allerdings nicht den Sprung in den endgültigen Kader schaffte. Andere deutsche Kicker in der NFL Europe waren die ehemaligen Fußballprofis Manfred »Manni« Burgsmüller (Düsseldorf Rhine Fire), der bis zu seinem 52. Lebensjahr kickte und damit der älteste Footballspieler der Welt wurde, Axel Kruse (Berlin Thunder) und Ingo Anderbrügge (Düsseldorf Rhine Fire). Aber betrachtet man die große Zahl der Fußballspieler in Deutschland, ist es nur eine Frage der Zeit, bis der nächste Kicker aus Deutschland in der NFL auf Punktejagd gehen wird.

## WEIL ES DIE NFL EUROPE GAB

Football führt in Europa sehr zum Bedauern aller Fans lange Zeit leider ein Schattendasein. Das gilt gerade für die mediale Berichterstattung. Außer dem Super Bowl, der momentan von SAT.1 übertragen wird, muss man als Anhänger dieses schönen Sports lange und meist vergeblich nach TV-Bildern suchen. Das war zumindest eine Zeit lang anders.

Wir erinnern uns mit etwas Wehmut an das Jahr 1991, als die NFL mit einem Ableger den Sprung nach Europa gewagt hat. Die neu gegründete World League of American Football (WLAF) hatte zwei große Ziele. Zum einen wollte man in Europa neue Fans für die NFL gewinnen und den Fans hierzulande etwas Football-Gefühl vermitteln, zum anderen wollte man von Vereinsseite aus frischen Talenten, lange verletzten Spielern oder alten Hasen die Gelegenheit geben, außerhalb der eigentlichen NFL-Saison Spielpraxis zu sammeln. Dafür schickte man sie in die neu gegründeten Teams nach Übersee, wobei zunächst auch in den USA gespielt wurde. Sonst wäre es schließlich auch keine World League gewesen.

Insgesamt gingen zehn Mannschaften in der neu gegründeten Liga an den Start, die in drei Staffeln eingeteilt wurden. In Europa spielten die Barcelona Dragons, die London Monarchs und die Frankfurt Galaxy. In den USA gab die New York/New Jersey Knights, Orlando Thunder, Montreal Machine und Raleigh-Durham Skyhawks in der einen und Birmingham Fire, San Antonio Riders, Sacramento Surge in der anderen Staffel. Im ersten echten World Bowl besiegte Barcelona die Engländer deutlich mit 21:0. Im zweiten Jahr dagegen dominierten die Teams aus den USA. Diese hatten zuvor deutlich bessere Spieler bekommen, um ein ähnliches Debakel wie in der ersten Saison zu vermeiden. Doch während die Fans in Europa sich für Football begeistern konnten, war die Resonanz in den USA eher mau. Schließlich haben die Fans mit der NFL die beste Profiliga der Welt. Und wer guckt sich schon freiwillig dritte Liga an, wenn man auch Champions League schauen kann. Zudem kam hinzu, dass Football in den USA ein Wintersport ist. Die Saison beginnt traditionell im September und dauert bis zum ersten Februarsonntag. Die übrige Zeit des Jahres gehört dem Baseball. Entsprechend gab es wenige Fans, die sich im Frühling und Sommer zum Footballschauen vor den Fernseher setzen wollten.

Als Folge wurde die WLAF auch nach nur zwei Spielzeiten eingestellt, allerdings nur, um das Konzept zu überarbeiten. Da die Fans in den USA keine Zuneigung für die WLAF entwickelt hatten, verzichtete man auf Teams in den USA und ging komplett nach Europa. Mit sechs Teams startete 1995 die in »World League« abgekürzte Profi-Football-Liga, die 1998 schließlich in NFL Europe und 2007 in NFL Europa umbenannt wurde. Zu den drei ursprünglichen Teams gesellten sich noch die Amsterdam Admirals, die Scottish Claymores und Düsseldorf Rhine Fire. Erster »Europameister« in der World League wurde Frankfurt Galaxy, die sich im Finale gegen die Amsterdam Admirals durchsetzen konnte. Entsprechend wurde vor allem in Hessen ein wahres Football-Fieber entfacht und die Galaktischen spielten im Schnitt vor über 30.000 Fans.

Diese Euphorie breitete sich aber leider nicht in den anderen Städten aus. So beschlossen die Verantwortlichen 1998, den Standort London aufzugeben und nach Berlin (Berlin Thunder) zu verschieben. Die Barcelona Dragons fungierten ab 2004 als Cologne Centurions, und die Scottish Claymores fanden 2007 in Hamburg als Sea Devils ein neues Zuhause. Einzig in Amsterdam blieb ein Team außerhalb Deutschlands erhalten. Dass nun fünf der sechs Teams aus Deutschland stammten, zeigt ein großes Problem der NFL Europa. Denn nicht überall wurden die Fans mit dem Sport warm. Ein weiteres Problem war die fehlende Identifikation mit dem

Verein und den Profis, schließlich wurden nur wenige sogenannte Nationals, also Spieler, die nicht aus dem USA stammten, eingesetzt, und die Spieler aus den USA kehrten nur in den seltensten Fällen zu ihrem Verein in Europa zurück. Auch die Fußballvereine, die sich die Stadien mit den Teams der NFL Europe teilen mussten, und deren Fans waren auf die Footballer nicht immer gut zu sprechen. Schließlich leidet der Rasen sehr, wenn 22 Spieler dem Lederei hinterherjagen.

Und so beschlossen die Verantwortlichen, dass die Saison 2007 trotz steigender Zuschauerzahlen auch gleichzeitig die letzte Saison der NFL Europa sein würde. Die Hamburg Sea Devils gingen dank eines Finalsiegs gegen Frankfurt Galaxy als letzter Sieger in die dann doch recht dünnen Geschichtsbücher der NFL Europa ein.

Aber auch wenn die Football-Party in Europa nur 15 Spielzeiten gedauert hat, werden einige Dinge immer in Erinnerung bleiben. Dazu gehören zum Beispiel die Kultkicker Manni Burgsmüller und Ralf Kleinmann sowie Barfußkicker Rob Hart, Kölns Football-Urgestein Werner Hippler und so mancher Spieler, der dank seiner Erfahrungen in der NFL Europe den Sprung in die NFL geschafft hat. Prominentestes Beispiel hierfür ist wohl der ehemalige Quarterback der Amsterdam Admirals, Kurt Warner, der später mit den St. Louis Rams sogar den Super Bowl gewonnen hat.

Viele Fans hätten sich gewünscht, dass die NFL etwas mehr Geduld mit der NFL Europa gehabt hätte. Doch am Ende war man dankbar, dass man zumindest einmal 15 Jahre lang etwas von der großen Football-Luft schnuppern durfte, die aus Übersee herübergeweht ist.

## WEIL ES NUR BEIM FOOTBALL
## DIE GALAKTISCHEN GIBT

Hören wir heute von einer galaktischen Mannschaft oder einfach von den Galaktischen, denken wohl die meisten an die Fußballmannschaft von Real Madrid. Deren Präsident, Florentino Peréz, versprach zu seinem Amtsantritt 2000, in jedem Jahr den besten Spieler der Welt, also einen »Galactico«, zu verpflichten. Peréz hielt Wort und holte in seiner ersten Amtszeit zuerst Luís Figo, dann Zinédine Zidane, Ronaldo, David Beckham und zuletzt Michael Owen in die spanische Hauptstadt. Im zweiten Anlauf, Real Madrid zu den Galacticos zu machen, wurden unter anderem Kaká, Cristiano Ronaldo, Xabi Alonso, Gareth Bale oder jüngst Toni Kroos und James Rodriguez verpflichtet. Zugegeben ist das eine illustre Auswahl an Weltklassekickern. Doch die wahren Galaktischen stammen nicht aus Madrid und spielen Fußball, die echten Galacticos kommen aus Frankfurt und spielen American Football.

Die Rede ist natürlich von Frankfurt Galaxy, dem besten und erfolgreichsten Team der WLAF, World League, NFL, Europe oder NFL Europa. Mit vier Titeln holten die Hessen mehr Titel als jede andere Mannschaft in dem mittlerweile leider eingestellten Ableger der NFL. Zudem stand Frankfurt noch vier weitere Male im World Bowl, wie die Organisatoren das Endspiel bescheiden nannten. Doch das macht Frankfurt Galaxy noch lange nicht galaktisch. Es ist vielmehr das ganze Drumherum, was Galaxy zu einer überirdischen Mannschaft gemacht hat.

Wir schreiben das Jahr 1991, und die NFL schickte ein Sammelsurium an jungen Talenten, lange verletzten Spielern oder Veteranen nach Europa, um den dortigen Sportfans ihr Spiel näherzubringen. Ein guter Teil dieser Profis landete in Frankfurt. Dass Hessens

Bank-Hauptstadt überhaupt ein WLAF (World League of American Football) bekam, lag an der großen Anzahl an US-Kasernen, die in der Nähe der Finanzmetropole lagen. So hofften die Verantwortlichen auf eine große Anzahl an Zuschauern, um der jungen Liga zu einem erfolgreichen Start zu verhelfen.

Das Konzept ging zumindest in Frankfurt auf. Denn während andere Mannschaften wie die London Monarchs oder Barcelona Dragons irgendwann aufgrund von mangelnden Zuschauern in andere Städte umziehen mussten, schaffte es die Galaxy, die Menschen zu begeistern. So war Frankfurt nicht nur das einzige Gründungsmitglied, das bis zum Ende mit einer Mannschaft in der NFL Europa an den Start ging, Galaxy konnte mehr Menschen ins Stadion locken als so mancher Fußball-Bundesligist. Mit insgesamt 442.671 Zuschauern pilgerten im Schnitt 31.620 Football-Fans zu jedem Heimspiel der Galaktischen ins heimische Waldstadion. Von diesen Zahlen träumt jedes Team der GFL, und auch so mancher Fußball Bundesligaverein (schöne Grüße nach Hoffenheim, Leverkusen, Wolfsburg oder Freiburg) hätte gerne eine ähnliche Fanbasis. Mangels Alternativen nahmen viele Galaxy-Fans eine weite Anreise auf sich. Und auch der Autor dieses schönen Buches fuhr zumindest einmal pro Saison den weiten Weg aus dem tiefsten Schwabenland bis nach Hessen, um die Galaktischen live sehen zu können.

Damals hatte ich das Glück, dass der damalige Freund meiner Schwester nicht nur über ein Auto samt dazugehörigem Führerschein verfügte, sondern auch verrückt genug war, die drei Stunden Fahrt auf sich zu nehmen, um im mit Schwaben nicht gerade freundlich verbundenen Hessen eine Retortenmannschaft in einer Randsportart anzufeuern. Dabei schaffte er es sogar, meine Schwester zumindest so weit vom Spiel zu begeistern, dass wir auch noch einen Fahrer für die Rückfahrt hatten, wenn das Bier auf der Tribüne besonders gut geschmeckt hat.

Doch das Bier auf der Tribüne war nicht wirklich der Grund, warum wir die Fahrt auf uns genommen haben. Es war vielmehr die Stimmung auf der Tribüne, die, neben dem Spiel natürlich, das wirklich Faszinierende bei Frankfurt Galaxy war. Und wenn ein Verantwortlicher von Real Madrid damals nach Frankfurt gekommen wäre, hätte er vielleicht lieber die Frankfurter Fans als den nächsten Fußball-Superstar verpflichtet.

Wenn ein Footballspiel mit allen Unterbrechungen knapp drei Stunden dauert, konnte man sicher sein, dass auf der Tribüne des Waldstadions drei Stunden Party war. Während die Fans beim Fußball sitzen und sich beschweren, wenn bei einer Torchance vor einem jemand aufsteht, tanzte bei der Galaxy das halbe Stadion auf der Tribüne über die komplette Spielzeit. Noch lange bevor DJ Ötzi mit seinem gecoverten Hit die Charts stürmte, sangen wir beim Football schon *Hey Baby*. Und wenn man gerade einmal ausnahmsweise nicht sang, tanzte oder schrie, wurde gemeinsam zu einem speziellen Rhythmus geklatscht. Kurz gesagt, es war vom Kick-off bis zum letzten Kneel so, wie es bei einem Spiel sein sollte. Und niemand dachte daran, sich vor, während oder nach dem Spiel mit anderen Fans zu prügeln.

Den Verantwortlichen dürfte es zumindest um Frankfurt Galaxy leidgetan haben, als 2007 das Ende der NFL Europe verkündet wurde. Doch während die anderen Teams in Vergessenheit geraten sind, oder wer erinnert sich noch an die Cologne Centurions und die Hamburg Sea Devils, lebt die Legende weiter. 2007 gründeten einige Fans den AFC Universe Frankfurt, um zumindest durch den Namen im Weltall zu bleiben. 2014 erwarben sie die Namensrechte an der Galaxy. Zwar hat das Team mit der alten Frankfurt Galaxy nichts zu tun, doch die Verantwortlichen wollen zumindest, dass die Legende um die einzig wirkliche galaktische Mannschaft weiterlebt.

# WEIL FOOTBALL-FANS MUSIKGESCHMACK HABEN

Ein Feuerwerk explodiert, durch den Rauch rennen die Spieler auf den Rasen, und aus den Boxen dröhnt schwerer Hardrock und Heavy Metal. Besonders häufig hört man AC/DC mit *Hells Bells* oder *Highway to Hell*. Aber hin und wieder gibt's auch mal Metallica oder wenigstens Bon Jovi auf die Ohren. Und genau so mögen es die meisten American-Football-Fans auch. Schließlich passen Helene Fischer oder Rihanna nicht wirklich zu einem Sport, bei dem es so richtig zur Sache geht.

Insofern kann man sich nach fast zehn Jahren immer noch die (berechtigte) Frage stellen, was sich die Verantwortlichen der Cologne Centurions gedacht haben, als sie zum Saisonauftakt 2006 niemand Geringeren als die Teenie-Band Tokio Hotel für die Halbzeitshow gebucht haben. Tokio Hotel feierten damals mit *Durch den Monsun* aus unerfindlichen Gründen ihren größten Hit und waren regelmäßig Gast in verschiedenen Talkshows und Musiksendungen. Wahrscheinlich wollten die Chef-Zenturios vor allem die jüngeren Fans dazu bringen, sich ihre Helden zu recht günstigen Preisen einmal live anschauen zu können. Doch irgendwie ging die Rechnung nicht auf.

Die Centurions spielten in der NFL Europe in der Regel vor rund 20.000 Zuschauern. Tokio Hotel sollte hier den Zahlen einen Schub verleihen und auch Bill Kaulitz, Sänger und Frontmann der »angesagtesten Band in Deutschland«, war optimistisch hinsichtlich ihres ersten Auftritts in einer großen Arena: »Der Besuch bei den Cologne Centurions wird unser erster Auftritt in einem WM-Stadion sein. Wir freuen uns riesig auf den Event, denn wir haben uns schon viel von der NFL Europe erzählen lassen«, sagt Bill stellvertretend für seine Bandkollegen. Und eines versprechen die vier Jungs aus Magdeburg schon jetzt: »Wir werden das Stadion, gemeinsam mit den Fans, rocken und zum Kochen bringen!«[78]

Wenn sich Kaulitz da mal nicht verrechnet hatte. Alleine schon die Tatsache, dass sich die Band etwas von der NFL Europe hat »erzählen lassen«, zeigte, wie intensiv sich die Jungmusiker mit dem Thema American Football auseinandergesetzt haben und wie nahe sie dieser wunderbaren Sportart stehen. Dass Football-Fans und die Fans von Tokio Hotel nicht unbedingt auf der gleichen Party anzutreffen sind, geschweige denn im gleichen Stadion, ist dagegen nicht unbedingt der Fehler der Band. Schließlich werfen Football-Fans weniger oft Stofftiere auf den Rasen, und nur wenige tragen noch eine Zahnspange.

In der Halbzeitpause wurde die Bühne aufgebaut, und die zahlreichen weiblichen Teenager drängten nach vorne, um die damals angesagte Newcomerband zu bekreischen. Dagegen wussten die etablierten Centurions-Fans nicht, was sie von der Aktion der Verantwortlichen halten sollten, kleine Mädchen mit Tokio Hotel ins Stadion zu locken, und suchten in der Halbzeitpause eher ihre Unterhaltung an den Bierständen. Schließlich findet während eines Helene-Fischer-Konzerts auch kein Cage-Fight statt, um mehr männliches Publikum zu Fischer-Fans zu machen.

In jedem Fall kam es, wie es kommen musste. Viele der Tokio-Hotel-Fans kamen erst während des Spiels ins Stadion, da sie mit dem Spiel nichts anzufangen wussten. Die echten Football-Fans mit einem Rest Musikgeschmack verließen den Innenraum, um sich ein alkoholisches Getränk zu holen, da man die Band nur mit einem entsprechenden Pegel ertragen kann. Auch unter den Sportjournalisten war man sich einig, und selten war der Presseraum während der Halbzeitpause so gut gefüllt wie bei der Saisoneröffnung 2006. Einstimmig wurden die Kollegen bedauert, die für ihren Auftraggeber über das Konzert berichten mussten. Ich schrieb damals für den *Huddle* und musste mich daher der musikalischen Darbietung der Nachwuchs-Rocker nicht aussetzen.

Viele Tokio-Hotel-Fans verließen nach dem Konzert dann auch direkt das Stadion, sodass die Football-Fans in der zweiten Halbzeit wieder unter sich waren und in Ruhe das Spiel gucken konnten. Schade, dass die Verantwortlichen keine richtige Rockband gebucht haben. Sonst wären mit Sicherheit mehr potenzielle Fans angelockt worden.

## 104. GRUND

## WEIL ES DIE GFL GIBT

Warum muss man in die Ferne reisen, wenn das Gute auch direkt vor der Haustür liegt. Natürlich ist die NFL das Maß aller Dinge, wenn es um American Football geht. Allerdings darf man nicht vergessen, dass auch hierzulande Football auf hohem Niveau gespielt wird. Davon kann sich jeder selbst überzeugen, der schon einmal bei einem Spiel der German Football League (GFL) zugeschaut hat.

Zwar handelt es sich bei der GFL um eine Amateurliga unter dem Dach des American Football Verband Deutschland (AFVD), die Spieler haben aber alles andere als Amateurniveau. Wer glaubt, ohne Training und nur so als Zeitvertreib in der höchsten deutschen Spielklasse erfolgreich sein zu können, täuscht sich gewaltig. Und auch das Ganze Drumherum mit Cheerleadern, Halbzeitshows und diversen Aktionen vor dem Spiel ist auf professionellem Niveau.

Seit 1979 gibt es in Deutschland eine höchste Spielklasse. Allerdings hieß die GFL damals noch Bundesliga und stand unter der Führung des American Football Bundes Deutschland (AFBD). Gründungsmitglieder waren die Frankfurter Löwen, Hanau Hawks, Düsseldorf Panther, Munich Cowboys, Ansbach Grizzlies, Bremerhaven Seahawks und die Berlin Adler. In der Folge hat die Bundesliga einen enormen Wandel durchgemacht.

Allerdings war der Start ziemlich holprig. Und schon nach der ersten Saison gab es Streit zwischen einigen Vereinen und dem Verband, und unter Führung der Düsseldorf Panther gründete sich ein neuer Verband, der American-Football-Verband (AFV) und mit der Nordwestdeutschen Football-Liga (NFL) wurde eine zweite deutsche Football-Liga ins Leben gerufen.

Für einen vergleichsweise neuen Sport ist es nie besonders gut, wenn zwei Verbände konkurrieren, und so rauften sich die Beteiligten nach zwei Jahre des Parallelbetriebes zusammen. 1982 vereinigten sich beide Ligen unter dem Dach des neu gegründeten AFVD. Die Endspiele in der AFVD gelten seitdem offiziell als Deutsche Meisterschaft.

1999 wurde die Bundesliga schließlich in GFL umbenannt, und auch professionelle Strukturen hielten Einzug. So müssen die Vereine seit 2001 an einem Lizenzierungsverfahren teilnehmen, das schon so manchem Verein zum Verhängnis wurde. Gerade in einem Sport wie American Football, der nicht das ganz große öffentliche Interesse erzeugt, ist es schwer, Sponsoren zu finden. Und so musste der eine oder andere Verein Insolvenz anmelden, auch wenn es sportlich gut lief. Ein prominentes Beispiel sind die Cologne Crocodiles, die sechsmal im Endspiel standen, 2000 den Titel gewannen, aber 2003 insolvent gingen.

Dennoch floriert die Liga, und aus anfangs sieben Startern wurden schnell mehr. Bis zur Saison 2010 spielten je sechs Teams in einer Nord- und einer Südgruppe. 2011 wurde die Zahl der Starter auf sieben Teams pro Staffel und 2012 auf acht Teams pro Gruppe erhöht, sodass momentan 16 Mannschaften in der GFL an den Start gehen.

Der Modus ist dabei sehr einfach. Jedes Team spielt in Hin- und Rückspiel gegen die anderen Teilnehmer der Gruppe. Die besten vier Teams spielen dann in Playoffs jeweils über Kreuz gegen die besten Mannschaften der anderen Staffel. Der Erstplatzierte der GFL Nord spielt also gegen den Vierten der GFL Süd, der Zweite Nord gegen den Dritten Süd und so weiter, wobei das besser platzierte Team Heimrecht genießt. Am Ende treffen die Sieger der Halbfinals im German Bowl aufeinander, der in Berlin ausgetragen wird. Gleichzeitig spielen die beiden letzten der Staffeln um den letzten Platz in der GFL. Der Verlierer des Relegationsspiels muss gegen den Sieger der GFL2 um das letzte Ticket für die GFL kämpfen.

So viel zu den nackten Fakten. Aber Football ist viel mehr als Zahlen und Tabellen. Football ist Emotion, Körperkontakt und spektakuläre Plays. Football sind Cheerleader und lautstarke Fans, die ihr Team nach vorne peitschen. Davon sollte sich jeder einmal überzeugen, der Football ansonsten nur von der NFL im Fernsehen her kennt. Insofern lohnt es sich in jedem Fall, einmal zu einem Heimspiel der 16 GFL-Teams zu gehen. Sei es jetzt in Braunschweig, Schwäbisch Hall oder in Kiel, auch in Deutschland wird American Football auf hohem Niveau gespielt.

**105. GRUND**

## WEIL ES DEN GERMAN BOWL GIBT

Am ersten Sonntag im Februar schaut die ganze Sportwelt gebannt in die USA, wenn sich die beiden besten Teams der NFL im Super Bowl gegenüberstehen. Ganz so viel Aufmerksamkeit bekommt der German Bowl, das Endspiel der German Football League (GFL), leider nicht. Trotzdem sollte man sich als Football-Fan das Spiel nicht entgehen lassen.

Natürlich kann man den German Bowl nicht mit dem Super Bowl vergleichen. Statt Katy Perry spielt Nina Hill (zugegeben habe ich von ihr noch nie zuvor etwas gehört), statt der Red Hot Chili Peppers spielt Ohrwurm (für die dasselbe gilt) und statt Lenny Kravitz der Fanfarenzug Strausberg. Während der Super Bowl von

NBC übertragen wird, wird der German Bowl bei Eurosport gezeigt. Und während für ein Ticket für den Super Bowl oft mehrere Tausend Dollar (oder noch mehr) bezahlt werden, darf man beim Endspiel der GFL schon für 15–45 Euro ins Stadion.

Doch da American Football hierzulande noch lange nicht den Stellenwert hat, den es im Mutterland genießt, ist das auch nicht verwunderlich. Daher hinkt jeder Vergleich zwischen Super Bowl und German Bowl, und wir möchten eigentlich auch nicht vergleichen, sondern uns lieber darüber freuen, dass American Football in Deutschland wächst. Schließlich muss man nur einmal sehen, was in Europa vor dem Endspiel in der Champions League los ist und wie viele Leute in den USA sich für das Endspiel in der Major League Soccer (MLS) interessieren.

Der German Bowl ist der Höhepunkt der Saison in der GFL. Die erste Austragung fand 1979 in Frankfurt statt, wo die heimischen Löwen die Ansbach Grizzleys mit 14:8 besiegten. Seitdem wird das Endspiel in wechselnden Stadien ausgetragen, wobei seit 2012 durchgehend in Berlin gespielt wird. Rekordsieger sind die aus Braunschweig stammenden New Yorker Lions, die insgesamt 14-mal im German Bowl standen und davon neun Spiele gewinnen konnten. Sechsmal gewannen jeweils die Düsseldorf Panther (bei neun Teilnahmen) und die Berlin Adler (acht Teilnahmen). In der letzten Ausgabe demontierten die Lions die Schwäbisch Hall Unicorns vor etwas mehr als 12.000 Zuschauern mit 47:9.

Mit 54 Punkten ist mein alter Trainer von den Cologne Falcons, Michael Davis, noch heute erfolgreichster Spieler des German Bowls. Der QB der Cologne Crocodiles stand insgesamt fünfmal im German Bowl und gewann ihn zumindest einmal (2000). Zweitbester Scorer ist momentan noch Andreas Motzkus. Der ehemalige Quarterback der Düsseldorf Panther erzielte immerhin 39 Punkte.

Rückblickend zum letzten German Bowl ist es etwas schade, dass nur 12.000 Zuschauer den Weg in den Friedrich-Ludwig-Jahn-Sportpark gefunden haben. Denn auch wenn die Namen der beteiligten Spieler nicht den großen Klang eines Tom Brady, Marshawn Lynch oder Rob Gronkowski haben, ist es dennoch großer Sport, den die besten Teams der GFL zu bieten haben. Davon kann sich jeder überzeugen, der schon einmal beim German Bowl war.

Auch die Show rund um den German Bowl mit dem Super Bowl zu vergleichen, kann und darf nicht der Anspruch der GFL sein. Dafür ist der Stellenwert des Spiels zu gering, obwohl es nach eigenen Angaben »das zuschauerträchtigste regelmäßige Event einer Mannschaftssportart in Deutschland«[79] ist. Rekordveranstaltung hier übrigens ist der German Bowl 1999 in Hamburg, bei dem 30.400 Fans im Stadion zuschauten.

Entsprechend können sich die Fans auf der typischen Fanmeile mit diversen Aktionen rund um den American Football wie Fieldgolas kicken, Bälle werfen oder Fotos mit Cheerleadern schon mehrere Stunden vor dem Kick-off mit dem Spiel anfreunden. Das alles findet man auch beim Super Bowl, eben eine Nummer größer. Das gilt auch für die Cheerleader-Show oder das große Abschlussfeuerwerk. Aber dennoch ist der German Bowl eine gute Möglichkeit, einmal in die große Welt des American Football hineinzuschnuppern. Ohne Tausende von Dollar für ein Ticket berappen zu müssen. Und großen Sport mit allen Emotionen, Spannung und spielerischen Highlights sieht man im Endspiel der GFL unter Garantie.

# KAPITEL 12

# Helm auf und los

## WEIL NICHTS SCHÖNER IST,
## ALS IN DIE ENDZONE ZU LAUFEN

Wie die Ziellinie bei einem Marathon zieht die Endzone den American-Football-Spieler geradezu magisch an. Das gelobte Land jenseits der 0-Yard-Linie ist schließlich das Ziel, das jeder erreichen möchte. Entsprechend versuchen die Athleten alles, um dieses Ziel auch zu erreichen. Zunächst im Training, später im Spiel gibt man alles, um in der gegnerischen Endzone feiern zu können.

Wie man dorthin gelangt, ist im Grunde genommen egal. Ob man nun den Ball in der Endzone fängt, ihn hineinträgt oder nach einem erfolgreichen Pass die letzten Schritte hineinläuft, spielt keine Rolle. Ebenso wenig wie wenn man als Verteidiger den Ball erobert hat und ihn dann über die gegnerische Ziellinie trägt. Hauptsache das Ei ist am Ende dort, wo es hingehört – in der Zone des Gegners. Dies ist das Ziel, auf das man wochen-, monate- oder gar jahrelang hintrainiert hat. Und ist das Ziel erreicht, kann man das entsprechend feiern.

Am schönsten ist es, wenn man schon vor dem eigentlichen Ziel feiern und jubelnd über die Goalline traben kann. Im Gegensatz zu vielen anderen Sportarten, von Laufveranstaltungen, Radrennen oder Langlauf einmal abgesehen, geht das im American Football. In anderen Mannschaftssportarten ist das eher schwierig. Im Fußball weiß man nach einem Schuss ebenso wenig wie nach einem Wurf im Handball oder Basketball, ob der Ball auch wirklich dort landet, wo man ihn haben möchte. Und auch wenn, geht das viel zu schnell, als dass man vor dem Erfolg schon jubeln kann. Sogar wenn man alleine auf ein leeres Tor zuläuft, wie beispielsweise beim Eishockey, wenn der Gegner seinen Torwart vom Feld genommen hat, muss man das Spielgerät erst einmal im Kasten unterbringen.

Hier gibt es dann auch genügend Beispiele, bei denen das nicht geklappt hat. Beim Football gibt es kaum ein besseres Gefühl, als den Ball über die gegnerische Goalline zu bringen. Außer man hat sich durch die gegnerischen Abwehrreihen gekämpft und kann die letzten Meter unter dem Jubel der Mannschaftskameraden und vielleicht auch einiger Zuschauer ungestört zurücklegen und dabei den Ball jubelnd in den Himmel strecken, rückwärts im Moonwalk über die Ziellinie gehen oder schwungvoll in die Endzone hechten. Der Kreativität beim Feiern sind hier keine Grenzen gesetzt, sofern es im Auge der Schiedsrichter nicht unsportlich wird …

Allerdings hat die Erfahrung gezeigt, dass man sich hier nie zu sicher sein kann. So haben Spieler auch schon zu früh gejubelt und sind noch kurz vor der Endzone zu Boden gebracht worden oder haben den Ball zu früh aus lauter Freude auf den Boden geworfen, obwohl sie die Goalline noch nicht überschritten haben. Dazu mehr gibt's im Grund 40 (»Weil man nie zu früh jubeln sollte«).

Das sind aber nur seltene Ausnahmen. Normalerweise ist es ohnehin ein harter Kampf, den man erst einmal überstehen muss, bevor man die Endzone des Gegners erreicht, und nur in seltenen Fällen darf man die Goalline ungehindert überschreiten. Doch hat man das geschafft und feiert man den Touchdown, weiß man, dass das Training sich gelohnt hat und dass es kein schöneres Gefühl gibt, als den letzten Meter in die Endzone zu laufen.

### 107. GRUND

## WEIL ES SO SCHÖN KNALLT

American Football ist ein harter Sport. Davon kann sich jeder überzeugen. Man muss einfach nur Shoulderpads und Helm aufsetzen und sich auf den Platz stellen. Ab dann muss man in Kauf nehmen, dass es auch mal wehtut. Aber genau das ist auch ein Punkt, warum man überhaupt spielt.

Am deutlichsten wird es, wenn man einmal im Special Team gespielt hat, also bei einem Kick-off oder Punt auf dem Feld stand. Nicht umsonst gelten auch die Special-Team-Spieler als etwas durchgeknallt. Ich selbst habe unter anderem auch Kick Returner gespielt und konnte mir daher selbst ein Bild davon machen. – Wobei in den unteren Ligen in Deutschland ohnehin jeder Spieler auch im Special Team eingesetzt wird. Denn Spezialisten wie in der NFL kann man sich hierzulande nicht leisten, da die Personaldecke zu dünn ist. – Und während es bei den normalen Spielzügen noch halbwegs kontrolliert und zivilisiert vor sich geht, herrscht nach einem Kick schon gerne auch einmal das bloße Chaos. Und nirgendwo wird es so deutlich, dass American Football ein Vollkontaktsport ist.

Der Ball wird bei einem Special-Team-Spielzug also weggeschossen und nach Möglichkeit im Anschluss von einem Returner gefangen. Hier kann man nun ein Fair-Catch-Signal geben. Dies bedeutet, dass man nicht mehr getackelt werden darf. Doch wo bleibt da der Spaß? Vor allem in unteren Ligen, in denen die Kicker nicht so viel Kraft im Fuß haben und der Ball daher nicht so hoch, aber dafür weit fliegt, haben die Returner meistens mehr Zeit und Platz, um nach dem Catch nach vorne zu rennen. Schließlich ist der Ball deutlich schneller auf der anderen Seite des Spielfelds als die Spieler.

Spätestens jetzt kommen einem auch die ersten Kriegsvergleiche in den Sinn, und es beginnt der Kampf ums Überleben. Denn während man selbst den Ball unter den Arm klemmt und nach vorne rennt, sieht man elf gegnerische Spieler, die mit gesenktem Kopf auf einen zurennen mit dem einen Ziel, dich möglichst schnell zu Boden zu bringen. Vor und neben dir laufen noch zehn Männer in der gleichen Uniform, die du selbst trägst, um dich vor jeder Gefahr zu schützen. Furchtlos und mutig rennen sie aufeinander zu, und keiner denkt auch nur im Entferntesten daran, vorher abzubremsen. So springen sie jeden Gegner an, der seine Hand an dich legen will. Sie rennen sich über den Haufen, schubsen und lassen sich tackeln nur mit dem Ziel, den Ballträger noch ein paar Meter weiter nach vorne zu bringen. Überall um einen herum knallen Helme aufeinander, Männer stöhnen und schreien, und einer nach dem anderen geht zu Boden, bis die Jäger schließlich ihr Ziel erreichen und zum Ballträger durchkommen.

Für den Spieler selbst ist so ein Return reines Adrenalin. Zu sehen, wie elf Spieler mit höchster Geschwindigkeit auf dich zurennen nur mit dem einen Ziel, dich zu Boden zu bringen, kann einem schon einmal eine Gänsehaut verursachen. Aber dann zu sehen, wie die Mitspieler sich allem in den Weg werfen, was auf sie zukommt, pusht einen enorm. Dann gilt es, sich einen Weg durch die menschlichen Knäul zu finden, Tackles auszuweichen und wenn es geht auch die Spieler abzuschütteln, die es geschafft haben, zu einem durchzudringen. Überall um einen herum knallt es, und man selbst versucht alles, um auf den Beinen zu bleiben, und jeder Meter in Richtung gegnerische Endzone ist ein kleiner Sieg. Ein teuer und unter Schmerzen erkaufter Sieg, aber in jedem Fall ein kleiner Triumph.

Wer das einmal erlebt hat, kennt den Adrenalin-Kick, den man beim American Football bekommen und der auch süchtig machen kann. Wer das noch nicht erlebt hat, hat etwas verpasst. Und wer das nicht erleben will, kann auch gerne beim Schach bleiben. Hier wird man dann höchstens mit Figuren beworfen, und die Bauern, die einen treffen, sind aus Holz oder Plastik. Das tut dann vielleicht nur halb so weh, dafür macht es bei Weitem nicht so viel Spaß.

# WEIL MAN BEIM FOOTBALL DAS SINGEN LERNT

Viele wissen wahrscheinlich nicht, dass beim Football auch viel gesungen wird. In der Regel beschränkt sich das Singen in der NFL auf das Mitmurmeln der Nationalhymne vor dem Super Bowl oder auf Triumphgesänge nach dem Spiel. Bis auf wenige Ausnahmen sind Footballspieler auch nicht wirklich für ihr Gesangstalent bekannt. Es zählt ja auch nicht zu ihren Aufgaben, den Gegner mit einer schönen Stimme zu beeindrucken. Dennoch sollte jeder, der mit dem Football anfangen will, mindestens ein Lied beherrschen.

Als ich vor meinem ersten Spiel bei den Gelsenkirchen Devils stand, schaute ich wahrscheinlich ähnlich überrascht, als mein Receiver-Kollege »Gecko« zu mir kam und meinte, ich solle noch vor dem Kick-off vor dem gesamten Team ein Lied zum Besten geben. Das kam dann doch etwas unerwartet und steigerte meine ohnehin nicht gerade kleine Nervosität ins Unendliche. Statt mich auf meinen ersten Einsatz mit Helm und Shoulderpads konzentrieren zu können, sollte ich also singen, was mir so gar nicht zusagen wollte. Nicht nur dass ich mich vor meinen neuen Teamkameraden nur ungern zum Affen machen wollte, mein früherer Musiklehrer meinte einmal zu mir, wenn ich singe, rollen sich ihm die Zehen-nägel hoch. Das ist nur ein Grund, warum ich meine Gesangskarriere schon zu Schulzeiten ad acta gelegt und stattdessen lieber Sport studiert habe.

Entsprechend nervös suchte ich also händeringend in meinem Hirn, welches Lied ich denn den anderen Devils vorsingen sollte. Schließlich wollte ich ja nichts so profanes wie *Alle meine Entchen* oder *Fuchs du hast die Gans gestohlen* darbieten. Als aktiver Jugendgruppenleiter und Lagerfeuer-Gitarrenspieler verfügte ich zwar über einen größeren Fundus an Liedern, doch ohne Gitarre,

Lagerfeuer und Notenheft war ich mir nicht ganz sicher, ob das die richtige Gelegenheit für *Leaving on a Jetplane* oder *Country Roads* war. Zudem sah ich immer noch den Kopf meines alten Musiklehrers vor mir, wie er meine Gesangskarriere mit diesem einen Satz gnadenlos zertrümmerte. Und da es ja nichts Wichtigeres gibt, als sich vor seinen neuen Mitspielern nicht zu blamieren, zermarterte ich mir meinen Kopf nach einem für die Situation passenden Lied.

Die Sekunden verstrichen, Gecko holte mich zu den übrigen Spielern, die sich schon in einem Kreis aufgestellt hatten. Es half also alles nichts. Augen zu und durch lautete das Motto. Nicht nur beim Versuch, die gegnerische D-Line zu durchbrechen, auch beim Initiationsritus, den alle Devils einmal durchlaufen mussten. Vielleicht hatte ich auch die Augen zu fest geschlossen. Denn dabei bemerkte ich gar nicht, dass auch die anderen beiden Rookies mit mir im Kreis standen und mit ähnlichen Problemen wie ich zu kämpfen hatten.

Gecko kam also zu uns und bat, mit dem Lied anzufangen. Auf drei geht's dann los. Um ehrlich zu sein, weiß ich gar nicht mehr, was ich singen wollte. Wahrscheinlich hatte ich mich doch für *Alle meine Entchen* entschieden. Doch schon beim ersten Ton war es auch komplett egal, welches Lied man singen wollte. Denn wie auf Kommando sprangen alle anderen Mitspieler auf uns zu und begannen, uns zu schubsten und zu stoßen, was bei Konzerten oft auch als »Pogo« bezeichnet wird. Nun kann man der größte und stärkste Athlet der Welt sein, wenn 30 mehr oder weniger gut ausgebildete Footballspieler auf einen zuspringen und einen wegschubsen, geht man fliegen, so flogen wir drei zwischen unseren Mitspielern hin und her, bis letztendlich nur noch ein großer Pulk an Spielern übrig blieb. Mit den Rookies in der Mitte.

Später habe ich erfahren, dass nicht alle so glimpflich davonkommen wie wir. Je nachdem, müssen die Spieler auch einmal eine Strophe komplett singen, bevor das wilde Geschubse losgeht. Insofern sollte man auch im American Football nicht ganz unmusikalisch sein und zumindest ein Lied singen können. Sonst kann es sein, dass man nicht nur einen Song zum Besten geben muss, bevor man ein offizieller Teil des Teams wird.

## WEIL ES GECKO, KALLE UND KILLER GIBT

Noch hat American Football in Deutschland bei Weitem nicht den Stand, den er in den USA hat. Das wird auch niemals so sein, auch wenn es natürlich bei so einem tollen Sport schade ist und man sonntagnachts lange aufbleiben muss, um die besten Spieler zu sehen. Umso bemerkenswerter ist es, dass in Deutschland viele Menschen alles für ihr Team tun. Diesen Einsatz kann man gar nicht hoch genug schätzen.

Mir sind aus meiner aktiven Zeit mehrere Spieler gut in Erinnerung geblieben, auch wenn der Kontakt leider mittlerweile abgebrochen ist. Da wäre zunächst Gecko, mein alter Receiver-Kollege an der Line of Scrimmage. Gecko war damals schon über 30, wobei er gefühlt wohl schon länger bei den Gelsenkirchen Devils gespielt hat. Woher er den Namen Gecko hatte, wusste er selbst nicht genau. Vielleicht hatte das mit seinen Augen zu tun, die etwas weiter nach vorne quollen. Aber wenn das der Fall ist, hat er es nie verraten. Ebenso wenig warum er ein Tattoo von Casper, dem freundlichen Geist, auf der Schulter trug und wahrscheinlich immer noch trägt. Mit seinen über 1,90 Meter und der eher schlaksigen Figur war er zum Receiver geschaffen. Seine großen Hände hatte er insoweit unter Kontrolle, dass er auch die meisten Bälle gefangen hat, die auf ihn geworfen wurden, was in der unteren Liga aber eher selten vorkam.

Außerhalb vom Feld war er meistens derjenige, der sich um die Neulinge gekümmert hat. Er zeigte mir dann auch, wie man mit einer gut getimten Kopfnuss auf den Helm des Gegners einen unliebsamen Verteidiger an der Line stehen lässt, um anschließend freie Bahn zu haben. Dass wir in den gemeinsamen Jahren bei den Devils als Receiver Squat aufgrund mangelnder Quarterbacks und schlecht geworfener Pässe eher ruhige Tage hatten, schien ihn nicht weiter zu stören. Gecko war glücklich, wenn er zweimal die Woche zum Training und einmal zum Spiel auf dem Platz stehen konnte. Und wahrscheinlich macht er das auch heute noch, wenn auch niemand weiß, wie Gecko eigentlich mit richtigem Namen heißt. Denn auch das hat er nie verraten.

Der zweite Spieler, an den ich mich erinnere, war Kalle. Kalle war fast zwei Meter groß, und seine Arm- und Beinmuskeln waren im Vergleich zu seinem Bauch etwas unterentwickelt, was aber nicht heißt, dass er dünne Arme hatte. Mit seiner Größe und seinem Gewicht konnte er wahrscheinlich sogar einen Güterzug aufhalten. In jedem Fall war er wie geschaffen für einen Lineman. Und da man in den unteren Ligen ohnehin den bereits erwähnten Personalmangel hat, stand Kalle auch in so ziemlich jedem Spielzug auf dem Feld. Egal ob in der Offense oder der Defense.

Entsprechend viel hat Kalle in seiner Karriere auch schon eingesteckt. Seine Krankenakte könnte wohl ein ganzes Regal füllen, und es gibt wohl keinen Knochen, den sich Kalle nicht schon gebrochen hätte, und kein Band, das nicht schon gerissen war. Insofern gehörten zu seiner Ausrüstung auch immer mindestens zwei Bandagen oder eine komplette Kniestütze. Das hielt ihn aber nicht davon ab, Woche für Woche für die Devils seine 20 Jahre alten Football-Schuhe zu schnüren. Allerdings reichte es ihm auch, zu spielen, und die Einsätze in O- und D-Line waren wohl anstrengend genug, sodass er sich in der Woche von den Spielen erholen musste. Im Training hat man Kalle zumindest nie gesehen. Aber wahrscheinlich kannte er durch seine vielen Jahre in der Line die Spielzüge ohnehin auswendig.

Für den Trainer war das auch kein Problem. Er wusste, dass man sich zumindest im Spiel auf Kalle immer verlassen konnte. Kalle hat sich auch so mit dem Verein identifiziert, dass er damals schon das Vereinswappen und seine Nummer auf die Waden tätowiert hatte. Insofern hätte er auch auf die Ausrüstung verzichten können. Aufgefallen wäre es bei Kalles Statur wohl ohnehin nicht.

Ab und zu muss ich auch an »Killer« denken. Und wahrscheinlich hat der Spitzname nie so wenig zu einem Spieler gepasst wie in diesem Fall. Killer studierte damals irgendetwas Soziales oder BWL. Ganz genau weiß ich das nicht mehr, und fragen konnte man ihn nur selten, da er aufgrund des Studiums nur wenig Zeit zum Training hatte. Killer sah auch auf den ersten Blick eher aus wie ein Banker, der besser in einen Anzug als in eine American-Football-Ausrüstung gepasst hätte. Aber unter dem Helm sind alle gleich, und man sieht ja nicht, wer einem da gegenübersteht. An den eher deftigen Witzen in der Kabine nahm Killer in jedem Fall nicht wirklich teil.

Seinen Namen verdankte Killer, der als Cornerback oder Safety in der Secondary spielte, dem Umstand, dass er in seinem ersten Spiel so einen heftigen Hit gesetzt hatte, dass der Gegner verletzt vom Platz musste. Allerdings gelang ihm das wohl nur einmal. Zumindest hat er sich in unserer gemeinsamen Zeit nicht unbedingt als ein sehr körperbetonter Spieler hervorgetan. Eher war das Gegenteil der Fall. Seine Bankerfigur konnte auch schon im Training wenig ausrichten gegen Gecko oder ähnlich große Receiver. Tatsächlich erinnere ich mich an ein Training, als er sich von alleine und ohne berührt zu werden auf den Hintern setzte, da er recht einfach aus dem Gleichgewicht zu bringen war. Doch im Mannschaftskreis war das kein Problem, da auch der Killer seinen Platz und seine Position hatte.

Aber genau das ist das Schöne am American Football. Als Randsportart ist es nur ein kleiner Kreis von Menschen, die sich tatsächlich Woche für Woche den Helm aufsetzen, um auf dem Spielfeld die Knochen hinzuhalten. Das macht die Spieler zu einer verschworenen Gemeinschaft und den Sport auch zu etwas Einmaligem. Und unser Dank gilt dabei Menschen wie Gecko, Killer und Kalle, die ihren Anteil daran haben, dass der Sport so etwas Besonderes ist.

## WEIL ES SO SCHÖN MÄNNLICH IST

Wer schon immer einmal wissen wollte, wie Aggressivität und Gruppendynamik funktionieren, sollte sich einmal Helm und Shoulderpads anziehen und auf ein American-Football-Spielfeld stellen. Dann bekommt man auf viele spannende Fragen ziemlich schnell eine Antwort.

Grundsätzlich ist American Football ein Spiel, bei dem Aggressivität eine wichtige Rolle spielt. Wer nur halbherzig tackelt, wird seinen Gegner nicht zu Boden bringen und erst recht kein Tackle brechen. Wer nicht mit vollem Einsatz spielt, riskiert sogar schwere Verletzungen, weil man im entscheidenden Moment vielleicht nicht mehr die richtigen Muskeln anspannt. Entsprechend macht man sich schon vor dem Spiel heiß. Dafür haben verschiedene Teams verschiedene Rituale entwickelt, die man sich durchaus auch auf antiken Schlachtfeldern vorstellen könnte.

Klar ist, dass zunächst einmal der Coach versucht, die Mannschaft auf das anstehende Spiel einzuschwören. Wie das gehen kann, konnte man ja bei den Fußballfilmen *Sommermärchen* und *Die Mannschaft* sehen, als Jürgen Klinsmann und später Jogi Löw die Mannschaft heiß machen wollten. Für einen Footballspieler klangen die Reden zwar eher halbherzig, aber beim Balltreten muss man ja auch keinen 120-kg-Runningback aufhalten, der mit gesenktem Kopf auf einen zurennt.

Eine Empfehlung oder eine Faustregel für so eine Ansprache gibt es hier nicht, da die Ansprache ja auch zum Trainer passen muss. Ein eher ruhigerer Trainer wird mit einer feurigen Ansprache ebenso unglaubwürdig wie ein emotionaler Trainer mit einer Gewissensrede. Zudem muss man aufpassen, dass man den Bogen nicht überspannt und jede Woche die gleichen Parolen bringt.

Viel entscheidender, und hier kommt dann auch die Gruppendynamik ins Spiel, ist das, was im Anschluss zwischen den Mannschaftskameraden passiert. Hier hat jedes Team auch eigene Rituale, um sich auf das anstehende Match aufzuheizen. Häufig erinnern die Schreie der Spieler an Hundebellen, das immer lauter wird (Who lets the dogs out …). Helme werden aufeinandergeschlagen, man haut sich auf die Pads oder springt wie bei einem Metal-Konzert in einem Pogo-Pit gegeneinander. Hauptsache, die Aggressivität steigt und die Muskulatur wird durch Schreie und Schläge aktiviert. So aufgeheizt, betritt man viel motivierter das Spielfeld, um es dem Gegner so richtig zu zeigen.

Es ist schwierig zu beschreiben, was in einem vorgeht, wenn 30–40 gut trainierte Männer in Helm und Panzerung gemeinsam martialische Urlaute hinausbrüllen und man auf sein primitives, kämpferisches Ich zurückgestuft wird. Aber Tatsache ist, dass das Adrenalin bis über den Haaransatz steigt und man mit diesen Männern in jede Schlacht ziehen würde, die als Nächstes ansteht. Es ist natürlich übertrieben zu sagen, man hätte uns damals nur ein Schwert und ein Ziel geben müssen und wir wären drauflosgestürmt. Aber ein bisschen ist es nachvollziehbar, was in der Schlachtszene beim *Herrn der Ringe* in den Köpfen der Schauspieler vor sich ging, als sie in langen Reihen im Orc-Kostüm vor der Schlacht von Helm's Klamm gemeinsam mit den Waffen rhythmisch auf den Boden schlugen und so ihren Kampfesmut anstachelten. Entsprechende Kommentare der Schauspieler kann man im Making-of der DVD gerne dazu anschauen. Auch sie hätten Blut sehen wollen, wenn ihnen niemand rechtzeitig gesagt hätte, dass es nur ein Film ist und Aragorn, Gimli & Co eigentlich ganz nette Leute sind.

Mir ist eine Szene mit den Gelsenkirchen Devils in Erinnerung geblieben, als ein Spiel wegen Regen und Gewitter nicht rechtzeitig angepfiffen werden konnte. Der Schiedsrichter verschob das Spiel zunächst um eine halbe Stunde, und wir mussten in der Zeit sowohl unsere Konzentration wie auch die Aggressivität aufrechterhalten. Zum Spielfeld führte ein Tunnel, in dem wir uns unterstellen konnten. Um den Fokus aufs Spiel aufrechtzuerhalten und den Gegner zu verunsichern, schrien und tobten wir weiter. In dem engen Tunnel hallte das Geschrei wider, und das Echo verstärkte den Effekt noch einmal, und wir verfielen beinahe in eine Art Kampfesrausch. Das Ganze muss so aggressiv geklungen haben, dass eine unserer Cheerleader meine Hand nahm, weil das Geschrei der Mannschaft ihr zu große Angst gemacht hat.

Im Nachhinein kann ich über diesen Tag lächeln. Die Erfahrung, was Massenbewegung und Gruppendynamik in einem Menschen anrichten können, kann mir dagegen keiner mehr nehmen. Und wer das selbst einmal versucht hat, weiß, wovon ich spreche.

## WEIL FOOTBALL-SPIELER AUCH ANDERE SPORTARTEN MÖGEN

In den Kabinen der Hobbykicker ist American Football nicht oft das Gesprächsthema. Höchstens kommt einmal die Frage auf, ob man denn den Super Bowl gesehen hätte. Doch weil die wenigsten sich auch noch für andere Sportarten außer Kicken interessieren, erstickt dieses Gespräch meistens schon im Keim. »Hast du den Super Bowl gesehen?« – »Ne, ich muss ja montags früh raus.« – »Ich bin zur Halbzeit eingeschlafen.« – »Football find ich langweilig, aber die Cheerleader sind heiß.« So ungefähr kann man sich die Diskussionen in der Umkleidekabine vorstellen, wenn denn überhaupt jemand weiß, dass es eine Sportart namens American Football gibt.

Football-Spieler sind da ganz anders. Sie interessieren sich auch für andere Sportarten. Als Sportler in Deutschland bleibt einem ja auch kaum etwas anderes übrig, als sich zumindest über das aktuelle Geschehen in der Fußball-Bundesliga zu informieren. Entsprechend ist das Geschehen in Deutschlands höchster Profiliga auch immer Thema in der Umkleidekabine der Football-Teams. Wie wichtig Fußball auch für Footballer sein kann, habe ich am eigenen Leib erfahren dürfen.

Es war der 19. Mai 2001, und der eine oder andere Fußballfan dürfte schon wissen, um welches geschichtsträchtige Datum es sich hier handelt. Ich spielte damals noch als mäßig erfolgreicher Kicker und Receiver für die Gelsenkirchen Devils, deren Spielstätte rund 300 Meter entfernt vom Gelsenkirchener Parkstadion lag. An diesem Samstag hatten wir ein Heimspiel. Dass ich nicht mehr weiß, gegen wen es in der untersten Liga in NRW ging, zeigt, wie wichtig Football an diesem Tag war. Denn nahezu zeitgleich fand auch der letzte Spieltag in der Fußball-Bundesliga statt, und der FC Schalke 04 hatte die große Chance, nach 1958 erstmals wieder die Schale nach Gelsenkirchen zu holen.

Die Vorzeichen waren klar. Schalke musste sein Heimspiel gegen die SpVgg Unterhaching gewinnen und der FC Bayern München zeitgleich beim HSV verlieren. Auch wenn wir selbst ein (wichtiges?) Spiel hatten, hörte doch mehr als die Hälfte der Spieler mit mindestens einem Ohr Richtung Parkstadion, wie es denn bei den Königsblauen steht. Schnell kehrte auch Ernüchterung ein, als Unterhaching mit 2:0 in Führung ging. Ab da konzentrierten sich die Devils wieder auf ihr eigenes Spiel. Doch immer wieder brandete Jubel aus dem Stadion zu unserem spärlich besuchten Football-Spiel herüber, und man sah es den Fußballfans unter den Spielern an, dass sie selbst lieber beim FC Schalke gewesen wären. Am Ende siegte die Elf von Trainer Huub Stevens mit 5:3, und alles schaute gebannt, was denn die Bayern in Hamburg machen würden.

Mittlerweile war unser Spiel vorbei, wahrscheinlich hatten wir wie immer verloren, doch das war in diesem Moment allen egal. Sofort nach dem Schlusspfiff rannten die Spieler zum Auto des Trainers, der im Radio die WDR-Schlusskonferenz angeschaltet hatte. Eine riesige Spielertraube bildete sich schnell um den alten Kombi, schließlich gab es ja noch keine Smartphones, auf denen man den Spielstand in Hamburg nachschauen hätte können. Mit einem Ohr am Radio, mit dem anderen Richtung Parkstadion versuchten dann alle mitzubekommen, ob denn die Knappen den lang gehegten Traum endlich wahr machen können. Denn Hamburg war in der 90. Minute mit 1:0 in Führung gegangen.

Aus dem Parkstadion brach ohrenbetäubender Lärm los, und wir verstanden kaum ein Wort von dem, was der Sprecher im Radio sagte. Das Einzige, was wir verstanden, war, dass angeblich das Spiel in Hamburg ebenfalls abgepfiffen war. Schalke war also Meister, und wir waren nur wenige Hundert Meter davon entfernt. Die Schalke-Fans in unserem Team hüpften wie die kleinen Kinder über den Rasen, während die Bayern-Fans, die es ja in der gesamten Republik gibt, traurig zu Boden sanken. In diesem Moment war keiner mehr an Football interessiert. Dass wir das Spiel verloren hatten, war den Fußballfans in unserem Team ohnehin egal.

Bei all dem Jubel bekam kaum noch jemand mit, dass das Spiel in Hamburg noch nicht beendet war. Bis unser Coach uns darauf aufmerksam machte, dass im Volksparkstadion noch gespielt wird. Der Rest ist dann Geschichte. HSV-Keeper Mathias Schober, ein Ex-Schalker, nahm einen Rückpass von Verteidiger Tomas Ujfalusi in die Hände, Schiedsrichter Markus Merk entschied auf Rückpass und Verteidiger Patrik Andersson drosch den Freistoß durch die Mauer ins Tor. Wir waren live am Radio dabei. Ebenso wie die gut 60.000 im benachbarten Parkstadion. In diesem hätte man nun eine Stecknadeln fallen hören können. Meister war wieder einmal der

FC Bayern, während sich Schalke nur Meister der Herzen nennen durfte.

Auch unter den Schalke-Fans bei den Devils herrschte blankes Entsetzen, und so mancher Helm flog plötzlich meterweit durch die Luft. In dem Moment war es gut, dass unser Spiel bereits vorbei war, denn entweder wären die Spieler immer noch so vor Entsetzen gelähmt gewesen, dass die Linespieler wohl nicht einmal aufgestanden wären und die Verteidiger noch freier als sonst zum Quarterback durchgekommen wären, oder die Aggressivität wäre so hoch gewesen, dass niemand für die Gesundheit der Gegner hätte garantieren können.

So blieb uns nichts übrig, als unser Spielfeld aufzuräumen und den Rückweg nach Hause anzutreten. Ich wohnte damals in Bochum, was rund 15 Kilometer entfernt vom Parkstadion liegt. Für den Rückweg brauchten wir rund 2,5 Stunden, weil alle Straßen mit Fußballfans verstopft waren, die sich weinend an ein Stück Rasen aus dem Parkstadion klammerten. Dabei konnte man nicht mehr unterscheiden, ob es jetzt Fußball- oder Football-Fans waren, die aussahen wie kleine Mädchen, deren Pony gerade gestorben ist. Für mich als Anhänger des bayrischen Großclubs war es dagegen eine Freude, die ich in dem Moment allerdings lieber für mich behielt.

# KAPITEL 13

# Die Bonusgründe

# WEIL IN DER NFL JEDER EINE CHANCE BEKOMMT

Die NFL sieht sich gerne als Vorreiter, was soziale Einstellung, Toleranz und Chancengleichheit angeht. Das möchten andere Ligen auch. Aber wenn man die Realität betrachtet, sieht es hier ganz anders aus. Zugegeben ist es auch schwierig, die gleiche Leistung zu bringen, wenn man körperliche, kognitive oder sensorische Defizite hat. Ein Blinder ist beim Baseball ebenso unvorstellbar wie ein Einbeiniger beim Eishockey. So dachte man auch über Einarmige beim American Football. Doch der 23-jährige Shaquem Griffin hat gezeigt, dass man trotz körperlichen Handicaps den Sprung in die beste American-Football-Liga der Welt schaffen kann.

Shaquem kam mit dem sogenannten Amniotischen-Band-Syndrom auf die Welt. Bei dieser Erkrankung wird ein Körperteil des Embryos von einem Band umschnürt. Fast jedes Körperteil kann hiervon betroffen sein; Füße, Arme, Beine, Finger oder die Hände. Die Bänder können folgenfrei verwachsen, können aber die betroffenen Körperteile in ihrem Wachstum behindern oder komplett abtrennen. Bei Shaquem Griffin wurde die linke Hand im Wachstum eingeschränkt, und es entwickelte sich eine gravierende Fehlbildung. Diese verursachte bei dem damals Vierjährigen so große Schmerzen, dass seine Mutter ihn eines Nachts in der Küche fand, als Shaquem gerade dabei war, sich mit einem Küchenmesser die Finger abzuschneiden. Zwar konnte sie ihn davon abhalten, sich selbst zu verstümmeln, die Eltern sahen aber, dass eine Amputation der linken Hand alternativlos wurde.

Durch den Eingriff verschwanden die Schmerzen, aber es war mehr oder weniger klar, dass Shaquem seinen Lieblingssport American Football niemals wieder spielen würde. Zumindest nicht über Hobby-Niveau. Wenigstens konnte Shaquem wieder zum Spaß und ohne Schmerzen mit seinem Zwillingsbruder Shaquill dem Lederei hinterherrennen. Das war auch wichtig für den footballverrückten Shaquem. Angeblich soll seine Mutter ihn bereits einen Tag nach der Amputation im Garten mit einem blutgetränkten Verband und einem Football in der gesunden Hand im Garten vorgefunden haben. Dass es mit richtigem Wettkampf aber nicht mehr klappen würde, haben die Griffin-Eltern wohl vergessen, dies auch ihren Söhnen zu sagen. Denn auch wenn Shaquem nur eine Hand hatte, versuchte er immer, sich mit seinem Bruder zu messen. Dabei ließ er sich auch von Rückschlägen nicht beeindrucken. So soll ein gegnerischer Trainer, als Shaquem acht war, wohl zu ihm gesagt haben, dass er vom Spielfeld verschwinden solle, weil der Sport nur etwas für Leute mit zwei Händen sei.

Zugegeben haben damals zumindest hinter vorgehaltener Hand einige Trainer ihrem Kollegen recht gegeben. Denn es ist schwer vorstellbar, wie man mit nur einer Hand den Vollkontaktsport American Football erfolgreich spielen soll. Aber wie ja bei Grund 78 bereits erzählt, gibt es für jeden Charakter eine passende Position. Und welche könnte für den einarmigen Shaquem besser passen als ein Linebacker. Kampfkraft, Aggressivität, Dynamik, Schnelligkeit, Spielintelligenz und sichere Tacklings sind hier wichtiger als Ballhandling, Fangen oder Blocken. Natürlich ist es von Vorteil, wenn man auch die eine oder andere Interception fangen kann, aber das kann auch nicht jeder Spieler mit zwei gesunden Händen.

Wahrscheinlich hätte es Shaquem trotzdem niemals in die NFL geschafft, wenn es seinen Bruder Shaquill nicht gegeben hätte. Denn als die Griffin-Brüder zu alt für die Highschool wurden und sich das Football-Talent der beiden deutlich abzeichnete, wollte Shaquill nur einen Vertrag bei einem College unterschreiben, wenn auch sein Bruder mitkommen könnte. Shaquill sagte daraufhin einigen Hochschulen ab und wechselte mit seinem Bruder zur University of Central Florida. Dort lief es dann wie fast immer bei den Griffins. Shaquill wurde schnell zum Star, während für Shaquem nur ein Platz auf der Bank blieb. Das änderte sich 2016, als ein neuer Trainer in Florida anfing. Dieser hatte keine Vorurteile und gab beiden Brüdern regelmäßige Einsatzzeiten. Am Ende wurde Shaquem sogar zum Defense-Spieler des Jahres gewählt.

2017 sollten sich dann die Wege der Brüder erstmals trennen. Bereits ein Jahr vor Ende des Colleges wurde Shaquill von den Seattle Seahawks in der 3. Runde an Position 90 gedraftet. In seiner ersten Saison kam er in 15 Spielen zum Einsatz, in 11 Spielen sogar als Starter. Dabei setzte er 59 Tackles, wehrte 15 Pässe ab, fing eine Interception und lieferte einen Sack. Für einen Rookie ganz beachtliche Zahlen. Sein Bruder blieb dagegen noch ein Jahr auf dem College, ehe er im letzten Draft gelistet wurde.

Es folgte die Stunde der Wahrheit. Würde ein NFL-Team den Mut besitzen, einen Einarmigen in seinen Kader zu holen? Natürlich kam die Frage auf, ob sich ein Mann mit nur einer Hand in der härtesten Liga der Welt würde durchsetzen können. Jeder stellte sich die Frage, was wichtiger wäre, zwei Hände oder die Zahlen, die Shaquem auf dem College abgeliefert hatte. Einen ersten Aufschluss gab die sogenannte Combine, bei der jeder Spieler einmal seine Fähigkeiten in verschiedenen Bereichen wie Sprint, Bankdrücken oder Sprungkraft unter Beweis stellen kann. Shaquem lief, drückte und sprang die Konkurrenz in Grund und Boden. Trotzdem dauerte es bis Runde 5 und Draft 141, ehe sich ein Team für Shaquem entscheiden sollte. Es waren – wie sollte es auch anders sein – die Seattle Seahawks.

Obwohl die Brüder nun wieder vereint sind, will Shaquem nicht nur Teil einer Wohlfühl-Geschichte sein. Und wer die Geschichte des ersten einhändigen Profis in der NFL verfolgt hat, weiß, dass Shaquem Griffin sich den Sprung in die beste Football Liga der Welt nicht wegen seiner Behinderung verdient hat. Vielmehr ist anzunehmen, dass so mancher Gegenspieler Griffin nicht als einarmigen, sondern als verdammt harten und aggressiven Gegenspieler in Erinnerung behalten wird.

## WEIL ES BALD EINE DEUTSCHE
## RECEIVER-DYNASTIE GEBEN KÖNNTE

Er trägt einen Namen wie aus einer altägyptischen Heldensage: Equanimeous »EQ« Tristan Imhotep J. St. Brown. Doch statt sich mit Halbmenschen mit Falken-, Krokodil- oder Schakalköpfen anzulegen, kämpft unser Held gegen schreckliche Cornerbacks und Safetys als Wide Receiver um das berühmte Lederei. Mit Ägypten hat EQ St. Brown dabei genauso viel gemeinsam wie Rob Gronkowski mit Tibet oder Cam Newton mit Island.

Wie EQ zu seinem Namen kam, ist schnell erzählt. Zu verdanken hat er ihn seinem Vater John, der im Leben von Equanimeous eine große Rolle spielt. Dadurch hätte er auch beinahe den Draft seines Sohnes zu den Green Bay Packers verhindert. John Brown wollte jedenfalls seinen insgesamt drei Söhnen keine afrikanischen »Sklavennamen« geben, wie er zu Beginn der 90er-Jahre gegenüber *Sports Illustrated* erzählte. Stattdessen sollten seine Söhne besondere Namen bekommen. Im Englischen bedeutet »equamimeous« gelassen, gleichmütig. EQ bekam dann noch mit dem Imhotep den Namen des altägyptischen Priesters, Gelehrten, Mediziners, Architekten und angeblichen Halbgotts verliehen. Bei EQs Brüdern Osiris und Amon-Ra ging John einen Schritt weiter und gab ihnen direkt die Namen von ägyptischen Göttern. Die deutsche Mutter hatte bei der Namensgebung dabei wohl eher weniger Mitspracherecht.

Einen göttlichen Status müssen sich die Brüder erst einmal erarbeiten. Doch der sportliche Werdegang wurde ihnen von der Geburt an in die Wiege gelegt. Denn Vater John hatte direkt einen Plan für seinen Nachwuchs, sie sollten Profi-Sportler werden. John selbst war ein äußerst erfolgreicher Profi-Bodybuilder, der 1980 und 1981 zum Mr. Universum und dreimal zum Mr. World gewählt wurde. Also animierte John seine Jungs von Geburt an, Sport zu treiben. Dabei war es egal, ob sie nun Basketball, Baseball oder welche Sportart auch immer ausübten, Hauptsache sie waren mit 100 Prozent bei der Sache. Dass alle drei im American Football als Wide Receiver aktiv sind, war dabei eher Zufall als Absicht.

Hier kommt jetzt der deutsche Ursprung der Brown-Brüder ins Spiel. John lernte seine Frau Miriam in Köln auf einer Fitness-Messe kennen. »Ich habe Miriam getroffen und war schon von ihrer Größe und Intelligenz beeindruckt. Sie war perfekt für die Kinder, die ich wollte«, sagte Brown einmal. Die perfekte Basis also für eine gesunde Ehe und gesunde, sportliche Kinder. So wurde sich verliebt, verlobt, verheiratet und drei Söhne in die Welt gesetzt, die bereits mit fünf Jahren Gewichte stemmten und vom Vater mehrmals am Tag trainiert wurden. Aber auch heute verbringt die Familie die Sommerferien noch in Leverkusen. Osiris und Amon-Ra nehmen an der Bayer-Leverkusen-Fußballschule teil. 2015 wurden die jüngeren Brown-Brüder im Alter von 15 und 16 Jahren mit der deutschen U19-American-Football-Nationalmannschaft Europameister und Amon-Ra zum Final-MVP gewählt. Als 15-Jähriger …

Während Vater John die körperliche Erziehung übernahm, kümmerte sich Mutter Miriam um die Bildung. Alle St. Browns wurden dreisprachig erzogen. Mit dem Vater wurde englisch geredet, mit der Mutter deutsch, und alle drei gingen auf eine französische Schule. Aufgewachsen sind EQ und seine Brüder in Compton, Kalifornien, der Wiege der Rap-Musik. Aber für Musik hatten EQ, Osiris und Amon-Ra wenig Zeit. Stattdessen hieß es trainieren und lernen. Das aber mit Erfolg.

Schon in der Highschool brachen die Brown-Brüder einige Rekorde für Passempfänger. Das brachte Equanimeous einen Platz an der renommierten Notre Dame University ein, die schon einige spätere Profis auf den Weg in die NFL gebracht hat und als eine der besten Football-Unis der USA gilt. Der mittlere Bruder Osiris spielt und studiert an der Stanford University, an der auch schon John Elway und Andrew Luck aktiv waren und Amon-Ra, der als talentiertester der Brüder gilt, hat angeblich Angebote von fast jedem Top-College der USA vorliegen.

Einen ersten kleinen Rückschlag gab es beim Draft 2017, an dem EQ gelistet war, obwohl er noch ein Jahr am College hätte spielen dürfen. Statt wie erwartet in der 2. oder 3. Runde gedraftet zu werden, musste der älteste Bruder bis Runde 6 und Platz 207 warten, ehe die Green Bay Packers sich für den Deutschamerikaner entschieden und dem Traum von seinem NFL-Debüt am Leben hielten. Ein möglicher Grund für den Absturz soll angeblich sein Vater sein. Die Teams befürchteten, dass der ehemalige Bodybuilder zu viel Einfluss auf seinen Sohn nehmen würde, was man in der NFL gar nicht gerne hat.

Aber der Gelassene wäre kein St. Brown, wenn er sich davon beeinflussen lassen würde. EQs Devise lautet entsprechend »Jetzt erst recht«. Und es wäre schon eine Überraschung, wenn er sich von einem späten Draft beeinflussen lassen würde. Schafft Equanimeous den Sprung in den Kader der Packers, könnte er so auch Vorbild für seine Brüder sein und deren Weg in die NFL erleichtern. Und, wenn es aus Sicht der Brüder geht, die Dynastie der St. Browns in der NFL auf den Weg bringen.

BONUSGRUND 3

## WEIL DER MANN DES JAHRES NICHTS MIT SPORT ZU TUN HAT

Was gibt es in der NFL nicht alles für Auszeichnungen. Den MVP, den Spieler des Jahres, den Offensivspieler des Jahres, natürlich den Defensivspieler des Jahres, den Rookie des Jahres, den Comebackspieler des Jahres und noch einige kleinere Auszeichnungen, die sich gut auf dem Kaminsims der Profis machen und mit denen sich einige Sponsoren in ein positives Licht hüllen können. Es gibt aber auch eine Auszeichnung, die den Spielern mehr wert ist als so mancher andere Award, auch wenn die sportliche Leistung hier keine Rolle spielt: den Walter Payton Man of the Year Award.

NFL-Profis sind dafür bekannt, auch sozial sehr aktiv zu sein. So verteilt Seattles Richard Sherman einmal im Jahr zu Thanksgiving Truthähne an Bedürftige. Zudem sammelt er mit seiner Stiftung Schulsachen und Kleidung für Kinder, deren Eltern zu wenig Geld dafür haben. Cincinnatis Quarterback Andy Dalton unterstützt Familien, deren Kinder lange im Krankenhaus sind, indem er Treffen der Familie mit Essen und Unterhaltung organisiert und finanziert. Oder er sammelt Spenden für Familien, wenn die Versicherung nicht alle Kosten übernimmt. Chris Long von den Philadelphia Eagles war nach einer Reise nach Ostafrika von den vorherrschenden Bedingungen so geschockt, dass er seitdem Geld sammelt, um die Versorgung mit Trinkwasser dort zu verbessern. Zudem unterstützte er bei seinem ehemaligen Verein, den St. Louis Rams, die Obdachlosen der Stadt, indem er Jobs und Wohnungen vermittelte.

Insgesamt lässt sich sagen, dass viele Spieler unter ihrem Helm und den Shoulderpads und abseits der harten Hits und Tackles auf dem Spielfeld ein großes Herz und einen Blick für die Bedürfnisse ihrer nicht ganz so glücklichen Mitmenschen haben. Und viele versuchen im Rahmen ihrer Möglichkeiten zu helfen. Gerade der Defense End Chris Long, der eigentlich seine Karriere 2016 beenden wollte, hat mit seiner Ankündigung, sein komplettes Jahresgehalt zu spenden, auch in Deutschland für Aufsehen gesorgt. Am Ende war Long rund eine Million Dollar los, wurde vom Karma dafür mit seinem zweiten Super Bowl Ring belohnt. Und sogar Ex-Präsident Barack Obama lobte Long für sein Engagement.

In der NFL sieht man solche Aktionen natürlich besonders gerne. Schließlich kann man so zeigen, dass die Athleten nicht nur gewalttätige Schläger auf einem Spielfeld ohne Regeln sind, sondern im Gegenteil sozial engagierte, großherzige Sportler mit einem Herzen für weniger privilegierte Menschen und einem offenen Geldbeutel, die der Gesellschaft etwas zurückgeben möchten. Insofern liegt es nahe, dass es eine eigene Auszeichnung für diese Profis gibt, eben den Walter Payton Man of the Year Award.

Payton war Runningback bei den Chicago Bears und 1977 bereits Gewinner des Preises, bevor die Auszeichnung seinen Namen bekommen hat. Seit 1970 wird der Preis als NFL Man of the Year Award vergeben. Nach dem Tod von Walter Payton 1999, der mit 45 Jahren an einer chronischen Entzündung der Gallenwege starb, bekam er zu Ehren des Runningbacks dessen Namen. Geehrt wird hier nicht der Mann mit den meisten Yards, den meisten Tackles oder den meisten Touchdowns, sondern der Spieler mit dem höchsten sozialen Engagement. Jede Mannschaft darf dabei einen Spieler nennen, von dem sie glaubt, dass dieser ein besonders wichtiges Projekt unterstützt oder besonders viel Engagement an den Tag legt. Dabei unterstützt die NFL jeden Nominierten mit einer Spende von 50.000 Dollar für das Projekt sowie 50.000 US-Dollar an das Character Playbook seines Teams, bei dem lokale Kinder und Jugendliche gefördert werden.

Schaut man auf die Siegerliste, wird klar, dass sportliche Leistung und soziales Engagement durchaus im Einklang stehen können und nichts mit der Position zu tun haben müssen. So gehören Quarterbacks wie die Manning-Brüder, Drew Brees, WR Larry Fitzgerald, TE Jason Witten, LB Thomas Davis und Defensiv-Monster J. J. Watt zu den Preisträgern in den letzten 15 Jahren. Ob die NFL-Profis ihr soziales Engagement aus Überzeugung leben oder nur, um in der Öffentlichkeit besser dazustehen, bleibt jedem selbst zu beurteilen. Den Betroffenen kann es aber auch egal sein, solange die NFL weiter das soziale Engagement auszeichnet.

# WEIL SELBST DIE EAGLES KEINE LUST
## AUF DONALD TRUMP HABEN

Der Adler ist das Wappentier der USA. Insofern gibt es für einen angeschlagenen US-Präsidenten keine bessere Chance, sich positive Publicity zu verschaffen, als sich möglichst oft mit einem solchen in der Öffentlichkeit zu zeigen. Schließlich ist es lange Tradition, dass der aktuelle NFL-Champion ins Weiße Haus eingeladen wird, damit der Präsident höchstpersönlich dem Team gratulieren kann. Was für ein Glück, dass ausgerechnet die Philadelphia Eagles gerade erst den Super Bowl gewonnen haben. Schließlich gilt Philadelphia auch laut unserem Ex-Bundespräsidenten Joachim Gauck als »Heilige Stätte der Demokratie«, auf die die Amis ja besonders stolz sind. Immerhin wurde in der Stadt der brüderlichen Liebe 1776 die Unabhängigkeitserklärung unterzeichnet und 1787 die Verfassung der Vereinigten Staaten ausgearbeitet. Eine Situation also wie geschaffen für einen umstrittenen Präsidenten, einmal seine demokratische und patriotische Haltung zu zeigen.

Aber Donald Trump wäre nicht Donald Trump, wenn er dieses Fettnäpfchen auslassen würde. Schon im Vorjahr, in dem bekanntlich die New England Patriots um den angeblichen Trump-Freund Tom Brady den Titel holten, war nicht alles eitel Sonnenschein. Als Tight End Martellus Bennett bekannt gab, auf den Empfang zu verzichten, weil er »den Typen im Weißen Haus« nicht unterstützen wolle, war das Medienecho groß. Weil aber Trump Anhänger des Teams aus Boston ist und nicht nur mit Tom Brady, sondern auch mit Trainer Bill Belichick und Besitzer Robert Kraft befreundet sein soll, war Bennett mit seinem Boykott noch auf sich alleine gestellt.

Anders war es nun ein Jahr später, als die Eagles die Vince Lombardy Trophy nach Philly holten. Schon im Vorfeld des Empfangs beim Präsidenten äußerten einige Spieler, dass sie aus Protest gegen Trump die obligatorische Einladung nicht annehmen und auf einen Besuch bei Trump verzichten würden. Wobei »einige Spieler« zugegeben harmlos ausgedrückt ist. Aus Mannschaftskreisen wurde bekannt, dass wohl weniger als zehn Profis zu ihrem rechtmäßig gewählten Präsidenten gehen würden. Neben der politischen Einstellung war wohl auch das Verhalten von Trump beim Hymnen-Protest der Spieler ein Grund, nicht zum Präsidenten gehen zu wollen. Schließlich hatte Trump die NFL-Profis auf Twitter als »Hurensöhne« bezeichnet, weil diese ihrem Land und der Hymne zu wenig Respekt entgegenbringen würden. Seit 2016 knien einige der Spieler während der Hymne, um gegen Rassismus, Polizeigewalt und soziale Ungerechtigkeit zu demonstrieren.

Wie reagiert Trump? Ganz einfach. Er lädt die Philadelphia Eagles aus und sagt den geplanten Empfang ab. »Die Philadelphia Eagles können nicht mit ihrem gesamten Team kommen. Sie streiten mit ihrem Präsidenten, nur weil er darauf besteht, dass sie während der Hymne mit der Hand auf dem Herzen stehen, um die großartigen Männer und Frauen unseres Militärs und die Menschen unseres Landes zu ehren«, twitterte der überaus patriotische Präsident der Vereinigten Staaten. Im nächsten Tweet legte Trump noch einmal nach: »Während des Abspielens der Nationalhymne im Umkleideraum zu bleiben ist ebenso respektlos unserem Land gegenüber wie das Knien (während der Hymne). Tut mir leid!« Ab der nächsten Saison wird das Knien verboten. Stattdessen können die Spieler während der Hymne in der Kabine bleiben.

Ob es den Rassismus bekämpft oder soziale Ungerechtigkeiten mindert, wenn man vom Präsidenten ausgeladen wird, wird sich zeigen. Wobei die Chance darauf zugegeben nicht wirklich hoch ist. In jedem Fall hat Trump einen Tweef (Twitter-Beef, also einen Streit auf Twitter) mit Phillys Bürgermeister Jim Kenney ausgelöst, der daraufhin einen Empfang mit den Spielern und allen Fans veranstalten möchte. Und mit den eigenen Fans feiert es sich doch schöner als mit einem alternden Präsidenten, der den Anschein macht, als könne er Freund und Feind nicht immer auseinanderhalten.

## WEIL ES ENDLICH EINE ALTERNATIVE ZUM »TATORT« GIBT

Es gibt Dinge, die sind in Deutschland einfach in Stein gemeißelt. Dazu gehört, dass Sonntagabend um 20:15 Uhr in der ARD der *Tatort* geschaut wird. Einige Menschen braucht man gar nicht erst zu fragen, was sie Sonntag um acht vorhaben. Andere verschwinden spätestens Viertel vor acht, um rechtzeitig zu Hause zu sein, wenn Til Schweiger mit Nuscheln anfängt oder einer der anderen Kommissare zum neuen Fall ausrückt, den die *BILD*-Zeitung dann bis mindestens Dienstag mit Inhalten füllt (»Ich bin die Tote aus dem Tatort«, »5 Fragen zum München-Tatort – so gefährlich sind die Reichsbürger« oder die übliche *Tatort*-Kritik am Montagmorgen). In jeder größeren Stadt gibt es sogar Kneipen, in denen sich Fans zum gemeinsam *Tatort*-Rudelglotzen treffen. Als ob es sonntagabends keine Alternative gäbe.

Tatsächlich gibt es die auch kaum. Im ZDF läuft ein deutscher Problemfilm, auf RTL mal wieder *Alarm für Cobra 11*, bei SAT.1 läuft irgendeine Krimiserie, gerne mit einem *CSI* im Titel, auf Kabel 1 zum 23. Mal *Vier Fäuste für ein Halleluja*, auf VOX gibt es 'ne Kochsendung, Pro7 zeigt die 3. Wiederholung eines Action-Blockbusters, und auf arte, 3sat oder die Dritten verirrt sich ohnehin keiner. Zum Glück gibt es beim Spartensender ProSieben MAXX eine Bande Footballverrückter, die alles dafür tun, der sonntäglichen TV-Langeweile Einhalt zu gebieten.

*ran Football* auf ProSieben MAXX ist seit einigen Jahren die perfekte Alternative für den Sonntagabend. Einziger Nachteil der Sendung ist der etwas frühere Beginn um 19 Uhr. Aber das war es auch schon. Jeden Sonntag werden zwei aktuelle Top-Spiele live übertragen. Das kann schon auch mal bis ein Uhr morgens dauern, sodass man direkt eine Ausrede parat hat, wenn man am Montagmorgen bei der Arbeit nicht so wirklich in Schwung kommt. Und »Ich musste noch Football zu Ende schauen« klingt doch deutlich besser als »Ich werde alt und brauche daher mehr Schlaf«.

Denn im Gegensatz zu so manchem *Tatort* ist bei den meisten Spielen der NFL Spannung garantiert und Einschlafen daher unmöglich. Für den Rest sorgen die Kommentatoren und Moderatoren um Patrick »Coach« Esume und den ehemaligen Nationalmannschaftsquarterback Jan Stecker, die die Spiele im Gegensatz zu den sonstigen Sportübertragungen in Deutschland emotional, laut und gerne auch mit dem einen oder anderen Spruch verzieren. Dass sich die Moderatoren während der Sendung gegenseitig foppen, geht wohl auch nur beim American Football in einem Randsender. Oder wer kann sich vorstellen, dass Oliver Welke während der Sendung dem Kollegen Oliver Kahn unterstellt, keine Ahnung vom Fußball zu haben oder aus drei Metern keinen Möbelwagen zu treffen. Bei *ran Football* ist so etwas dagegen an der Tagesordnung.

Falls das immer noch nicht reicht, gibt es noch Netman Christoph »Icke« Dommisch. Der 31-Jährige aus Frankfurt/Oder mit unverkennbarem Berliner Akzent hat sich zum eigentlichen Hauptdarsteller der Sendung entwickelt und genießt heute Kult-Status. Das liegt auch an seinem koboldhaften Aussehen mit dem roten Vollbart und den struppigen langen Haaren, die zu seinem Markenzeichen wurden. Immer wenn während der Sendung Langeweile aufzukommen droht, tritt Icke (»Icke, hast du was für uns«) auf den Plan. Icke durchforstet das Internet und die Facebook-Seite nach lustigen Football-Videos, Fanbildern, Kuriositäten rund um das Spiel oder kündigt Gewinnspiele vom Sender an. Aber um den

Status von Icke verstehen zu können, muss man ihn einmal in Aktion gesehen haben. Das geht am besten sonntags auf ProSieben MAXX, während in der ARD der *Tatort* läuft.

## WEIL MIT ETWAS GUTEM ZUREDEN JEDER ZUM AMERICAN-FOOTBALL-FAN WIRD

American Football ist zumindest in den USA schon seit langer Zeit die absolute Nummer eins unter den beliebtesten Sportarten. Kein anderer Sport zieht so viele Menschen ins Stadion, verkauft so viel Merchandising und lockt so viele Fans vor die Fernseher. Auch in Deutschland wächst die Zahl der Fans gefühlt von Woche zu Woche um ein Vielfaches. Man muss sich einfach auf den Straßen etwas umschauen, wie viele Menschen eine Team-Mütze oder ein entsprechendes Shirt tragen. Ein deutliches Indiz ist außerdem, dass ihr schon die dritte Auflage des Buches in der Hand haltet.

Noch immer soll es aber Menschen geben, die noch keinen Zugang zu dem faszinierenden Sport gefunden haben, obwohl in dem Buch hier ja weit über 100 Gründe genannt werden. Ich behaupte, wer den Football nicht liebt, hat sich einfach noch nicht genug damit auseinandergesetzt. Warum sonst muss man immer den Vorwurf hören: »Beim Football werfen sich nur dicke Männer aufeinander. Ich hab keine Ahnung, was da passiert und warum das spannend sein soll.«

Genau da kommen wir als Football-Fans ins Spiel. Wir wissen schließlich, was auf dem Spielfeld passiert und was dabei spannend ist. Dieses Wissen dürfen wir nicht für uns behalten. Damit der Sport weiter boomt, müssen wir die Unwissenden teilhaben lassen, worin beim Spiel die Faszination liegt. Dabei dürfen wir nicht genervt sein oder oberlehrerhaft rüberkommen, wenn wir neue Fans finden wollen. Im Gegenteil, Fingerspitzengefühl und Verständnis sind gefragt, wenn wir Freunde oder den Partner vom Spiel überzeugen möchten.

Meine Freundin hätte wohl niemals gedacht, dass sie selbst einmal zum Football-Fan werden würde, als sie mich kennengelernt hat. Tatsächlich hatte sie vom Football ebenso viel Ahnung wie die meisten Menschen hierzulande. Von Vorteil war allerdings, dass sie nicht von Vorurteilen geprägt war wie so manch anderer, der zwar noch nie ein Spiel gesehen hat, sich trotzdem erlaubt, ein Urteil über American Football zu fällen.

Da bei mir zumindest der Sonntagabend ganz im Zeichen des Ledereis steht, dauerte es nicht lange, bis auch meine Freundin wissen wollte, was ich an dem Spiel so faszinierend finde. Im Vorfeld habe ich ihr nur die Grundregeln (vier Versuche für zehn Yards, Werfen, Laufen oder als QB den Ball behalten, Touchdown und Field Goal) erklärt und bei Fragen entsprechend die Antworten gegeben. Das Ergebnis: Schon Ende Juni taucht die Frage auf, wann die neue Saison endlich losgeht. Und dann wird sonntags garantiert kein *Tatort* geschaut.

## WEIL DIE NFL DEUTLICH BELIEBTER IST ALS DIE MLB

Es gibt immer wieder sportliche Multitalente, die anscheinend alles können. Egal für welchen Sport sie sich entscheiden, es liegt schon ein Profivertrag zur Unterschrift bereit. Wenn man bedenkt, welche Summen gerade in den vier großen Ligen in den USA bezahlt werden, könnte man schon fast neidisch werden. Auch in diesem Jahr hat sich wieder einmal gezeigt, dass diese Multitalente nicht aussterben. Aber es hat sich auch wieder gezeigt, welchen Stellenwert die NFL einnimmt.

Konkret geht es um Kyler Murray. Nie gehört den Namen? Das ist kein Wunder. Denn Murray spielt momentan noch am College als Quarterback bei den Sooners an der University of Oklahoma. Dort soll er der Nachfolger von Heisman-Trophy-Gewinner Baker Mayfield werden, der als erster Spieler überhaupt im NFL-Draft von 2018 ausgewählt wurde. Doch den Oakland A's aus der amerikanischen Baseball-Liga MLB ist es egal, was die Sooners so planen, und sie wählten Murray in der ersten Runde des MLB Drafts, als neunter Spieler überhaupt, damit der in der nächsten Saison als Outfielder in Oakland aufläuft. Das ist wiederum den Sooners egal. Sie gehen davon aus, dass Murray in die großen Fußstapfen von Mayfield treten wird. Und auch Murray selbst hat seinen Fokus auf American Football gerichtet. So sagte er auch am Montag nach dem Draft, dass er im Moment nicht auf die Football-Baseball-Situation fokussiert sei, aber dass sein Plan sei, 2018 Football zu spielen. Vielleicht überlegt er es sich noch einmal, wenn man ihm sagt, dass er alleine für eine Vertragsunterschrift bei den A's über 4,7 Millionen Dollar kassieren würde. Ob Murray in Zukunft die Bälle wirft oder mit einem Holzstock darauf einprügelt, wird sich zeigen.

Kyler Murray ist aber nicht der erste Spieler, der diese Entscheidung zwischen Baseball und Football treffen muss. Tatsächlich gibt es gerade zwischen Baseball und Football anscheinend viele Gemeinsamkeiten. In der Vergangenheit gab es bereits einige Fälle, auch deutlich mehr als die Entscheidung zwischen NFL und der Basketball Liga NBA oder MLB und NBA, in denen ein Sportler in zwei Drafts ausgewählt wurde. Und teilweise waren richtige Legenden dabei.

Alle späteren NFL-Spieler aufzuzählen, würde den Rahmen hier sprengen. Daher seien nur einige bekannte Footballprofis hier aufgelistet. Die Broncos-Legende John Elway beispielsweise wurde als erster Spieler überhaupt 1983 von den Baltimore Colts im NFL-

Draft ausgewählt. Dabei war der Outfielder bereits zweimal im MLB-Draft gepickt worden – 1979 in Runde 18 von Kansas City direkt aus der Highschool und 1981 in Runde 2 von den New York Yankees. Dies war nur vorteilhaft für Elways Football-Karriere. Denn weil er keine Lust hatte, bei den Colts zu spielen, nutzte er den Baseball-Draft als Druckmittel für einen Trade zu den Denver Broncos. Getreu dem Motto, lieber Baseball als zu den Colts, blieb Indy nichts anderes übrig, als Elway für einen guten Deal nach Denver zu verkaufen. Sonst hätte der spätere Hall of Famer doch noch eine Baseball-Karriere eingeschlagen.

Ähnlich wie Elway wurde auch die QB-Legende Dan Marino (Miami Dolphins) vor ihrer NFL-Karriere von einem MLB-Club gedraftet. Bei Marino waren es die Kansas City Royals in Runde 4. Aber wie Elway absolvierte auch Marino kein Profispiel im Baseball. Ein Dritter der ganz Großen, vielleicht sogar der Größte überhaupt, ist Tom Brady, der 1995 in Runde 18 von den Montreal Expos ausgewählt wurde. Aber Brady entschied sich, lieber American Football zu spielen. Und wie die Geschichte zeigt, war das nicht die schlechteste Idee. Die Liste von Baseball-Verweigerern ist lang. Ob jetzt Tampa Bays QB Jameis Winston, QB Colin Kaepernick, WR Eric Decker, LB Shaq Thompson, WR Golden Tate und, und, und. Alle wollten lieber tackeln, statt einmal im Spiel einen kleinen Ball mit einem übergroßen Handschuh zu fangen.

Es gibt unter den Multisportlern aber auch die, die alles können und auch alles machen. Jüngstes Beispiel ist Russell Wilson, der Quarterback der Seattle Seahawks. Sein Football-Talent muss man nicht mehr hervorheben. Weniger bekannt ist, dass er bereits zweimal für die MLB als Infielder gedraftet wurde. 2007 in Runde 41 von Baltimore und 2010 von den Colorado Rockies. Wilson spielte zwei Jahre (2010–2011) in Minor Leagues, bis er 2012 von den Seahawks unter Vertrag genommen wurde. Dann war es vorbei mit dem Baseball und Wilson führte Seattle bis zum Super Bowl. 2018 erinnerte sich Wilson an sein Baseball-Talent und nahm am

Frühlingscamp der New York Yankees teil. In einem Testspiel wurde er eingewechselt und verpasste durch ein Strikeout einen Hit. Dennoch scheint nicht ausgeschlossen, dass Wilson noch öfter an die Platte treten wird.

Einer, der das deutlich öfter getan hat, ist Deion Sanders. Der extrovertierte Multisportler hat in beiden Sportarten Geschichte geschrieben. Sanders, der wegen seiner Geltungssucht auch »Neon« oder »Primetime« genannt wurde, spielte als Cornerback hauptsächlich bei den Cowboys, außerdem bei den Falcons, 49ers, Redskins und Ravens. Sanders wurde 1989 als fünfter Spieler in der ersten Runde von den Atlanta Falcons gedraftet. Insgesamt stand er in 188 Spielen auf dem Feld, gewann zweimal den Super Bowl und wurde 2011 zum frühestmöglichen Zeitpunkt in die Hall of Fame aufgenommen. Sanders ist auch der einzige Spieler der NFL-Geschichte, der als eigentlicher Defensivspieler wohlgemerkt auf sechs verschiedene Weisen einen Touchdown erzielte; als Rusher, als Receiver, als Puntreturner, nach einem Kickoff, nach einer Interception und einem Fumble.

Im Baseball hat er es zwar nicht in die Hall of Fame geschafft, lief aber in 641 Spielen auf. 1989 wurde Sanders von den Yankees gedraftet, mit den Atlanta Braves schaffte es Sanders sogar in die World Series. So ist »Neon Deion« der einzige Spieler, der sowohl in der MLB wie auch in der NFL in einem Finale stand. Aber Sanders ist auch der einzige Spieler, der in zwei verschiedenen Profi-Ligen an einem Tag je ein Spiel absolvierte. Zudem hat außer ihm noch niemand in einer Woche einen Touchdown und einen Homerun erzielt. Es gibt zwar drei Spieler, die sogar von drei Ligen gedraftet wurden, aber das ist schon Jahrzehnte her. An das Talent von »Prime time« Sanders, der 14 Jahre in der NFL und neun Jahre in der MLB aktiv war, wird aber wohl kein Sportler in einem immer spezialisierterem Spiel herankommen.

# WEIL AUCH DIE KLEINEN MITSPIELEN DÜRFEN

American Football ist ein Sport, in dem man möglichst groß und stark sein muss, auch wenn es Positionen gibt, in denen Schnelligkeit und Wendigkeit eine wichtigere Rolle spielen als der Bizeps oder die Masse. Allerdings sollte man als Wide Receiver wenigstens groß sein und als Runningback zumindest ein paar Kilos auf die Waage bringen. Auch wenn man in der NFL gerne behauptet, dass es für jeden Typ eine passende Position gibt, stimmt das für die kleinen und schmächtigen Jungs nicht unbedingt. Aber American Football wäre kein American Football, wenn es nicht auch hier Ausnahmen gäbe.

Zugegeben gibt es keinen Spieler wie beim Fußball, wo der Brasilianer Élton José Xavier Gomes mit 1,53 m als kleinster Profi der Welt gilt. Auch in der NBA war Tyrone »Muggsy« Bogues mit 1,60 m etwas kleiner als der kürzeste NFL-Profi. Aber der 1,65 m große Trindon Holliday, der damit noch 5 cm kleiner ist als Lionel Messi, konnte sich in seiner aktiven Zeit beinahe hinter dem Football verstecken, stellte aber trotzdem einige Rekorde auf. Und das weder als Kicker noch als Punter.

Wenn es nach Trindons Mutter gegangen wäre, wäre ihr Sohn alles andere geworden, aber auf keinen Fall Football-Profi. Der kleine Holliday durfte erst in der 7. Klasse American Football spielen, da seine Mutter Angst hatte, dass er sich verletzen würde. Leichtathlet wäre eine gute Option gewesen, denn es gab kaum einen Sprinter in seiner Altersklasse, der mit Trindon mithalten konnte. 2005 war er in seiner Altersklasse in den USA der schnellste Sprinter in der Halle über 55 und 60 Meter. Er gewann in Louisiana über die 100 und 200 m und wurde Zweiter im Weitsprung. 2007 nahm er an den Amerikanischen Meisterschaften teil und wurde mit 10.07 s Zweiter über die 100 m. Schneller war nur der spätere Olympiasieger Tyson Gay. Holliday schlug dabei auch Walter Dix, der bei Olympischen Spielen und Weltmeisterschaften schon vier Medaillen über 100 und 200 m holen konnte. Holliday qualifizierte sich auch für die Leichtathletik-WM 2007, verzichtete aber auf eine Teilnahme, da er die Vorbereitung seines Football-Teams im College nicht verpassen wollte.

Dabei hatte Trindon wieder hart zu kämpfen, um überhaupt einen Platz an einem College zu bekommen. Ursprünglich war er an seinem College »LSU« gar nicht vorgesehen, dort Football zu spielen. Sein Highschool-Trainer brachte ihn aber einfach zum Football-Training und nach den ersten Workouts lief Trindon die 40 Yards in 4,28 Sekunden. Dabei trug er hohe Basketball-Schuhe. Die Zeit war so schnell, dass die Trainer nicht sicher waren, ob sie ihre Stoppuhren überhaupt rechtzeitig gestartet hatten. Sie fragten also, ob Trindon noch einmal laufen könne. Trindon lief also noch mal, ohne dabei in eine richtige Startposition zu gehen. Dieses Mal blieben die Uhren bei 4,27 s stehen, und Holliday hatte einen Platz am College und im Football-Team sicher.

Hollidays Liebe gehörte dem American Football. Also musste er auch nicht lange überlegen, als er 2010 im Draft von den Houston Texans in Runde 6 ausgewählt wurde. Zuvor hatte er bereits in der Combine die Scouts verblüfft. Angeblich soll er die 40 Yards in 4,18 s und damit die schnellste Zeit je von einem NFL-Anwärter gelaufen sein. Offiziell gelistet wurde er mit 4,34 s, damit ließ er aber immer noch aufhorchen. Da der kleine Mann in Runde 6 dann immer noch nicht gedraftet war, griffen die Texans zu. So kurz vor Ende des Drafts ist das Risiko nicht mehr zu groß, einen Fehlgriff zu machen. Aber Holliday hat sich seinen großen Traum erfüllt.

Seine NFL Karriere stand dagegen unter keinem guten Stern. Bei den Texans war er vor allem als Kickoff- und Punt-Returner vorgesehen. Für diese Position muss man klein und wendig sein, braucht aber auch einiges an Widerstandskraft, da die Gegner mit voller

Geschwindigkeit frontal auf einen zulaufen. Es dauerte aber noch etwas, bevor Trindon sein Können unter Beweis stellen konnte. Vor seiner ersten Saison brach er sich den Daumen und fiel fast die komplette Vorbereitung aus. Allerdings wurde er für die Preseason Games fit und erzielte als Returner drei Touchdowns in vier Spielen, darunter einen 76 Yard Punt Return. Doch wirklich überzeugt waren die Coaches der Texaner nicht, und so kam Holliday in zwei Spielzeiten nur auf sechs Spiele.

Der Hauptgrund war dabei weniger die Körpergröße, sondern mehr die Butterfinger. So wusste man nie genau, ob Holliday einen Ball auch wirklich fest in den Händen hat. Insgesamt zwölf Mal ließ er einen Ball fallen. Zwar konnte er die meisten Fumbles für sein Team sichern, aber er blieb ein Unsicherheitsfaktor. Daher dauerte seine Karriere bei den Texans auch nur zwei Jahre, eher er nach Denver zu den Broncos getradet wurde. Dort erlebte Trindon dann seine erfolgreichste Zeit.

Insgesamt bestritt er 25 Spiele, wurde teilweise auch als Receiver und Runningback eingesetzt und erzielte insgesamt vier Touchdowns, je zwei nach einem Punt und zwei nach einem Kickoff. Sein Highlight erlebte der 1,65-m-Mann am 12. Januar im Playoff-Spiel gegen die Baltimore Ravens. Hier steuerte er zwei Touchdowns bei, einen nach einem Kickoff, einen nach einem Punt. Dies war vor ihm und auch nach ihm noch keinem Spieler in der NFL gelungen. Insgesamt stellte er 11 Vereinsrekorde für die Broncos auf, die zumindest bis zur Saison 2018 gültig geblieben sind. Nach zwei Jahren war seine Zeit bei den Broncos zu Ende, und Holliday versuchte sich noch bei den Giants, Buccaneers, 49ers und Raiders, wobei er nur noch zwei weitere Spiele bestreiten sollte. Am 1. September 2015 wurde er von den Oakland Raiders entlassen und fand keinen neuen Club mehr.

Zugegeben ist die Karriere von Trindon Holliday nicht sonderlich heldenhaft, und rein sportlich wird er nicht unbedingt in die Geschichtsbücher der NFL eingehen. Aber dass ein Spieler mit nur

1,65 m Körperlänge den Sprung in eine der härtesten Profiligen der Welt geschafft und dabei auf einer der körperlich anspruchvollsten Positionen im Spiel gespielt hat, darf ruhig einmal erwähnt und Trindon Holliday nicht vergessen werden. Und abgesehen davon sieht es auf den entsprechenden Youtube-Videos immer niedlich aus, wenn der 1,65-m-Mann durch die Reihen der 1,90-m-Kühlschränke rennt …

## WEIL CINDERELLA EIN 100 KG SCHWERER SCHWABE IST

Amerikaner lieben ja die sogenannten *Cinderella Stories* (auf Deutsch *Aschenputtel*-Geschichten), bei denen ein Unbekannter aus dem Nichts kommt und dann völlig unerwartet einen großen Sieg erringt oder zum Star der Mannschaft wird. Beispiele für diese Liebe zu Underdogs findet man beinahe in jedem Sportfilm, der jemals gedreht wurde. Noch schöner ist es natürlich, wenn so eine Cinderella-Story nicht erfunden, sondern real ist. Was der deutsche Moritz Böhringer momentan erlebt, passt perfekt in diese Vorstellung.

Allerdings ähnelt der 1993 in Stuttgart geborene Böhringer nicht gerade einer Märchenprinzessin. Mit einer Größe von 1,93 m und einem Gewicht von 103 kg (laut Eintrag in der NFL-Datenbank) würde Böhringer in einem Ballkleid wahrscheinlich keine gute Figur abgeben, und die gläsernen Schuhe würden doch recht schnell platzen, wenn er das Tanzbein schwingt. Zum Glück für Böhringer sehen die Amis das mit der Cinderella nicht so eng. Und so verfolgen sie gespannt die Mo-Böhringer-Story.

Eigentlich spielte Böhringer Fußball, bis er auf YouTube ein Video von Vikings-Runningback Adrian Peterson anschaute. Für

Böhringer stand sofort fest, dass das ein Sport ist, den er unbedingt spielen will. Also meldete er sich 2011 zunächst bei den Crailsheim Titans an, wo er 2013 und 2014 bei den Erwachsenen in der Oberliga spielte. 2015 wechselte er zu den Schwäbisch Hall Unicorns in die GFL und spielte als Wide Receiver hier alles in Grund und Boden. Der Maschinenbau-Student legte eine Rookie-Saison mit 59 Catches für 1.232 Yards Raumgewinn und 13 Touchdowns hin. Das Ganze in nur 16 Spielen. Böhringer wurde Rookie of the Year und unterlag mit seinen Einhörnern erst im Finale den Braunschweig New Yorker Lions.

Das sind beeindruckende Zahlen, doch reichen sie noch lange nicht für eine Aschenputtel-Geschichte. Die beginnt, als NFL-Scouts auf den Schwaben aufmerksam werden. Und ehe er sich versah, stand Böhringer plötzlich auf der Liste der Spieler, die zum 2016er Draft zugelassen waren, ohne jemals in den USA einen Ball gefangen zu haben. Bevor die NFL-Teams ihre Spieler der Reihe nach aus dieser Liste aussuchen, gibt es noch den sogenannten NFL Combine. Das ist so eine Art Fleischbeschau, bei der die Spieler ihre Fähigkeiten demonstrieren dürfen. Böhringer, der bis dato in den USA unbekannt war, beeindruckte mit Werten wie 4,43 Sekunden auf 40 Yards (auf Gras und nicht auf der Laufbahn), 99 Zentimetern im Hochsprung (aus dem Stand wohlgemerkt), 3,32 Metern im Standweitsprung und 17 Wiederholungen beim Bankdrücken mit 102,5 Kilogramm auf der Hantel. Dazu zeigte er sichere Hände und ließ auch unter Druck keinen einzigen Ball fangen.[81]

Diese Werte lösten in den USA unter Football-Fans einen regelrechten Böhringer-Boom aus, und der schweigsame Schwabe wurde vor dem Draft von angeblich acht Teams zu Vorgesprächen eingeladen. Am Ende schlugen ausgerechnet die Minnesota Vikings, also das Team, wegen dem Böhringer überhaupt erst zum Football kam, in der sechsten Runde zu und verpflichteten den Receiver als 180. Spieler insgesamt. In den sozialen Medien beschwerten sich in der Zwischenzeit immer mehr Fans, warum ihr jeweiliges Team nicht schon vorher die deutsche Catching-Machine aus dem Spielerpool ausgewählt hatte.

Moritz Böhringer geht so in die Geschichtsbücher ein. Er ist der erste Spieler, der direkt aus einer anderen Liga außerhalb von Nordamerika in die NFL gedraftet wurde, ohne jemals am College gespielt zu haben. Die anderen Spieler aus Europa landen normalerweise über ein US-College in der NFL oder gehen dann den Umweg über eine europäische oder kanadische Liga. Zudem ist er der erste Deutsche bei einem NFL-Team, der auf einer sogenannten Offensive Skill Position spielt, also einer der Jungs ist, zu deren Hauptaufgabe gehört, den Ball in die Endzone zu bringen. Die anderen Deutschen spielen in der Line, als Linebacker oder höchstens als Kicker und stehen dadurch nicht so sehr im Fokus wie die Ballträger oder Fänger.

Für Böhringer, der am 2. Mai als erster Rookie der 2016er-Klasse überhaupt seinen Profivertrag unterschrieb, klingt das alles noch wie ein Märchen. Doch das könnte auch schnell vorbei sein. Denn bei den ersten Workouts mit den gestandenen NFL-Profis merkte man der Nummer 81 an, dass der Sprung über den großen Teich extrem groß ist. Böhringer hat in seinen ersten Jahren angeblich komplett ohne Playbook gespielt, in dem die Spielzüge der Teams dargestellt sind. Mit der Komplexität der NFL-Spielzüge ist er also überhaupt nicht vertraut. Da er außerdem erst mit 16 das erste Mal einen Football in der Hand hatte, fehlen ihm viele wichtige technische Basics und auch das Gespür für viele Aktionen auf dem Spielfeld. So kann es sein, dass die Cinderella-Story auch schon vorbei ist, bevor sie richtig begonnen hat.

Viele NFL-Experten vermuten außerdem eine Marketing-Maßnahme hinter der Verpflichtung von Böhringer. Denn die NFL möchte schon lange stärker nach Europa expandieren und trägt dazu bereits länger Spiele in London aus. In naher Zukunft soll nun auch ein reguläres Saisonspiel in Deutschland dazukommen. Und was würde da besser passen, als einen heimischen Spieler in

Deutschland auflaufen zu lassen. Doch Böhringer gilt nicht nur als Naturtalent, sondern auch als extrem lernfähig. Und nun liegt es also an dem deutschen Rookie, ob er die Cinderella-Story zu einem Happy End bringen kann. Zu wünschen wäre es ihm auf jeden Fall. Momentan sieht es leider aber nicht so aus, als würde »MoBo« den endgültigen Sprung in die NFL schaffen. Nachdem er im September 2017 aus dem sogenannten Practice Squad, also einer Art Trainingsgruppe für Ersatzspieler, der Vikings entlassen wurde, kam er bei den Cincinnati Bengals erst im Practice Squad und später im Rahmen eines Trainingscamps für internationale Spieler unter. Dort möchten ihn die Bengals zum Tight End umschulen und ihm so eine neue Chance in der NFL geben.

Wenn es so ein glückliches Ende gibt, bietet die Mo-Böhringer-Story in jedem Fall genug Potenzial für den nächsten Football-Film. Die Amis würden ihn lieben.

## WEIL DIE NFL VORREITER IST

Ich möchte nichts beschönigen. American Football ist ein harter Sport, bei dem es auch mal richtig knallt. Schaut man sich Videos auf YouTube mit den härtesten Hits der NFL an, fragt man sich schon das eine oder andere Mal, wie der getroffene Spieler das unverletzt überstehen konnte. Und teilweise war das auch nicht der Fall. Zu den häufigsten Verletzungen in der NFL gehören Gehirnerschütterungen (engl. Concussion). Diese können auftreten, wenn Spieler mit den Köpfen zusammenstoßen oder aus großer Höhe mit dem Kopf auf dem Boden aufschlagen. Bei einem so körperbetonten Spiel wie American Football lässt sich das leider nicht verhindern.

Tatsächlich gab es in der Vergangenheit einige Beispiele, bei denen Spieler bleibende Schäden von zu vielen Gehirnerschütterungen davongetragen haben. Diese Beeinträchtigungen sind nicht schön. Von Gedächtnisverlust, Depressionen, koordinativen Störungen bis hin zu degenerativen Veränderungen im Gehirn, die Alzheimer oder Parkinson begünstigen könnten, reicht das Spektrum. Bekannt geworden ist der Fall vom ehemaligen Spieler Mike Webster, der als Folge dieser Veränderungen Selbstmord begangen hat. Dieser Fall wurde von Schauspieler Will Smith im Film *Concussion* (dt. Titel: *Erschütternde Wahrheit*) thematisiert (s. auch der nächste Grund). Aber auch andere ehemalige Spieler wie Junior Seau oder Ray Easterling nahmen sich das Leben, und bei der Obduktion fanden Mediziner starke Veränderungen im Gehirn.

Wie gesagt will ich nichts schönreden, und aufgrund der Gefährlichkeit des Spiels gibt es einige Stimmen, die laut rufen, man müsse den Football verbieten. Aber dann müsste man auch Autofahren verbieten, damit es keine Unfallopfer mehr gibt. Ein Football-Verbot ist nicht der richtige Weg, um mit den Gehirnerschütterungen umzugehen. Man muss darauf reagieren. Und das passiert in der NFL.

Jede Sportart ist gefährlich. Kopfverletzungen können überall auftreten. Immer wieder weisen Mediziner darauf hin, wie schädlich ein Kopfball beim Fußball für das Gehirn sein kann. Aber tragen Fußballspieler Helme? Beim Boxen hauen sich die Kämpfer mit voller Wucht auf die Birne. Aber außer bei den Amateuren und im Jugendbereich trägt niemand einen Kopfschutz. Im Gegenteil. Die Fans rasten aus, wenn einer der Boxer bewusstlos zu Boden geht. Die Frage, wie das Gehirn so einen Knockout findet, stellt kaum jemand. Beim Eishockey, Handball, Lacrosse, Rugby oder anderen Kampfsportarten geht es ordentlich zur Sache. Aber nicht jeder Spieler trägt einen Helm und schützt sein wertvollstes Organ.

Fast jede Sportart ist gefährlich, es wird fast nur auf dem American Football herumgehackt. Dabei tut niemand so viel zum Schutz seiner Spieler wie die NFL. Zugegeben, es hat ein bisschen gedauert, bis die Verantwortlichen die Wichtigkeit erkannt haben, aber es tut sich was in der wichtigsten Football-Liga der Welt.

Zunächst werden die Helme in jedem Jahr weiterentwickelt und schützen schon jetzt deutlich besser als noch vor einigen Jahren. Das reicht den NFL-Oberen aber nicht mehr. Bei jedem Spiel gibt es einen unabhängigen Arzt, der die Profis bei einem Verdacht auf eine Gehirnerschütterung untersucht und bei dem geringsten Verdachtsmoment sofort aus dem Spiel nimmt. Zudem wird penibel darauf geachtet, dass die Verletzungspause eingehalten wird und ein Spieler erst dann zurückkehrt, wenn die Gehirnerschütterung komplett verheilt ist. Außerdem wurden die Regeln so verändert, dass ein Angriff auf den Kopf härter bestraft wird und auch der Zusammenprall der Helme der Spieler vermieden werden soll. Zur Saison 2018 wurden die Regeln noch einmal nachgebessert. Jetzt kann ein Spieler schon beim ersten Helm-auf-Helm-Angriff vom Spiel ausgeschlossen werden.

Zugegeben war der Schutz in der Vergangenheit nicht immer so. Die ersten Spieler, die mit den Beschwerden kamen, dass sich die NFL nicht um die Gesundheit der Profis kümmern würde, wurden ignoriert. Später gab man Milliarden aus, um klagende Spieler oder deren Angehörige mundtot zu machen. In Zeiten der Kommunikation und sozialen Netzwerke ist das nun nicht mehr so einfach, und die NFL entschloss sich, ihr Geld lieber in Ärzte, Forschung und Sicherheit zu investieren, und unterstützt heute diverse Studien zur Erforschung von Langzeitschäden bei Gehirnerschütterungen.

Die Geschichte der NFL beim Umgang mit Kopfverletzungen ist bestimmt nicht ruhmreich. Aber die Verantwortlichen haben daraus gelernt und unternehmen heute die richtigen Schritte. Andere Verbände sind hier noch weit entfernt. Oder fragen Sie mal, was der Internationale Radsport-Verband bei der Aufklärung von Doping leistet.

# WEIL WILL KEIN BLATT VOR DEN MUND NIMMT

Dass die NFL diese Schritte macht, liegt auch an einem aus Nigeria stammenden Pathologen und Neurowissenschaftler. Dr. Bennet Omalu kam mit einem US-Visum aus seiner Heimat nach Pennsylvania, um dort als Arzt zu arbeiten. Bei der Post-mortem-Untersuchung von zwei ehemaligen NFL-Profis bemerkte er traumatische Veränderungen in deren Gehirnen. Da die beiden Spieler während ihrer Karriere mehrfach Gehirnerschütterungen erlitten hatten, lag für Omalu die Ursache für die Veränderungen im Gehirn klar bei den Verletzungen, die die Spieler während ihrer NFL-Zeit erlitten hatten. Die beiden Sportler hatten im Jahr 2004 Selbstmord begangen, was wohl auch an den Folgeerscheinungen der Hirnverletzungen und den damit verbundenen Begleiterscheinungen lag. Das wurde von der NFL aber vehement bestritten. Dass sie Angst vor Klagen der Angehörigen oder von anderen Spielern hatten, ist hier nur ein Gerücht.

In jedem Fall entstand ein Streit zwischen dem Mediziner und der Sportliga. Während Omalu der NFL vorwarf, sie würde sich nicht um die Gesundheit der Spieler kümmern, bezeichneten die Football-Verantwortlichen den Arzt als Scharlatan und unterstellten ihm das Fehlen der medizinischen Fähigkeiten, um das beurteilen zu können. Um seine These zu bestätigen, zog Omalu weitere Mediziner hinzu. Darunter auch den ehemaligen Teamarzt Dr. Julian Bailes. Daraufhin eskalierte der Streit zwischen dem Pathologen und einer der mächtigsten und reichsten Sportvereinigungen der Welt.

Wie sich der Streit entwickelte und ob sich der Mediziner von der NFL einschüchtern ließ, kann jeder selbst sehen, der sich den Film *Concussion* anschaut. 2015 wurde die Geschichte von Omalu und sein Streit mit der NFL verfilmt und 2016 ins Kino gebracht. In die Rolle des Pathologen schlüpfte Hollywoodschauspieler Will Smith, und Alec Baldwin verkörpert Teamarzt Dr. Julian Bailes.

Im Grunde genommen ist aber durchaus klar, wie der Film ausgeht und welche Folgen die Ergebnisse von Dr. Omalu hatten. Denn in der Folge intensivierte die NFL ihre Untersuchungen zum Thema Gehirnerschütterungen und verschärfte die Sicherheitsvorschriften für die Spieler. Man will sich nicht mehr nachsagen lassen, man würde sich nicht um die Gesundheit der Athleten kümmern (und möchte vielleicht auch keine Klage riskieren).

Ob man nun in der NFL Angst vor Klagen hat oder nicht möchte, dass viele talentierte Spieler aus gesundheitlichen Gründen ihre Karriere vorzeitig beenden oder erst gar nicht beginnen, sei einmal dahingestellt. Wichtig ist, dass es Menschen wie Will Smith, Produzent Ridley Scott oder Regisseur Peter Landesmann gibt, die Finger in offene Wunden legen und die Verantwortlichen zum Handeln zwingen. In jedem Fall reagiert man bei der NFL richtig und wirft seitdem mehr als ein Auge auf die Gehirnverletzungen. Nur so kann man die Probleme in den Griff bekommen und die Gesundheit der Spieler schützen. Daran können sich andere Verbände ruhig ein Beispiel nehmen.

Anhang

# GLOSSAR

**E**in kleiner Kritikpunkt an der ersten Auflage war, dass man als Nicht-Footballer nicht jeden Grund versteht, weil man den einen oder anderen Fachbegriff nicht kennt. Kritik nehme ich natürlich an. Daher finden alle Rookies hier einen kleinen Überblick über die wichtigsten 25 Begriffe beim American Football und ihre Bedeutung. Die Regeln entsprechen der NFL, am College oder in anderen American-Football-Ligen können die Regeln leicht abweichen.

**QUARTERBACK:** Der Spielmacher und absolut wichtigste Spieler beim American Football. Je nachdem, welchen Spielzug der Trainer angesagt hat, wirft er den Ball, übergibt ihn dem Runningback oder versucht selbst, mit dem Ei unter dem Arm möglichst viele Yards zu erlaufen.

**RUNNINGBACK:** Auf Deutsch wird der Runningback auch gerne Ballträger genannt. Bei einem Laufspielzug bekommt er den Ball vom Quarterback in die Hand gedrückt und versucht anschließend mit gesenktem Kopf und hoher Geschwindigkeit, einen Weg durch die gegnerischen Verteidiger zu finden.

**WIDE RECEIVER:** Sie sind die Passempfänger im Team, die versuchen, die geworfenen Bälle vom Quarterback festzuhalten und danach noch weiter Richtung gegnerische Endzone zu laufen.

**LINEMEN:** Die großen dicken Jungs in der Mitte des Spielfelds heißen zusammengefasst Linemen. Hier muss man zwischen Offense Line (O-Line) und entsprechend (wen wundert's) Defense Line (D-Line) unterscheiden. Die O-Line besteht aus dem

Center in der Mitte, rechts und links vom Center je einem Guard und noch weiter außen noch einem Tackle. Ihre Aufgabe ist es, sich jedem in den Weg zu stellen, der den Quarterback angreifen will, und außerdem noch die D-Line-Spieler wegzudrücken, damit Lücken für den Runningback entstehen. In der D-Line stehen in der Regel zwischen drei und fünf große dicke Spieler, die Jagd auf den Quarterback oder den gegnerischen Ballträger machen. In der Mitte stehen hier ein bis drei Tackles und außen je noch ein Defensive End.

**LINEBACKER:** Sie gelten als die härtesten Spieler beim American Football. Wie der Name sagt, stehen sie hinter der D-Line und versuchen alles umzuhauen, was in ihre Zone kommt. Je nach Spielzug dürfen sie auch versuchen, den gegnerischen Quarterback anzugreifen. Dabei müssen sie auch schnell genug sein, um gegebenenfalls einen gegnerischen Wide Receiver zu decken.

**BACKFIELD:** Die letzte Bastion vor dem Touchdown bilden die Spieler im Backfield. Hier unterscheidet man Cornerbacks und Safeties, die entweder gegen den Mann oder im Raum versuchen, die gegnerischen Pässe abzufangen, wobei die Safeties noch etwas weiter hinten im Feld stehen und in der Regel auf ihre Gegner warten, während die Cornerbacks näher an der Linie stehen und mit ihren Gegenspielern mitlaufen. Schwierig wird es, wenn ein Runningback es geschafft hat, einen Weg durch die D-Line und an den Linebackern vorbei zu finden und mit voller Geschwindigkeit auf den Safety zuläuft.

**FUMBLE:** Hat ein Spieler den Ball zunächst fest im Arm und lässt ihn dann fallen bzw. wird er ihm aus der Hand geschlagen, bevor sein Knie oder ein anderes Körperteil am Boden war, nennt sich das Fumble. Ein gefumbelter Ball ist ein freier Ball und kann von jedem Spieler für sein Team erobert werden.

**INTERCEPTION:** Gelingt es einem Verteidiger, einen gegnerischen Pass abzufangen und festzuhalten, nennt sich das eine Interception. Sofern er es nicht schafft, den Ball anschließend selbst zu einem Touchdown in die gegnerische Endzone zu tragen, wechselt das Angriffsrecht.

**KICKOFF:** Der Anstoß beim American Football. Zu Beginn jeder Halbzeit wie auch nach jedem Touchdown und jedem Fieldgoal kann der Kicker versuchen, den Ball so weit wie möglich in Richtung gegnerische Endzone zu schießen.

**TOUCHDOWN:** Das Ziel beim American Football ist es, den Ball in die gegnerische Endzone zu bringen. Gelingt das, erzielt man einen Touchdown, der sechs Punkte wert ist.

**FIELD GOAL:** Eine Möglichkeit, Punkte zu erzielen, ist, den Ball zwischen den beiden Torpfosten hindurch und über die Querlatte zu schießen. Gelingt das, erzielt man ein Field Goal und erhält dafür drei Punkte.

**POINT AFTER TOUCHDOWN:** Nach dem Touchdown darf das erfolgreiche Team ein Field Goal von der 15-Yard-Linie kicken. Gelingt das, erhält man einen Extrapunkt, der auf Englisch auch Point after Touchdown oder PAT genannt wird.

**TWO POINT CONVERSION:** Statt den PAT zu kicken, kann eine Mannschaft auch einmalig einen normalen Spielzug von der 2-Yard-Linie aus starten. Gelingt es ihr, in die Endzone zu kommen, gibt es dafür (na, wer kann es erraten?) zwei Punkte.

**SAFETY:** Gelingt es einer Mannschaft, den Gegner, der den Ball in der Hand hat, in seiner eigenen Endzone zu Boden zu bringen, bekommt sie dafür zwei Punkte.

**PUNT:** Eine Mannschaft hat vier Versuche, um zehn Yards Raumgewinn zu erzielen. Schafft man das nach drei Versuchen nicht, hat man die Möglichkeit, den Ball so weit wie möglich in Richtung gegnerische Endzone zu schießen. Dieser Kick heißt Punt.

**HUDDLE:** Dies ist die Besprechung vor dem Snap, in der der Quarterback den geplanten Spielzug ansagt.

**SNAP:** Die Übergabe des Balles vom Center an den Quarterback nennt sich Snap.

**QUARTER:** Ein Spiel beim American Football ist in vier Viertel (Quarter) à 15 Minuten eingeteilt.

**DOWN:** Down oder »runter« wird auf Deutsch meist frei als »Versuch« übersetzt. Beim Football hat man vier Downs, um das Ei zehn Yards nach vorne zu bringen. Schafft man das, bekommt man vier neue Versuche, schafft man das nicht, bekommt die andere Mannschaft den Ball und hat nun ebenfalls vier Downs für zehn Yards.

**YARD:** Amerikanische Maßeinheit, 1 Yard entspricht 0,9144 Metern.

**LINE OF SCRIMMAGE:** Die, frei übersetzt, »Linie der Begegnung« ist die (virtuelle) Linie, auf der das Ei zu Beginn jedes Spielzugs liegt. Vor dem Snap darf kein Spieler die Line of Scrimmage überqueren.

**FLAG:** Begeht ein Spieler während eines Spielzugs einen Regelverstoß, wirft jeder Schiedsrichter, der diesen gesehen hat, eine gelbe Flagge dorthin, wo das Foul passiert ist. Nach dem Spielzug besprechen die Schiedsrichter, was sie gesehen haben, und sprechen die entsprechende Strafe aus.

**NFL:** Die National Football League besteht aus 32 Mannschaften in den USA und ist in zwei Divisions mit jeweils vier Conferences unterteilt. Da die NFL aus der Fusion zweier Ligen hervorging und immer wieder Mannschaften den Standort wechseln, gibt es keine spezielle territoriale Unterscheidung.

**SUPERBOWL:** Das Endspiel der NFL gilt als größtes Einzelsportereignis der Welt.

**PLAYOFFS:** Nach der regulären Saison beginnt die K.-o.-Runde, für die die vier Sieger der Divisions und die zwei weiteren besten Teams jeder Conference qualifiziert sind (also sechs Teams pro Conference oder zwölf Mannschaften insgesamt). Zunächst werden die Wildcard Games ausgetragen. In der anschließenden Divisional Round treffen die besten zwei Teams der regulären Saison, die in der ersten Playoff-Runde noch spielfrei hatten, auf die Sieger der Wildcard Games. Die Sieger dieser beiden Spiele treffen im Conference Final aufeinander, wobei sich der Sieger dieses Spiels für den Superbowl qualifiziert.

# ANMERKUNGEN

1 Event-Fan: Quelle: www.stupidedia.org/stupi/
Event-Fan 1.3.2015

2 Glück: *www.nfl.com/videos/nfl-network-total-access/09000d5d81ecf90c/Top-10-Luckiest-plays*
20.5.2015

3 Glück: *www.nfl.com/videos/nfl-network-total-access/09000d5d81ecf90c/Top-10-Luckiest-plays*
20.5.2015

4 Sammy Baugh: www.profootballhof.com/hof/
member.aspx?PLAYER_ID=21

5 Homer Simpson: https://dadintheheadlights.
wordpress.com/2008/05/04/homer-simpsons-wisdom/

6 Frauenfootball: *http://en.wikipedia.org/wiki/
Women%27s_American_football* 1.4.2015

7 Spielplan NFL: *http://de.wikipedia.org/wiki/
Regular_Season_%28NFL%29* 20.5.2015

8 Wartelisten: *http://en.wikipedia.org/wiki/
NFL_season_ticket_waiting_lists* 20.5.2015

9 Weltrekord: www.sueddeutsche.de/sport/
lautstaerke-rekord-in-der-nfl-die-lautesten-fans-der-welt-1.1835111

10 Laute Fans: http://sportbild.bild.de/sport-mix/2013/der-welt-32961844.sport.html

11 Kopfgeld: www.abendblatt.de/sport/artic-le107753584/Kopfgeld-Skandal-der-NFL-50-000-Euro-fuer-einen-K-o.html

12 Größte Stadien der Welt: *http://de.wikipedia.
org/wiki/Liste_der_gr%C3%B6%C3%9Ften_
Stadien_der_Welt* 20.5.2015

13 The shame of college sport: www.theatlantic.
com/magazine/archive/2011/10/the-shame-of-college-sports/308643/

14 Mary Willingham: http://edition.cnn.
com/2014/01/07/us/ncaa-athletes-reading-scores/

15 College Abschluss: www.reddit.com/r/nfl/com-ments/26fmad/what_percentage_of_the_nfl_ac-tually_finished_and/

16 Heisman: *http://de.wikipedia.org/wiki/Heis-man_Trophy* 20.5.15

17 Draft: www.spox.com/de/sport/ussport/
nfl/1504/Artikel/bjoern-werner-kolumne-india-napolis-colts-draft-training.html

18 Mr. Irrelevant: *http://en.wikipedia.org/wiki/
Mr._Irrelevant* 20.5.15

19 Cheerleader: *http://de.wikipedia.org/wiki/Natio-nal_Football_League_Cheerleading* 20.5.15

20 Einkommen: www.tsmplug.com/richlist/
nfl-cheerleaders-salary-2014/

21 Maße Football: *http://de.wikipedia.org/wiki/
Football_%28Sportger%C3%A4t%29* 20.5.15

22 Statistik Footballs: http://facts.randomhistory.
com/football-facts.html

23 Statistik Kühe: *www.onegreenplanet.org/lifestyle/
skin-in-the-game-from-the-slaughterhouse-to-the-stadium/*

24 Joe Montana: *http://en.wikipedia.org/wiki/
Joe_Montana* 20.5.2015

25 Jerry Rice: *http://en.wikipedia.org/wiki/
Jerry_Rice* 20.5.2015

26 Brett Favre: *http://en.wikipedia.org/wiki/
Brett_favre* 20.5.2015

27 Tom Brady: en.wikipedia.org/wiki/Tom_Brady
20.5.2015

28 Beast Mode: *www.spox.com/de/sport/
ussport/nfl/1501/Artikel/super-bowl-mars-hawn-lynch-seahawks-patriots.html* 20.5.2015

29 Marshawn Lynch: en.wikipedia.org/wiki/Mars-hawn_Lynch 20.5.2015

30 Familien im Football: *http://en.wikipedia.
org/wiki/List_of_family_relations_in_Ameri-can_football* 205.5.2015

31 Coaches: *www.ranker.com/crowdranked-list/
top-10-nfl-coaches-in-history* 20.5.2015

32 Schauspieler: www.footballbabble.com/football/
movies/actors/ 20.5.2015

33 Wrestler: *http://prowrestling.wikia.com/wiki/
Category:Former_football_players* 20.5.2015

34 Touchdown-Party: *http://en.wikipedia.org/wiki/
Touchdown_celebration* 20.5.2015

35 Jackson: *http://lastangryfan.
com/2013/08/12-most-embarrassing-premature-celebrations-in-sports-history/* 20.5.2015

36 Johnson: *www.nfl.com/videos/nfl-network-total-access/09000d5d81ecf90c/Top-10-Luckiest-plays* 20.5.2015

37 Sherman: *www.youtube.com/
watch?v=7PH35C7Fhq0* 20.5.2015

38 Trash Talking: *http://espn.go.com/nfl/play-offs/2013/story/_/id/10360951/the-art-trash-talking* 20.5.2015

39 Eye Black: *http://en.wikipedia.org/wiki/
Eye_black* 20.5.2015

40 Jim Marshall: *http://en.wikipedia.org/wiki/
Jim_Marshall_%28American_football%29*
20.5.2015

41 Packers: *http://de.wikipedia.org/wiki/Green_
Bay_Packers* 20.5.2015

42  Boston Herald: *http://web.archive.org/ web/20080206045732/www.bostonherald. com/sports/football/patriots/view.bg?artic- leid=1070762&srvc=home&position=0* 20.5.2015

43  New England Patriots: *http://en.wikipedia.org/ wiki/New_England_Patriots* 20.5.2015

44  The Greatest Show on Turf: *http://de.wikipe- dia.org/wiki/The_Greatest_Show_on_Earth* 20.5.2015

45  Baltimore Colts: *http://en.wikipedia.org/wiki/ Baltimore_Colts_relocation_to_Indianapolis* 20.5.2015

46  Ernie Nevers: *http://de.wikipedia.org/wiki/ Ernie_Nevers* 20.5.2015

47  Freezers Bowl: *http://en.wikipedia.org/wiki/ Freezer_Bowl* 20.5.2015

48  Ice Bowl: *http://en.wikipedia.org/wiki/1967_ NFL_Championship_Game* 20.5.2015

49  Fog Bowl: *www.mandatory.com/2014/12/11/ the-9-weirdest-weather-games-in-nfl-history/2* 20.5.2015

50  Kicker: *http://espn.go.com/nfl/statistics/player/_/ stat/kicking/sort/fieldGoalPct* 20.5.2015

51  QB Rating: *http://de.wikipedia.org/wiki/Quar- terback_Rating* 20.5.2015

52  Best QBs: http://espn.go.com/nfl/qbr 20.5.2015

53  Super Ball: *http://de.wikipedia.org/wiki/ Super_Bowl* 20.5.2015

54  Vince Lombardi Trophy: *http://en.wikipedia. org/wiki/Vince_Lombardi_Trophy* 20.5.2015

55  Super Bowl Ring: *http://en.wikipedia.org/wiki/ Super_Bowl_ring* 20.5.2015

56  ran: *www.quotenmeter.de/n/76077/super- bowl-knackt-auch-in-deutschland-alle-rekorde* 20.5.2015

57  Super Bowl 2015: *http://de.wikipedia.org/wiki/ Super_Bowl_XLIX* 20.5.2015

58  Commercials: *www.usnews.com/news/blogs/ data-mine/2015/01/29/6-numbers-you-need-to- know-for-super-bowl-sunday* 20.5.2015

59  US News: *www.usnews.com/news/blogs/data- mine/2015/01/29/6-numbers-you-need-to-know- for-super-bowl-sunday* 20.5.2015

60  Spiegel: *www.spiegel.de/wirtschaft/service/ super-bowl-milliardenmatch-fuers-marke- ting-a-743246.html* 20.5.2015

61  Werbung: *http://en.wikipedia.org/wiki/Super_ Bowl_advertising#Notable_Super_Bowl_adverti- sements* 20.5.2015

62  Essen: *http://mashable.com/2015/01/28/super- bowl-food/* 20.5.2015

63  Essen2: *www.partnershipactivation.com/sports- biz/2011/2/1/the-huge-impact-of-the-super-bowl- at-retail.html* 20.5.2015

64  Nippelgate: *http://de.wikipedia.org/wiki/Nipple- gate* 20.5.2015

65  Superbowlitis: *http://6abc.com/food/we-eat- how-much-super-bowl-food-by-the-num- bers/498013/#gallery-14* 20.5.2015

66  Buffalo Bills: *http://out-route.gloriousnoise. com/2006/08/shattering_the_culture_of_ losing.php* 20.5.2015

67  Unentschieden: *http://en.wikipedia.org/wiki/ List_of_NFL_tied_games* 20.5.2015

68  Punkte: *www.footballencyclopedia.com/ cfeintro.htm* 1.4.2015

69  Onside Kicks: *http://archive.advancedfootball- analytics.com/2009/09/onside-kicks.html* 4.5.2015

70  Aaron Gibson: *http://en.wikipedia.org/wiki/ Aaron_Gibson* 20.5.2015

71  Mike Golic: *www.philadelphiaeagles.com/ news/article-1/Didinger-Inside-The-One-Yard- War/67079ab2-a92c-4cb9-8ed5-14505f80a1f0* 5.5.2015

72  William Perry: *http://de.wikipedia.org/ wiki/William_Perry_%28Footballspieler%29* 2.3.2015

73  Fumble: *www.pro-football-reference.com/leaders/ fumbles_career.htm* 3.2.2015

74  Heidi: Dick Heller (17. November 2003). »Showing of ›Heidi‹ sacked NFL and fans in '68«. Washington Times.

75  Kirksey: https://twitter.com/chriskirksey20

76  Glitch: *http://sports.yahoo.com/blogs/ yahoo-sports-minute/-madden-15--glitch- makes-browns-rookie-linebacker-christian- kirksey-1-foot-2-042238761.html* 20.5.2015

77  Vollmer: *http://web.de/magazine/sport/mehr- sport/super-bowl-xlix/super-bowl-champion- sebastian-vollmer-moment-woerter-30415790* 4.2.2015

78  Tokio Hotel: *www.vivida-nuances.de/ events/2006/tokiohotel.html* 25.3.2015

79  German Bowl *www.germanbowl.de* 1.3.2015

80  http://www.nfl.com/draft/2016/profiles/moritz- boehringer?id=2556261

81  http://www.nfl.com/draft/2016/profiles/moritz- boehringer?id=2556261

CHRISTIAN RIEDEL (geb. 1977) studierte an der Deutschen Sporthochschule in Köln und spielte als Kicker und Wide Receiver bei den *Gelsenkirchen Devils* und den *Cologne Falcons*. Seinen größten Erfolg feierte er bei einem Spiel der *Kuchen Mammuts*, als er im Rahmenprogramm für ein erfolgreiches Fieldgoal aus 35 Yards einen All-you-can-eat-Gutschein für 22 Mann bei Burger King gewinnen konnte.

Christian Riedel
111 GRÜNDE, AMERICAN FOOTBALL ZU LIEBEN
*Aktualisierte und erweiterte Neuausgabe mit elf Bonusgründen*

ISBN 978-3-86265-719-3

VERLAG
Schwarzkopf & Schwarzkopf Verlag GmbH
Kastanienallee 32, 10435 Berlin
Telefon: 030 – 44 33 63 00
Fax: 030 – 44 33 63 044

INTERNET | E-MAIL
www.schwarzkopf-schwarzkopf.de
www.facebook.com/schwarzkopfverlag
info@schwarzkopf-schwarzkopf.de